国家社科基金项目
"基于大数据的消费者多参照点选择及其影响的研究"
（16BGL087）的最终成果之一

浙江师范大学出版基金资助（Publishing Foundation of Zhejiang Normal University）

参照依赖的消费者选择行为研究

汪 平 著

ZHEJIANG UNIVERSITY PRESS
浙江大学出版社
·杭州·

图书在版编目(CIP)数据

参照依赖的消费者选择行为研究 / 汪平著. — 杭州：
浙江大学出版社,2023.5
ISBN 978-7-308-23760-4

Ⅰ.①参… Ⅱ.①汪… Ⅲ.①消费者行为论－研究
Ⅳ.①F713.55

中国国家版本馆 CIP 数据核字(2023)第 078309 号

参照依赖的消费者选择行为研究

CANZHAO YILAI DE XIAOFEIZHE XUANZE XINGWEI YANJIU

汪 平 著

策划编辑	吴伟伟
责任编辑	陈 嗣
责任校对	丁沛岚
封面设计	雷建军
出版发行	浙江大学出版社
	（杭州市天目山路 148 号　邮政编码 310007）
	（网址：http://www.zjupress.com）
排　　版	杭州晨特广告有限公司
印　　刷	广东虎彩云印刷有限公司绍兴分公司
开　　本	710mm×1000mm　1/16
印　　张	17.5
字　　数	275 千
版 印 次	2023 年 5 月第 1 版　2023 年 5 月第 1 次印刷
书　　号	ISBN 978-7-308-23760-4
定　　价	78.00 元

版权所有　翻印必究　印装差错　负责调换

浙江大学出版社市场运营中心联系方式：0571—88925591；http://zjdxcbs.tmall.com

前　言

本书的研究目的在于探讨建立混合专家(mixture of experts, ME)模型,评估参照效应对消费者决策的影响以及消费者在参照点的选择上是否存在差异;通过实证研究,分析消费者选择参照点的过程、消费者选择参照点时考虑的因素,以及参照点对选择决策的影响;同时,在理论和实证的基础上,针对企业的产品线设计、新产品开发、产品细分以及产品定价等提出建议。本书具有一定的学术价值和应用价值。就学术价值而言,一方面,本书丰富了现有的参照依赖研究。消费者的决策过程本质上是比较过程,作为比较对象的参照产品通常是潜在的、不可观测的,而现有文献对参照产品的选定通常是固定的、外生的。对于潜在的、不可观测的参照产品,有多个获取途径,既可以通过模型法,也可以通过实验法。本书通过实验法获知消费者可能选择的参照产品,并结合模型法对消费者选择参照产品的过程及其影响因素进行估计。这为类似的研究提供了一种新的思路和参考。另一方面,本书改进了 ME 模型,极大拓宽了混合模型的应用范围。本书对 Jacobs 等(1991)提出的 ME 模型做了改进,使得专家网络和门网络可以由不同组的变量决定,而且允许不同的专家网络的决定不变量存在不同。就应用价值而言,本书以大规模问卷的形式,以智能手机、笔记本电脑为刺激物,了解消费者在比较过程中如何选择参照产品。本书还对不同来源的参照产品在多属性上的比较效应进行了估计,研究结论将有助于企业了解消费者的决策过程,可为企业制定新产品开发策略、广告策略和定价策略等提供参考。考虑到消费者异质性,本书分析了收入、性别、产品熟悉度和产品兴趣等对参照产品选择的影响,这将有助于企业利用消费者特征变量对市场进行细分。

本书除引言外,共分"理论探讨""实证研究""总结和展望"三个部分,其主要观点和结论介绍如下。

1. "理论探讨"的主要观点和结论

"理论探讨"分为两部分,第一部分介绍参照依赖的相关理论,第二部分系统回顾有关参照点的概念性和实证性文献。

关于参照依赖,有四个经典理论:适应水平理论、展望理论、同化—对比理论和范围—频率理论。这四个经典理论在不同领域对参照点的建模中有大量的应用。总的来说,适应水平理论、范围—频率理论和同化—对比理论为参照点的形成和变化提供了理论基础,展望理论则为参照依赖的消费者选择建模提供了理论框架。

"理论探讨"采用结构化文献回顾方法(例如,Hao 等,2019;Kahiya,2018;Paul 等,2017;Rosado-Serrano 等,2018),对 1947—2020 年发表在一流期刊上的有关参照点的概念性和实证性文献进行全面系统的回顾。将参照点纳入实证模型,涉及参照点的操作化、模型框架选择、参照点异质性解释等技术问题。基本上,有两种方法来操作参照点:整合方式和独立方式。研究人员可以使用其中一种或两种的组合。例如,一些研究者使用递归方法或适应方法获得不同类型的参照点,然后将这些不同的参照点纳入一个统一的模型,以检验多个参照点的影响(Rajendran 和 Tellis,1994;Nicolau,2013)。模型框架的选择取决于数据规模和理论假设。一般来说,许多实证模型,包括 Logit 模型、Probit 模型、线性回归方法和混合模型都可以用来检验参照效应。然而,在处理具有多个属性的参照点时,混合模型是首选的方法。对于参照点的异质性，Logit 模型、Probit 模型和线性回归方法能以一种直接的方式纳入结构异质性，而混合模型可以在类别层面同时纳入结构异质性和偏好异质性。分层贝叶斯方法作为一种估计方法，可以应用于上述所有模型，该方法有助于在个体层面提供偏好异质性的估计（Baillon 等，2019；Chang 等，1999；Kim 等，2016；Kim 等，2018）。

本书发现，研究者的兴趣已逐渐从一个单一的参照点转移到多参照点，从参照点的价格属性转移到参照点的其他属性，从简单的参照效应转移到参照点的异质性，并开始关注参照点的不可观测性以及参照时间的影响。本书还发现，虽然大多数学者仍然使用随机效用最大化（RUM）模型来研究参照效应，但已有一些学者采用其他模型来适应不同的数据类型。随着高性能计算机的出现和理论的突破，在未来的研究中可以提出更复杂的模型，以便同时纳入参照点的偏好异质性和结构异质性。

2.“实证研究”的主要观点和结论

“实证研究”主要分为三部分：第一部分，对单参照点进行建模；第二部分，针对单参照点模型的不足，构建多参照点模型并使用模拟数据进行检验；第三部分，使用以智能手机和笔记本电脑为实验产品的数据对多参照点模型进行检验。

关于单参照点的实证研究发现，与传统的选择模型相比，考虑了参照产品的选择模型对实证数据的拟合效果更好，并有更高的样本外预测精度。这表明，消费者选择决策中确实存在着显著的参照效应。其中，内部效度和样本外预测精度最高的是将当前选择集中的最偏好产品作为参照产品的选择模型。这说明，消费者在做选择时极有可能是将其在选择集中最偏好的产品作为比较对象，这种比较或参照会显著地改变消费者的选择。模型参数估计的结果表明，不管是在哪一种模型中，焦点产品与参照产品在某些属性上的比较均可以显著地影响消费者选择。

在对单参照点进行建模的基础上,本书提出了 ME 模型,同时对多个具有多属性的参照点进行建模,将性别、收入、产品熟悉度、产品兴趣等消费者异质性对参照点选择的影响考虑在内,并以智能手机和笔记本电脑为实验产品,以检验模型对数据的拟合度和模型的可拓展性。研究发现,该模型在样本内拟合和样本外预测方面均优于竞争模型。研究结果同时表明:消费者在做选择时可能会进行详细的比较;将多个具有多属性的参照产品考虑在内的模型可以更好地解释消费者的比较过程;消费者在比较手机或笔记本电脑等耐用品的过程中使用了四种参照产品,或者是这四种参照产品的概率组合;消费者使用何种参照产品进行比较受消费者异质性的影响。由于实验产品不同,模型的结论也不同:其一,产品属性对选择决策的影响。与价格对手机选择有负向影响不同,价格对笔记本电脑选择的影响总的来说是正向的,即受访者倾向于选择价格更高的笔记本电脑。其二,受访者使用参照产品的概率不同。在选择手机和笔记本电脑时,受访者使用最偏好产品的概率最高,平均分别为 51.8% 和 59.2%,使用最不偏好产品的概率最低,平均分别为 4.0% 和 6.4%。其三,不同特征的受访者使用的参照产品也不同。在有关智能手机的实验数据中,熟悉智能手机的受访者不太喜欢使用平均产品作为参照产品。而在有关笔记本电脑的实验数据中,对产品感兴趣的受访者更倾向于使用最不偏好产品和平均产品作为参照产品。而且,参照产品的使用差异也体现在性别上,男性受访者使用最不偏好产品作为参照产品的概率更高,使用平均产品作为参照产品的概率更低;而在有关智能手机的实验数据中,女性受访者更倾向于使用内部参照产品作为比较产品。

3. "总结和展望"的主要观点和结论

"总结和展望"主要讨论了研究的贡献和不足以及研究结论的实践价值。

　　本书的研究贡献主要体现在以下三个方面:其一,本书验证了在多属性上参照效应的存在。多数关于参照效应的研究关注的是包含价格的一个或两个属性,并且很少同时对不同来源的参照产品进行检验。但只有把不同来源的参照产品放在同一模型中估计才能检验不同参照产品是如何影响消费者决策的,也只有这样才能考察多属性的参照效应是如何影响消费者决策的。本书讨论了不同来源的参照产品在多属性上的比较过程,为以后的研究提供了改进的基础和途径。其二,本书改进了 ME 模型,拓宽了混合模型的应用范围。Jacobs 等(1991)提出的 ME 模型不足以解决本书所涉及的问题,本书对这一模型进行了改进,使得专家网络和门网络可以由不同组的变量决定,而且不同的专家网络的决定不变量也可以不同。其三,本书考察了消费者特征变量对参照产品选择的影响,基本揭示了对消费者特征变量如何影响参照产品的选择。

　　本书的结论能够为企业的新产品上市和产品定位等提供理论指导。在新产品上市方面,以智能手机为例,为了提高新产品上市的成功概率,可使新产品的屏幕尺寸、相机像素、CPU 速度以及价格略低于当前市场上的最偏好产品,这样新产品上市后被选中的概率更大。而如果要提高现有产品的市场份额,可使新产品的 CPU 速度、屏幕尺寸、相机像素以及价格高于市场上的现有产品。以笔记本电脑为例,在新产品上市时,应当考虑消费者对不同属性水平的反应,可使新产品的屏幕尺寸、价格和内存略低于或略小于当前正在使用的产品(内部参照产品),同时,新产品的硬盘规格、CPU 型号和续航时间优于当前正在使用的产品,这样就可以提高新产品成功的概率。参照产品的选择还受消费者性别、收入、产品熟悉度和产品兴趣等因素的影响,企业在制定新产品上市、产品定位等方面的策略时,需要综合考虑这些因素。

　　做研究要耐得住寂寞。在研究过程中,笔者付出了大量时间和精力,不敢有丝毫懈怠。为了对参照依赖有关文献进行系统回顾,下载并通读了近400篇中外文文献;为了能让 R 语言的 FlexMix 包拟合本书提出的模型,花费了近半年的时间对源程序进行修改验证;为了验证模型的拟合程度和可拓展性,先后用了一年的时间设计调查问卷、收集数据并对受访者正在使用的产品按属性进行匹配。实证研究历时近两年。

著作付梓之际,要感谢的人很多。感谢浙江师范大学经济与管理学院,它提供了一个比较轻松的环境,使本书的研究能够顺利进行。感谢浙江师范大学科学研究院的郑丽娜女士和浙江师范大学经济与管理学院的同事及项目组成员,他们在笔者主持国家社科基金项目(16BGL087)和撰写本书的过程中提供了大量的帮助与指导。感谢美国凯斯西储大学的 Rakesh Niraj 教授,在我访学期间(2017 年 2 月—2018 年 2 月),他的帮助和指导使我在异乡能潜心工作。感谢 Bettina Grün 教授,她无私地分享了部分源程序,并在我更改 FlexMix 包的过程中耐心指导。感谢我的家人,他们默默地支持我、关心我,让我顺利完成本书和相关论文的写作。

囿于能力和水平,书中肯定有诸多不足之处,恳请各位专家、同行和读者批评指正。

目录

Content

第一篇　理论探讨

第二篇 实证研究

第三篇　总结和展望

第一章 引 言

第一节 研究背景

随着经济的发展,市场上的产品日益丰富,消费者的选择也日益多样化。大量文献和事实表明,消费者的选择决策不仅受产品本身属性的影响,而且受与其他参照标准即参照点比较的影响。从本质上说,消费者的判断和评价是通过比较而做出的(Mussweiler,2003)。消费者在不同时间、不同场合会使用不同的参照点,甚至在同一情境下会同时使用多个参照点(Mayhew 和 Winer,1992)。随着消费者的比较标准或参照点的改变,消费者的偏好或选择也会变化。一方面,企业有大量的消费者购买信息和行为信息,但缺乏相应的技术和手段对这些信息进行利用;另一方面,现有研究不能完全反映消费者的购买和选择行为,导致理论和应用脱节。确定消费者所选择的参照点的来源,以及揭示影响参照点选择的因素、参照点如何影响消费者决策,成为学界和业界亟须解决的问题。

本书将从上述问题出发,开展理论研究与实证研究,并提出相关的建议。本书的研究具有一定的学术价值和应用价值。

1.学术价值

(1)丰富了现有的参照依赖研究。消费者的决策过程本质上是比较过程，作为比较对象的参照产品通常是潜在的、不可观测的，而现有文献对参照产品的选定通常是固定的、外生的。对于潜在的、不可观测的参照产品，有多个获取途径，既可以通过模型法，也可以通过实验法。本书通过实验法获知消费者可能选择的参照产品，并结合模型法对消费者选择参照产品的过程及其影响因素进行估计。这为类似的研究提供了一种新的思路和参考。

(2)改进了 ME 模型，极大拓宽了混合模型的应用范围。本书对 Jacobs 等(1991)提出的混合专家(mixture of experts，ME)模型进行了改进，使得专家网络和门网络可以由不同组的变量决定，而且允许不同的专家网络的决定不变量存在不同。

2.应用价值

(1)本书以大规模问卷的形式，以智能手机、笔记本电脑为刺激物，了解消费者在比较过程中如何选择参照产品。本书还对不同来源的参照产品在多属性上的比较效应进行了估计。研究结论将有助于企业了解消费者的决策过程，为企业开发新产品、制定广告策略和定价策略等提供参考。

(2)考虑到消费者异质性，本书分析了收入、性别、产品熟悉度和产品兴趣等对参照产品选择的影响，这将有助于企业利用消费者特征变量对市场进行细分。

第二节　研究内容

消费者决策过程本质上是比较过程，在比较中，作为比较对象的参照产品通常有多个来源，而且是潜在的、不可观测的。本书的研究对象是消费者决策过程中发生的参照产品的选择及使用行为，主要涉及六个方面的内容。

1. 消费者的决策过程及其研究现状

消费者的判断和评价本质上是通过比较而做出的(Mussweiler,2003)。现有的相关实证研究存在的主要问题是:参照点属性少;没有比较不同参照点对决策的影响;未考虑消费者个性特征对参照点选择的影响,与消费者的实际决策过程不符。

2. 消费者所选择的参照点的来源与分类

参照点或参照产品会系统性地影响消费者的选择和偏好(Dhar 等,1999;Tversky 和 Kahneman,1991)。参照点的选取在比较过程中非常重要,而消费者对参照点的选取通常是情境依赖的,他们可能在不同情境下选取不同的参照点。而且,即使在同一个情境下,消费者也可能选取不同的参照点(Mayhew 和 Winer,1992)。研究显示,最偏好产品、最不偏好产品、平均产品或存储在记忆中的产品都可能成为消费者的参照产品或比较产品(Bhargava 等,2000;Kivetz 等,2004;Mayhew 和 Winer,1992;Rajendran 和 Tellis,1994)。

3. 影响消费者选择参照点的因素

行为经济学的研究(Klein 和 Oglethorpe,1987)显示,刺激物的特征、情境特征、任务特征和框架、消费者个性特征等均会影响参照点的选择。本书将对影响消费者选择参照产品的因素如性别、收入、产品熟悉度和产品兴趣等进行分析。当消费者对产品比较熟悉或有比较多的产品知识时,他们不太容易接受外部信息(Mussweiler 和 Strack,2000),可能更倾向于使用内部参照产品。消费者的参与度也是一个非常重要的变量。研究发现(Vaidyanathan,2000),如果消费者的参与度很高,其有可能更深入地解读产品信息,从而更有可能形成完备的产品知识结构。如果消费者的参与度很低,其消费决策很容易受各种表面的情境因素的影响。有关消费行为性别差异的研究显示,男性和女性的消费行为存在显著的差异。如,在家庭中,夫妻双方在产品决策(如汽车与食物)方面承担不同的责任,他们对产品属性的关注点也不一样(如颜色与性能)(Davis,1970;Fisher 和 Arnold,1994)。本书认为,男女对产品属性的不同看法也可能会影响他们的参照点选择。另外,微观经济学理论假定消费者根据商品的实际价格和个人收入做出购买决定,而个人收入构成了消费者的约束条件。本书认为,收入也是影响参照点选择的因素之一。

4. 构建消费者多参照点选择及其影响因素模型并进行数据模拟

本书建立了 ME 模型,用于分析消费者选择参照点的过程、选择参照点的影响因素以及不同参照点对决策的影响。运用 ME 模型对最偏好产品、最不偏好产品和平均产品以及存储在记忆中的产品在四个属性上进行建模,揭示消费者最可能使用的参照产品。同时,分析了性别、收入、产品熟悉度和产品兴趣等对消费者选择参照产品的影响以及不同的参照产品对决策的影响。建模完成后,以 R 4.0.2(R Core Team,2020)为编程环境,在 Bayesm(Rossi,2019)、Lattice(Sarkar,2019)、Mvtnorm(Genz 等,2019)、Survival(Therneau,2019)、Nnet(Ripley 和 Venables,2019)和 FlexMix(Gruen 和 Leisch,2019)等软件包的基础上编程,进行数据模拟与模型估计,以检验本书提出的模型对参数的恢复能力。

5. 多参照点选择及其影响的实证研究

在实证研究阶段,本书选择智能手机、笔记本电脑(均是多属性产品)作为刺激物,将对这些产品有购买意愿或者已经购买了这些产品的消费者作为调查对象。同时,将收集到的数据分成两个部分:一部分作为估计样本,用于模型参数估计;另一部分作为测试样本,用于评估模型的拟合程度。

6. 针对企业的新产品上市、产品定位等提出建议

在总结以上观点和实证检验的基础上,就消费者选择参照点的过程、选择参照点的影响因素以及不同参照点对消费者决策的影响进行归纳总结,并针对企业的新产品上市、产品定位等提出建议。

第三节　研究方法

为了确保结论的客观性,本书结合混合专家法、数据模拟、Conjoint 分析和问卷调查方法,使用 R 语言和 SAS 语言解决研究框架中涉及的问题,具体思路见图 1-1。

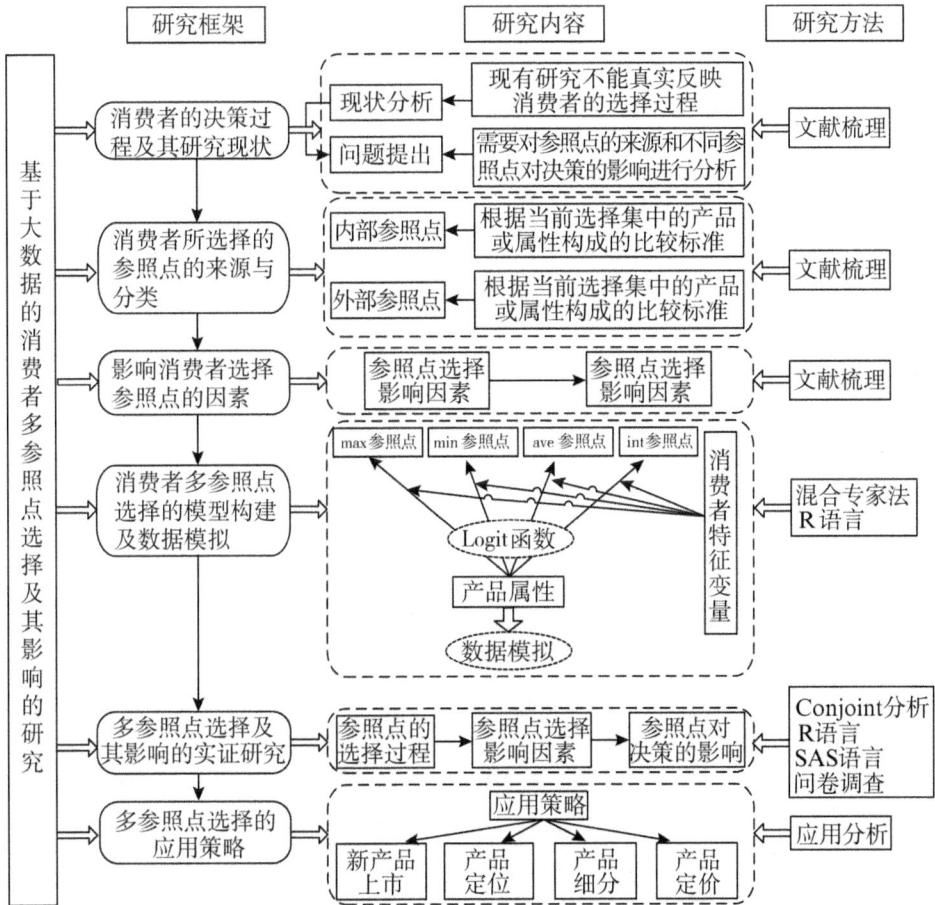

图 1-1　本书研究思路

1. 混合专家法

本书提出，消费者采用的参照点既可能是选择集中的平均产品（Bhargava 等，2000），也可能是最偏好产品（Rajendran 和 Tellis，1994；Kumar 等，1998）或最不偏好产品（Rajendran 和 Tellis，1994；Kivetz 等，2004），还可能是存储在记忆中的产品（Mayhew 和 Winer，1992；Hardie 等，1993；Rajendran 和 Tellis，1994）。但参照产品的选择过程（即比较策略）对研究者甚至是消费者自身来说可能是未知的。为了理解比较策略，同时为了将消费者异质性和比较策略引入随机效用模型，本书采用混合专家法进行建模。

2. 数据模拟

数据模拟是为了检验本书提出的模型的有效性以及模型对参数的恢复能力。本书主要以 R（R Core Team，2019）为编程环境，在 Bayesm（Rossi，2019）、Lattice（Sarkar，2019）、Mvtnorm（Genz 等，2019）、Survival（Therneau，2019）、Nnet（Ripley 和 Venables，2019）和 FlexMix（Gruen 和 Leisch，2019）等软件包的基础上编程，进行数据模拟、模型估计及检验。

3. Conjoint 分析

本书选择的参照物具有多个属性，每个属性又有多个水平，如果采用全因子设计（full factorial design），对受访者来说是一个比较大的负担。本书采用了平衡设计（balanced design），并通过广泛使用的 SAS 宏% ChoiceEff（Kuhfeld 等，1994；Rooderkerk 等，2011）来操作。使用 Conjoint 方法能减轻受访者的负担，而且能保证备选项的属性水平在各个选择集中是平衡的，并且这种设计是近似的正交设计。

4. 问卷调查

本书选择智能手机、笔记本电脑作为刺激物，将对这些产品有购买意愿或者已经购买了这些产品的消费者作为调查对象，以获取消费者的购买行为信息；通过实证数据，对消费者选择参照产品的过程及影响因素进行检验。

第一篇

理论探讨

第二章　参照依赖的理论基础

研究者普遍认为,消费者偏好不是既定的,往往是现场构建的,受参照点的影响,这种现象被称为参照依赖(Bettman等,1998;Mussweiler,2003)。在偏好构建过程中,与参照点的比较很常见也非常重要,这种现象在很多领域都已经被研究过(Bateson等,2005;Dhar等,1999;Mussweiler,2003)。在消费行为研究领域,Dhar等(1999)发现消费者通常会对备选产品进行比较,这种基于相似性或相异性的比较会显著改变不同产品属性的相对权重,从而会改变消费者对不同比较对象的偏好及选择。在生物学领域,比较性评估甚至会显著改变被试对配偶的选择。Bateson等(2005)发现,被试对可选对象(配偶)的偏好,以及对配偶的排序随可选对象的数目和类型的变化而变化。类似的比较在竞争性广告领域(Moran等,2006)、社会心理学领域(Mussweiler,2003)以及自我评价领域(Mussweiler等,2000)都比较常见。

有关偏好的情境依赖的研究进一步为参照依赖的存在提供了参考(Orhun,2009)。选择集的构成会对消费者偏好或选择产生影响,Tversky等(1993)称之为局部情境效应(local context effect)。局部情境效应包括由于当前选择集中的备选产品的相对关系的改变而导致的偏好改变。而这正是通过消费者对选择集中的备选产品(外部参照点)进行比较而实现的。例如,在选择集中引入一个非对称性占优的产品(asymmetrically dominated alternative),即引入的产品明显次优于选择集中的一个产品,但不会明显次优于选择集中的另一个产品,这将会使优于它的产品更具吸引力,因而会得到更多的市场份额 (Huber 等,1982)。类似地,折中产品位于属性空间的特殊的位置给了消费者 很好的理由选择该产品,引入极端产品(extreme option)会降低另一个极端产 品的市场份额但不会影响折中产品的市场份额(Simonson,1989)。

消费者在进行选择时,不仅会受到当前选择集中的产品的相对关系的影 响,也可能会受到之前使用或比较过的产品(内部参照点)的影响。这种现象被 Tversky 等(1993)称为背景效应(background effect)。Simonson 等(1992)在 实验中操纵背景情境,将被试随机地分配到两个实验情境分别做出选择,一组 由质量上有较大差异和价格上有较小差异的两个产品构成,另一组则是由质量 差异较小而价格差异较大的两个产品构成。随后,所有的被试都在质量和价格 差异不大的两个产品间进行选择。结果表明,在前一种情境下的被试更可能选 择价格较低的产品,而在后一种情境下的被试更可能选择质量较好的产品。这 些研究发现表明,潜在的参照产品既可以是当前选择集中的产品(外部参照 点),也可以是记忆中容易获取(accessible)的产品(内部参照点)。

参照依赖的核心是参照点,已有较多文献对参照点的分类及操作化进行了 深入的讨论,相关综述文献可参见 Wang 等(2021)、Mazumdar 等(2005)、苏淞 等(2013),但对参照依赖的理论背景及应用的讨论尚有不足。本章将着重讨论 参照依赖的有关理论、基于这些理论的应用、存在的不足以及参照依赖未来的 研究方向,为学者提供一些参考和启示。

在消费行为文献中,消费者的判断和决策是相对的,是通过比较得来的。 相关研究可以追溯到 20 世纪 40 年代。本章将介绍参照依赖相关的四个经典 理论:适应水平理论、展望理论、同化—对比理论和范围—频率理论。

第一节　适应水平理论

一、适应及适应水平的定义

适应(adaptation),从广义上讲,指的是任何减少持续或重复刺激(stimulus)的效果(知觉的、生理的、注意力的、动机的、享乐的,等等)的行动、过程或机制(Frederik 和 Loewenstein,1999)。如人从亮处到暗处(刺激),随着时间的延长(持续的暗的刺激),原先看不见的慢慢看见了,这是视觉适应(生理的)。

这里说的刺激,根据其作用方式不同,可分为三种:(1)主要刺激(focal stimuli),即直接引起关注、引起反应的刺激。(2)背景或相关刺激(background or contextual stimuli),即除了被判断的所有其他刺激,常常指对主要刺激产生强烈影响的刺激。(3)固有刺激(residual stimuli),指之前经历的所有刺激。

这些刺激均能影响适应刺激,既可以单独作用,也可以组合起来形成一个单一的刺激。这个单一的刺激称为适应水平(adaptation level,AL),或称参照点(reference point,RP)(Helson,1964a)。该适应水平构成判断的基点、中性点或无差异点,即不会引起反应的刺激。它成为评价新刺激的标准。所有的判断都是基于比较的,因为它们是由刺激之间的关系所决定的(Parducci,1959)。有研究者认为,对刺激的判断总是与判断所处的情境有关,还与周围的刺激及之前遇到的刺激有关(Russell 和 Lanius,1984)。因此,适应水平是知觉中性点或无差异点,因为当需要判断刺激接近适应水平时,不会有反应。高于适应水平的刺激会引起反应,低于适应水平的刺激会引起相反的反应。例如,如果受试者判断一系列重量,高于适应水平的重量被认为是重的,低于适应水平的重量被认为是轻的(Quinsey,1970)。Capehart 等(1969)视适应水平为存储在记忆里的参照点(即内部参照点),所有经历过的刺激都经由跟它的对比来判断。适应水平不是固定的,是一个动态的参照点,随着新的刺激信息的处理而不断变化(Edwards,2018;Thomas,1974:91-145)。Helson(1964b)发现,适应水平的加权几何平均定义是对量感(sensory magnitude)中性或无关区域的最佳近似。Parducci等(1959)用一系列刺激中的中间点(两个端点值的算术平均)、中位数和端点值来定义适应水平。但Helson(1964a)认为,使用加权对数均值的适应水平定义更具普遍性和理论意义,因为加权几何均值考虑了所有的刺激,而不仅是中间点和端点等少数几个刺激。

在操作上,适应水平可以定量地表示为:

$$AL=(\overline{X})^p B^q R^r \tag{2-1}$$

其中,AL为适应水平,$\overline{X}$为主要刺激的几何均值,B为背景刺激(或背景刺激的几何均值),R为固有刺激。权重系数p、q和r满足:

$$p+q+r=1 \tag{2-2}$$

权重系数p、q和r通过实验来确定。式(2-1)的对数形式为:

$$\ln(AL)=p\ln(\overline{X})+q\ln(B)+r\ln(R) \tag{2-3}$$

二、适应水平理论及其基本假设

1. 适应水平理论(adaptation level theory,ALT)

适应水平理论由美国心理学家哈利·赫尔森(Harry Helson,1898—1977)于1947年在《美国心理学杂志》(*American Journal of Psychology*)上发表的一篇文章中提出,该理论用来解释视觉系统对光亮和黑暗的适应、感觉系统对重量和疼痛的适应、听觉系统对体积的适应等(Helson,1947)。该理论预测,一个人感知环境变化所需要的刺激变化(可感知的差异)是适应水平(先前感官经验的加权对数平均值)的直接函数,即个人对特定结果的评估和判断取决于其过去面对类似情况时所获得的经验组合(Helson,1947;Helson,1964a)。该理论解释了人们适应新情况的趋势,直到该情况成为规范(也就是适应水平或参照点)。一旦新情况成为规范,就需要另一种新的体验或刺激。随着每一项新体验或刺激成为规范,新事物或令人兴奋的事物的水平将不断提高。适应水平理论定义的适应水平是动态的,随个人和情境的不同而不同。对于给定系列刺激(S_i)的判断(I_{S_i})可以表示为:

$$I_{S_i} = \log(S_i/AL) \tag{2-4}$$

AL 的表达式由(2-1)式给出。

2. 适应水平理论的基本假设

(1)适应水平理论的基础是汇集(pooling)概念,也就是将不同的刺激汇集,形成内部规范或水平,并对判断或行为产生影响。

(2)以适应水平为标准或锚点对特定刺激作出判断。

(3)适应水平不仅与当前情境中所有刺激之间的相互关系有关,而且与以前的刺激与当前刺激之间的关系有关。

(4)适应水平可以由影响有机体的所有刺激的加权对数平均值表示。

(5)刺激的心理影响可以用单个刺激值(即适应水平)来表示。适应水平是不同刺激作用的平均值,代表了构成判断环境的所有刺激的综合作用。

(6)适应水平的存在表明行为的两极性:位于适应水平上方的刺激产生正反应,位于适应水平附近的刺激产生中性反应,位于适应水平下方的刺激产生负反应。

(7)恒定的刺激不一定会对有机体产生恒定的效果,刺激的作用不是由刺激本身的绝对强度决定的,而是由刺激与适应水平的关系决定的。

从该假设可以看出,适应水平理论试图阐明刺激与背景刺激之间的关系以及这些与有机体中起作用的因素之间的关系;适应水平的概念强调行为的内部和外部决定因素的相互作用与相互依赖性。

三、适应水平理论的起源与应用

1. 适应水平理论的起源

赫尔森的适应水平理论开始于一系列关于颜色感知的格式塔(Gestalt)式研究,但后来发展成为一个广泛的研究项目,使适应水平理论应用于广泛的领域,如心理物理学、感知、情感、动机、学习、表现、思维、认知、人格和人际交往行为等。赫尔森将他的格式塔式研究从心理物理学扩展到研究参照系对感知的作用以及人类判断的相对性。赫尔森的格式塔方法引出了适应水平理论,根据该理论,行为是适应性的(即由过去的结果来解释),而不是有目的的(即由未来的前景来解释)(Edwards,2018)。

2. 适应水平理论的应用

早期关于适应的研究主要集中在感官刺激上,例如持续暴露于不变的视觉、听觉或嗅觉刺激的影响(Helson,1964a)。这项研究发现,一个人在受到不变的感官刺激时所经历的最初影响会随着时间的推移迅速消失。例如,顾客进入面包店后,可能会立即闻到咖啡和甜甜圈的气味。然而,在面包店待几分钟后,顾客将不再闻到那些最初的气味。顾客感官体验的这种变化是因为嗅觉刺激是恒定的。也就是说,产生最初感官体验的分子仍然存在于空气中,但顾客已经适应了它们的存在。

适应水平理论除了用于描述不变(持续)的感官刺激,也用于描述不变的情绪唤起刺激(Bowling 等,2005;Brickman 等,1978),即情绪也会适应。这种现象称为享乐适应(hedonic adaptation)。享乐适应的最终结果是"享乐水车"(hedonic treadmill),在这种"享乐水车"中,最初的快乐会随着时间的推移而消散。例如,员工在获得加薪后会体验到快乐;而随着时间的推移,员工适应了更高的薪水,其很可能会回到基准快乐水平。

在发展成参照系的定量理论之后,研究者将适应水平理论应用于包括学习、认知过程、动机和情感、个性、智力测试和社会心理学等在内的众多领域。如视觉(Helson,1948)、听觉(Bevan 等,1962)、嗅觉(Hulshoff Pol 等,1998)和味觉(Kroeze,1982),这些研究都为适应水平理论提供了支持。适应水平理论还被用来解释情感结果,如顾客满意度(Oliver,1980)、工作满意度(Bowling 等,2005)、幸福感(Brickman 等,1978)、对实验室任务表现的满意度(Brickman,1975)和享乐适应(Frederick 和 Loewenstein,1999:302-329)。在消费者行为学领域,内部参照价格操作化定义是该理论在行为定价理论中的一个具体应用。内部参照价格假设为适应水平,该适应水平取决于最近的价格经验。如,在多个应用研究中,内部参照价格被估计为最近支付的价格、过去价格对数的加权平均数,以及过去价格对数的指数平滑(Briesch 等,1997;Kalyanaram 和 Winer,1995)。

四、适应水平理论存在的问题

(1)极端刺激水平对适应水平的影响并不像赫尔森的理论预测的那样(Frederick 和 Loewenstein；1999；Sarris，1967)。有研究者让被试对不同重量的物体进行重量判断，发现适应水平与刺激的关系并不像赫尔森所描述的那样呈单调关系，而是呈非单调关系，尤其是在极值处（最大值处和最小值处）(Sarris，1967)。

(2)判断受平均刺激水平以外的因素影响。Parducci(1965)提出了范围—频率理论来替代赫尔森的理论。该理论认为，对刺激的判断同时受目标刺激在所有刺激中的位置和次序两个环境因素的影响。Parducci(1995)发现他在早期获得的一些数据与适应水平理论是一致的：适应水平倾向于接近刺激的平均值。然而，对分布有偏态的刺激或不对称刺激而言，判断不会在"平均"左右集中。

(3)未明确考虑时间的影响。适应水平理论并未对不同时期发生的过去的刺激加以区分，即认为上周发生的事和去年发生的事对适应水平的影响是一样的。而事实上，最近发生的事对适应水平的影响可能比更久之前发生的事对适应水平的影响更大。Hardie 等(1993)采用类似于式(2-5)的递归形式将时间的影响考虑在内：

$$AL_t = X_{t-1} + AL_{t-1} \qquad\qquad (2\text{-}5)$$

将上式适当推导，可以得出，适应水平可以表示为过去刺激的加权均值，最近经历的刺激比过去经历的刺激有更大的权重(Frederick 和 Loewenstein，1999：302-329)。

(4)关于感觉和知觉适应的文献普遍认为，适应水平可以用一个汇总数字来表征。也就是说，适应水平代表了一个单一刺激，这个刺激由多个刺激汇集(pooled)而成，生物体将会适应这个刺激。对于许多类型的适应来说，单一适应水平的假设可能是合理的。但在很多情况下这个假设并不合理(Kahneman，1992；Schweitzer，1995)。

(5)适应水平虽然通常被认为是过去刺激的函数，但它也可能依赖于对未来刺激的预期,即期望也会影响适应水平的形成。期望也是一个非常重要的参照点(本书第三章详述)。

(6)适应水平是由相同测量尺度、单一属性的多个刺激物汇集而成的,适应水平理论对多属性、不同属性有不同测量尺度刺激物的适应水平未予定义。如手机具有价格、处理器、内存等不同属性,而且这些属性的测量尺度均不相同,对于这样的刺激物如何汇集,适应水平理论并未给出界定。

(7)适应水平理论定义的适应水平是动态的,随着新的刺激的汇集而改变(Thomas,1974:91-145)。这意味着适应水平理论需要纵向收集数据,而大多数研究收集的是横截面数据。

(8)赫尔森以心理零点(即适应水平)作为判断的基本参照点的假设局限于部分感官适应的领域,它不适用于一般的知觉行为(Johnson 和 Mullally,1969)。

第二节　范围—频率理论

一、范围—频率理论及其基本假设

1. 范围—频率理论(range-frequency theory,RFT)

范围—频率理论的发展大致经历了三个阶段,反映了研究者对刺激物的整体分布理解的不断深入。起初研究者注意到刺激物的范围会影响人们的主观判断,随后研究者进一步发现刺激物的分散程度也会对判断产生影响。

(1)第一阶段:范围理论。Volkmann(1951:273-294)提出的范围理论认为,人们对刺激的判断会随刺激的范围改变而变化。刺激的端点范围会作为判断目标刺激的比较依据。对刺激(S_i)的主观判断(R_{S_i})是由每个刺激的主观值与系列刺激中最小刺激值(S_{min})之间的距离相对于最大值(S_{max})和最小值(S_{min})之差来决定的(Volkmann,1951:273-294),表示为:

$$R_{S_i} = (S_i - S_{min})/(S_{max} - S_{min}) \tag{2-6}$$

根据式(2-6)可知,与主观值接近最小值的刺激相比,主观值接近最大值的刺激具有更大的范围(即在维度上更高)。这也意味着,同一个刺激,放在有不同分布的刺激中,该刺激的范围值会不同。如,将同样重量的球放在最小重量与它接近的球当中,会比放在最大重量与它接近的球当中给人的感觉更轻。

(2)第二阶段:频率理论。在一组刺激中对目标刺激的判断与低于目标刺激的刺激数量成正比(Parducci,1965)。对刺激的判断可以表示为:

$$F_{S_i} = (r_i - 1)/(N - 1) \tag{2-7}$$

其中,r_i为目标刺激的百分位数,N为刺激的总数。

当分布中的多数刺激小于目标刺激时,与分布中的多数刺激大于目标刺激相比,目标刺激显得更大。如,在有同样范围的两种不同分布中,同样重量的球放在包含很多小球的右偏分布中,会比放在有很多大球的左偏分布中显得更重。

根据范围理论,对刺激的判断与测量尺度线性相关;而根据频率理论,对刺激的判断与测量尺度的关系是基于累积频率函数的非线性相关。

(3)第三阶段:范围—频率理论。范围—频率理论是范围理论和频率理论的复合。这两个理论都嵌套在范围—频率理论中。范围—频率理论认为,对刺激的判断是由它在所有情境刺激中的分布位置决定的(Parducci,1965)。刺激的分布提供了对目标刺激做出判断的情境。两个情境原则决定了刺激物在单一维度上的判断值。根据范围原则,判断反映的是目标刺激相对于所有情境刺激的极值的位置,而频率原则是根据其他刺激的相对频数或比例对目标刺激进行判断,即对目标刺激的判断基于目标刺激在所有刺激频率分布的百分位数(Wedell 和 Parducci,1988)。基于范围—频率理论,对于给定系列刺激(S_i)的判断(I_{S_i})可以表示为:

$$I_{S_i} = wR_{S_i} + (1-w)F_{S_i} \tag{2-8}$$

其中,w 为权重,其决定了在不同情况下两个原则对判断的影响。范围—频率理论定义的对刺激的判断是范围理论和频率理论的折中。

2. 范围—频率理论的基本假设

(1)该理论假设人们从观察中推断出一个心理范围,并在这个范围内设置评级类别。例如,对某些体育项目,如跳高或跑步,是有客观的评价标准的,人们对此能形成判断。但很多体育项目没有这样的客观尺度,人们对这些项目的评价依赖于主观印象,因此,人们需要先建立内部的判断尺度再进行判断。

(2)根据范围原则,人们从可用的刺激输入中推断出一个心理范围(range)。在这个范围内,根据刺激的数量对范围等分,每一部分为一个类别(category)。范围变了,判断会发生改变,如一个好学生在全是优生的班级中会被认为一般,而同一个人在全是普通生的班级中会被认为是优生。

(3)根据频率原则,人们会以相同的频率使用这些类别(Fasold 等,2012)。

(4)对目标刺激的判断基于由范围原则确定的范围值[根据式(2-6)]和由频率原则确定的频率值[根据式(2-7)]的加权均值[根据式(2-8)],权重取决于刺激的分布形状。

二、范围—频率理论的起源和应用

1. 范围—频率理论的起源

艾伦·帕杜奇(Allen Parducci)在 20 世纪 60 年代中期提出了范围—频率理论。该理论是从与赫尔森的适应理论相矛盾的实验中发展出来的。适应水平理论认为,人们在决定判断的参照时,会对他们感官体验的平均值(仅仅是分布的集中程度)做出反应。而范围—频率理论认为,在心理物理学实验中,刺激物的整体分布(离散程度和偏态)会影响对特定刺激的判断。

2. 范围—频率理论的应用

关于范围—频率理论的多数研究集中在心理物理学领域(Wedell 和 Parducci,1988)。但也有研究显示,范围—频率理论也能应用于社会学领域。Wedell 和 Parducci(1988)发现,对他人幸福感的判断受到范围原则和频率原则的影响。Mellers(1983,1986)成功地将范围—频率理论扩展到关于教师薪酬分配公平性的判断。多数检验范围—频率理论的论文用的是实验数据,Niedrich 等(2009)使用面板数据,将范围—频率理论应用于价格研究。他们发现,使用范围—频率理论定义的价格判断(定义为目标价格与一个或多个参照价格之差)能更好地拟合数据。而且,当参照价格的方差很大及分布为偏态时,范围—频率理论定义的价格判断更能反映参照价格的这些差异。

三、范围—频率理论存在的问题

(1)与适应水平理论类似,范围—频率理论也未明确考虑时间的影响。

(2)该理论不适用于某些情境。例如,对于人们在没有机会推断出心理范围的情况下如何做出初步评估,该理论并未给出说明(Unkelbach 等,2012)。

(3)范围—频率理论并未涉及个体差异。该理论认为,人们使用相同的参照点,而且参照点对判断和行为的影响是相同的。而事实上,在很多情况下,人们使用不同的参照点。

(4)传统上,有关参照点的定义是将所有影响参照点形成的信息合成一个值（Mazumdar 等，2005；Niedrich 等，2009），使用这样的参照点可以定义损失和收益并测量损失规避系数。但如何将范围—频率理论与损失规避系数结合起来还需要进一步的研究（Niedrich 等，2009）。

第三节　同化—对比理论

一、同化—对比理论及其基本假设

1.同化—对比理论(assimilation-contrast theory,ACT)

（1）同化理论

利昂·费斯廷格(Leon Festinger)的失调理论构成了同化理论的基础。失调理论认为,消费者会比较自己对产品的期望水平和感知到的产品性能;而如果期望水平和感知的产品性能之间存在差异,消费者就会出现失调(Festinger,1957)。这种消费者用后评价的观点以同化理论的形式被引入满意度文献(Anderson,1973)。Anderson(1973)认为,消费者会调整对给定产品的感知使其更符合预期。

（2）对比理论

对比理论最早由卡尔·霍夫兰(Carl I. Hovland)等提出。他们认为,消费者在经历不一致(disconfirmation)时,会改变自己的评估,以缩小期望水平和实际产品性能之间的差异(Hovland等,1957)。

（3）同化—对比理论

Hovland等(1957)结合同化理论和对比理论,提出同化—对比理论,认为当刺激被感知时,可能落在个体的接受区域或拒绝区域。如果刺激落在接受区域,它就会被个体的认知框架同化(assimilation);如果刺激落在拒绝区域,个体就会经历对比效应(contrast),从而拒绝刺激。

与适应水平理论或范围—频率理论不同,同化—对比理论并未在操作上定义参照点,只是描述了参照点是如何变化的。

2.同比—对比理论的基本假设

（1）个体有一个用于判断的比较水平（参照点或期望）。

（2）相对该比较水平（参照点），存在正差异或负差异（期望水平和感知到的产品性能的差异，该差异或正或负）区间。即在参照点左右存在一个区间，如果差异在这个区间内，个体会减少或同化这个差异。这个区间称为接受域，能产生同化效应。如果差异在接受域，则对刺激的判断会被同化到比较水平（参照点）。

（3）期望水平和感知到的产品性能的差异比较大（类似地，该差异或正或负）时，这个差异区间称为拒绝域。如果差异落在这个区间，则个体会夸大这个差异，产生对比效应。

二、同化—对比理论的起源和应用

1.同化—对比理论的起源

最初，霍夫兰等提出同化—对比理论是用于解释失验模型（disconfirmation model）中变量之间的关系。失验是指将期望水平与感知到的产品性能相比较的结果。一般来说，消费者在接受域或拒绝域内移动。如果失验较小，会产生同化效应，消费者有同化或调整产品性能感知差异的倾向，使之达到他们之前的期望水平；如果失验较大，即感知的表现和期望之间存在巨大差异，则会产生对比效应，消费者的倾向会增加感知的差异。

2.同化—对比理论的应用

该理论最先用于说服性交际领域（Sherif 和 Hovland，1961），后来逐渐用于解释满意度（Anderson，1973；Cardozo，1965）和定价方面（Monroe 等，1977）的研究。Woodside（1972）认为，如果消费者感知到的产品性能与产品表现存在差距，消费者心里有接受域和拒绝域。如果差距在接受域，它将被同化，差距会被缩小，消费者会进入满意状态；如果感知到的产品性能与产品表现的差距在拒绝域，则会产生对比效应，差距会被夸大，消费者会体验到不满意状态。同化—对比理论也用于解释参照价格的变化，主要是解释外部参照价格对内部参照价格变化的影响。当外部参照价格在内部参照价格附近，同化效应会发生，外部参照价格会被内部参照价格同化，形成新的内部参照价格；当外部参照价格与内部参照价格相差很大，会产生对比效应，内部参照价格不会受影响。

Chandrashekaran 和 Grewal(2003)研究了广告价格(advertised reference price)与内部参照价格的关系,他们发现,消费者参与度(involvement)起调节作用。具体而言,高参与度的消费者会将小部分的广告价格同化进他们当前的内部参照价格。Kalyanaram 和 Little(1994)建立了一个基于同化—对比理论的模型,将其整合到消费者选择模型中,并假设了参照价格左右有一个对称的无差异范围。货架价格如果在这个范围内,则不会影响消费者的选择;如果在这个范围之外,则会产生收益或损失,从而影响消费者的选择。

三、同化—对比理论存在的问题

(1)没有考虑差异的方向性(即差异是正还是负)。同化—对比理论认为,消费者将感知的刺激与刺激的表现的差距,同心中的接受域和拒绝域进行比较,从而得到对刺激的评价。感知的刺激与刺激的表现的差距可正可负,差距正负对刺激评价的影响可能是不同的(Joseph Sirgy 和 Tyagi,1986)。

(2)没有考虑表示参照点的期望类型。以价格期望为例,作为参照点的价格期望可以是上次购买的商品的价格,也可以是竞品的价格、所有商品中最高的价格或最低的价格。至于以哪种类型的期望作为参照点,该理论并未明确阐述。

(3)没有考虑感知刺激的强度以及个人心中的接受域和拒绝域的强度(大小)。在实际应用中,有学者对接受域的影响因素进行了研究。Lichtenstein 等(1988)发现,参照价格水平和对价格的了解程度会显著影响接受域。参照价格越高,接受域越大;对商品的价格越熟悉,接受域越窄。类似地,Monroe(1973)也提出价格接受域的宽度与价格的接受程度成正比。

(4)当同化效应发生时,内部参照点的变化(感知刺激的变化)同感知的刺激与刺激的表现的差距服从何种关系,这种关系是线性的还是非线性的,同化—对比理论并未加以阐述。虽然有研究者为非线性关系提供了概念上的支持(Lichtenstein 等,1991),但这方面的实证研究非常少。

(5)根据同化—对比理论,当期望水平和感知到的产品性能的差距较小时,会产生同化效应;当期望水平和感知到的产品性能的差距较大时,会产生对比效应。但 Hovland 等(1957)发现,外部信息与受访者个人观点的差异越大,受访者改变观点的可能性越大。也就是说,这里产生了同化效应,而对比效应并未产生。这种不一致的原因,有研究者认为是高参与度的受访者比低参与度的受访者的接受域要窄。其结果可能是,对高参与度的受访者而言,因为他们的接受域较窄,外部信息与个人观点的差异落入拒绝域而产生对比效应;对低参与度的受访者而言,因为他们的接受域较宽,这个差异会落入接受域而产生同化效应(Yang 和 Huang,2012)。同化—对比理论在何种情境下适用,需要学者进行更深入的研究。

第四节　展望理论

一、展望理论及其基本假设

1. 展望理论(prospect theory)

(1)展望理论概述

展望理论也称前景理论,由丹尼尔·卡尼曼(Daniel Kahneman)和阿莫斯·特沃斯基(Amos Tversky)于 1979 年提出,描述了不确定条件下的风险决策行为(Kahneman 和 Tversky,1979)。展望(prospect)是展望理论最基本的研究单位,可以表示为$(x_1,p_1;x_2,p_2;\cdots;x_i,p_i)$,其中 x_i 表示第 i 个可能结果与参照点相比的偏离值,p_i 表示 x_i 的感知概率。

展望理论认为,消费者在进行选择和决策时会经历两个阶段:编辑阶段(editing phase)和评价阶段(evaluation phase)。编辑阶段包括编码、简化、合并、分离、取消等心理操作,通过结果转换和概率提取来简化选择问题。编码环节包括识别参照点,以及根据参照点将结果框定(framing)为收益或损失。简化环节包括将概率或结果取整,以及通过将概率舍入为零,丢弃极不可能的结果。合并环节是指将有相同结果的概率合并。分离环节是指将结果中的无风险成分与风险成分分离,然后根据其与保证最小值的偏差对风险成分进行评估。抵消环节是指抵消所有结果中共同的组成部分或消除无关的备择项。

在评估阶段,人们基于可能的结果做出决定,会选择效用最高的选项。该阶段使用统计分析来衡量和比较每个展望的结果,并选择价值最高的那个,这由结果值和决策权重确定。展望的加权值表示为:

$$V= \sum v(x_i)w(p_i) \tag{2-9}$$

其中,p_i 表示 x_i 的感知概率,$v(x_i)$ 表示价值函数,$w(p_i)$ 表示概率加权函数。

价值函数和概率加权函数是展望函数的两个重要组成部分。

（2）价值函数

人们对不同的结果进行评价时，感受到的是每个结果对自己的主观价值，而非结果的真实价值。价值函数的本质是，价值取决于财富的变化量，而非财富的最终状态。也就是说，价值的衡量由两个因素决定，一个是初始状态（参照点），另一个是变化幅度。只有定义了参照点，才能描述一个备择项的评价结果是收益还是损失。

展望理论中的一个关键假设是关于结果的价值函数的形状。该理论提出，价值函数的形状取决于备择项的结果（前景）是否被编码为收益或损失。当结果被视为收益时，价值函数是凹函数。这种形状意味着，随着收益越来越大，它们对个人的价值就越来越小。展望理论模型看起来像一条S形曲线：第一象限是凹的（代表收益），第三象限是凸的（代表损失）。损失函数的斜率比收益函数的斜率更陡，这表明人们对单位损失给予更高的价值。因此，展望理论预测，那些将结果视为收益的个人往往会在他们的选择中规避风险（risk-averse），偏好确定的小收益。当结果被视为损失时，价值函数是凸函数。这意味着损失越大，相应的负收益的增加值越小。因此，将结果视为损失的个人往往会在他们的选择行为中寻求风险。无论结果在收益端还是损失端，结果变化带来的边际价值都是递减的。价值函数损失端比收益端更陡峭。也就是说，人们在失去一样东西时感受到的痛苦比获得相同数量的东西时感到的快乐程度更深。这种损失和收益之间的不对称性被称为损失规避。

（3）概率加权函数

概率加权函数用于衡量事件的概率对展望吸引力的影响。然而，它不是概率的线性函数，决策权重本身也不是概率。它有以下几个特点：①当概率 p 接近于0或1时，概率加权函数的方差不再是常数，会变得非常大。也就是说，人们不善于评估极端事件，人们评估极端事件概率时要么忽略它们，要么夸大它们。②概率加权函数在概率 p 接近于0或1的区域取值会急剧增加。也就是说，极端事件会对展望的评估有不成比例的巨大影响。③除了端点附近的小区域，加权函数的斜率在整个范围内都小于1。④除了小概率的不确定行为外，小概率被高估，而大概率被低估。

2. 展望理论的基本假设

（1）人们进行选择决策时面临若干个选择项（choice alternatives）。

（2）人们倾向于以收益和损失而不是净资产来考虑问题，他们用相对于参照点偏离程度的方式来对各选择项进行编码。

（3）人们对待收益和风险的态度完全不同：在面临收益时，是风险规避的，即不愿冒险；在面临损失时，是风险喜好的，即愿意冒险。

二、展望理论的起源和应用

1. 展望理论的起源

20 世纪 70 年代末，卡尼曼和特沃斯基向决策的理性观点发起挑战，提出了展望理论（Kahneman 和 Tversky，1979）。该理论基于心理学研究，指明个人并不总是寻求风险或规避风险。相反，个人是根据参照点来解释收益和损失的，这个参照点通常是现状（例如，他们最初拥有的财富）。相对于现状有收益（获得财富）时，人们倾向于规避风险；相对于现状有损失（失去财富）时，人们倾向于寻求风险。

2. 展望理论的应用

大量研究发现，消费者的判断和评价是通过与某个参照标准进行比较而得出的（Mussweiler，2003），即消费者决策是参照依赖的。Kahneman 和 Tversky（1979）最早进行了参照依赖的相关研究，并在他们提出的展望理论中引入了参照点。展望理论提出后，在不同领域都有广泛的应用。在消费者心理学领域，学者基于参照依赖的框架证实了参照点对消费者决策和偏好的显著影响（Dhar 等，1999；Dhar 和 Simonson，1992；Kim 等，2020a；Kim 等，2020b）；在行为决策领域，参照点在解释现状偏差、禀赋效应等现象中发挥了非常重要的作用（Johnson 等，1993；Thaler，1980；Kahneman 等，1990）；而在医疗保健、金融学、B2B 市场等领域，也有很多学者使用展望理论来开展研究（Arkes 等，2008；Monroe 等，2015；Schwartz 等，2008；Yasuda 和 Kotabe，2021）。

三、展望理论存在的问题

（1）对多属性刺激而言，不同属性有不同的衡量标准和参照点，因此运用展望理论评价多属性刺激时很难整合收益和损失。例如，对于从汽车配置中带来的收益能在多大程度弥补略高的价格（Klein 和 Oglethorpe，1987），展望理论并不能做出回答。

（2）该理论使用单个参照点的做法过于简单，不能很好地解释人们行为的复杂性（Parducci，1965；Frederick 和 Loewenstein，1999：302-329）。

（3）该理论基于心理学的研究，却没有将在决策过程起重要作用的情绪和情感反应纳入模型。

（4）该理论并未考虑参照点变化的问题（Sugden，2003）。

（5）该理论不允许存在无差异区域，因此，当参照点不确定的情况或对小幅度的变化没有反应时，研究就没有办法进行。

第五节　小　结

一、各理论涉及的参照点比较

本章讨论了与参照依赖相关的四个经典理论,这四个经典理论在参照点建模中有大量的应用。总的来说,适应水平理论、频率—范围理论和同化—对比理论为参照点的形成和变化提供了理论基础。展望理论则就参照依赖的消费者选择建模提供了理论框架。这四个理论涉及的参照点取值及其特征见表2-1。

表 2-1　各理论参照点比较

项目	适应水平理论	范围—频率理论	同化—对比理论	展望理论
参照点	刺激的加权 几何均值	刺激的端点值与目标 刺激在所有刺激频率 分布的百分位数	内部参照点, 但类型未确定	现状
取值	单值	单值	区间	单值
特征	动态	动态	动态	静态

赫尔森的适应水平理论本质上是一种心理物理理论,它探索了人类对外界刺激变化做出反应的机制。也就是说,适应水平是动态的,会随着新的刺激的汇集而改变(Thomas,1974:91-154),它是当前刺激与以前适应水平的加权均值;适应水平定义的是一个单值的参照点。

当刺激分布均匀时,对刺激的判断会集中在平均刺激左右,适应水平能反映这种情况。当刺激的分布有偏差时,范围—频率理论更能准确地反映这种情况。范围—频率理论中的参照点为刺激分布的范围和频率的加权值,也是一个单值的参照点。

与其他三个理论不同,同化—对比理论认为对消费者选择或判断产生影响的不是一个点,而是一个区间。有越来越多的实证研究证明接受域的存在,在这些实证研究中,接受域通常被称为阈值(threshold)(Han 等,2001;Kalyanaram 和 Little,1994;Mazumdar 和 Jun,1992;Monroe,1971)。

展望理论最先是为了解释风险条件下的决策过程,后进一步发展并扩展到无风险决策领域(Barberis,2013;Highhouse 和 Johnson,1996)。展望理论的价值函数是根据参照点来评估收益和损失。与适应水平理论一样,展望理论将适应水平应用于感知之外的领域(如健康、声望和财富)。Tversky 和 Kahneman(1981)认为,参照点可与目标水平(aspirational level)(Frank,1941;Levin 等,1944:333-378)和 Helson(1964b)的适应水平概念相比较。然而,与适应水平理论不同的是,展望理论是一种选择模型,用来解释个人在风险条件下的决策过程。即适应水平理论定义了参照点,而展望理论定义了消费者决策过程。

二、各理论的应用

这四个理论不仅各自在不同的领域有广泛的应用,而且有多个研究将这四个理论结合在一起应用。

De Bruyn 和 Prokopec(2017)结合适应水平理论和展望理论,在筹资情境下验证同化—对比理论。他们发现,与内部参照点(根据适应水平理论产生)不一致的外部参照点,根据差异的方向,对捐赠者行为产生不同的影响,这类似于展望理论中的损失规避。

Tversky 和 Kahneman(1981)认为,参照点可以沿着结果的绝对范围移动(从负到正无穷),这与适应水平在对心理物理刺激的反应中的移动方式非常相似。而且,他们认为过去和现在的经验会影响参照点的形成,进而影响对目标刺激的判断。但他们并未论及参照点具体如何设定及其如何影响判断和选择。范围—频率理论解决了这个问题。该理论认为,经历过的刺激,其分布的形状和范围会影响对刺激的判断。类似地,赫尔森指出的适应水平的构造方式也可用于分析展望理论的参照点。

在定价领域,尤其是对参照价格的确定,适应水平理论、同化—对比理论和范围—频率理论都有较多的应用。对适应水平的研究表明,消费者所接受的刺激会影响他们的参照点选择或适应水平。因此,适应水平是与情境有关的,它是消费者所处情境中的刺激的平均值(Helson,1964a;Wedell,1995)。同化—对比理论的特点之一是指出极值对判断产生影响,即接近参照点(适应水平)的刺激值会被同化,极端的刺激值则产生对比效应。对于消费者来说,刺激的范围是由极值决定的。区间理论认为,人们根据记忆中的价格范围来设定价格预期的下限和上限。因此,基于适应水平理论、同化—对比理论和范围—频率理论,可以识别出三种可能的参照价格:(1)价格集合中所有价格的均值;(2)价格集合中的最低价格;(3)价格集合中的最高价格。

　　也有学者对比了范围—频率理论和适应水平理论。他们发现,范围—频率理论比范围理论或适应水平理论更适用于分析心理物理数据(Birnbaum,1974;Janiszewski 和 Lichtenstein,1999;Parducci 和 Perrett,1971)。但在其他领域,这个结论是否仍然成立,有待学者做进一步的检验。

三、研究展望

　　参照依赖的核心是参照点。现有理论和文献对参照点的使用多数是静态的、固定的,而实际上参照点是不可观测的、异质的和动态的(Allen 等,2017),前述四个经典理论都没有很好地解决参照点不可观测、异质性及随时间或情境变化的问题。解决这一问题可能需要新的理论或采用新的技术(脑电波测量)与方法(参照点估计模型)。营销研究人员近年采用了神经营销工具(如 Lim,2018),这可能有助于更好地捕捉消费者对不同参照点的选取行为。关于参照点不可观测的概念化研究仍然很少。在一项实证研究中,Foutz(2004)在已观察到产品特征和消费者选择的情况下,应用贝叶斯方法进行数据增强(data augmentation)来估计不可观测的参照点。在样本内拟合和样本外预测方面,采用估计参照点的模型优于采用诱发(elicited)参照点的基准模型。

　　本书介绍的四个经典理论均将参照点看作多个信息汇集成的一个点,即单值的参照点,当然,同化—对比理论略有不同,该理论定义的参照点为一个单值的区间。然而,大量研究表明,消费者可能会使用多个参照点(Johnson 等,

2012；Kenney，2016；Lu 等，2015；Su 等，2020；Wang 等，2012），这个结论更多地是在实验条件下获得的，但相对较少的实证研究解决了这个问题。此外，对有不同测量尺度的多个属性参照点而言，如何衡量此类参照点的影响，这四个理论并未明确论述。此类参照点在耐用品选购中尤为常见（Fogel 等，2004；Foutz，2004）。一些学者在这方面进行过尝试。Hardie 等（1993）以最近购买的多属性产品作为参照点，之后比较备选产品和参照产品在价格和质量两个维度上的非对称参照效应。Wang 等（2019）使用分层混合专家方法验证了消费者可能会同时使用不同的多属性参照点，而且使用何种参照点受性别、收入、兴趣等消费者特征的影响。

根据同化—对比理论，参照点附近存在一个无差异区间，只要刺激在这个区间内，消费者要么接受该刺激（在接受域内），要么拒绝该刺激（在拒绝域内）。有少量实证研究探讨了参照点阈值对消费行为的影响。多数关于损失规避的研究只考虑备择产品与参照点差异的正负对决策的影响，有研究者认为损失或收益超过一定的阈值才会对消费者决策产生影响（Han 等，2001；Terui 等，2006）。

这四个理论都未涉及参照点异质性的问题，即这些理论认为人们使用的参照点是相同的，而且参照点的影响也是相同的。很多情况下，并非如此。消费者可能在不同场合使用不同的参照点，而且可能在特定情境下使用多个参照点（Kenney，2016；Terzi 等，2016）。同时，消费者在参照点的使用上还受情绪状态、产品类型、消费者个人特征的影响（Choi 等，2018；Johnson 等，2012）。有少量学者使用不同的方法如分层贝叶斯（Yang 和 Allenby，2000）、混合专家模型（Wang 等，2019）等，将参照点异质性的影响考虑在内。在未来的研究中，需要更多的研究来揭示参照点异质性及其产生的影响。

第三章 参照点分类及参照点选择的影响因素

第一节 参照点研究概述

消费者的判断和评价往往是通过与某个参照标准进行比较而得出的(Mussweiler,2003),即消费者决策在很大程度上受到所处情境中参照标准或参照点的影响。例如,在面对多个产品时,消费者更倾向于选择折中选项而非极端选项,这个现象在消费者决策中被称为折中效应。其原因在于,与极端选项对比后,折中选项会显得更有吸引力。类似的例子还有很多,例如吸引力效应(attraction effect)和推断效应(inference effect),很多学者反复印证了其对消费者实际决策的显著影响(Prelec 等,1997;Huber 等,1982;Simonson,1989)。上述现象都表明,消费者偏好和选择不仅受产品本身属性的影响,还在很大程度上取决于与该产品处于同一选择集的其他产品,即参照依赖。

卡尼曼和特沃斯基最早进行了参照依赖的相关研究,并提出了展望理论。之后,他们提出了参照依赖的偏好(reference-dependent preference)模型(Tversky 和 Kahneman,1991)。自展望理论提出后,参照依赖的研究在不同领域都有广泛的应用。在消费者心理学领域,学者基于参照依赖的框架证实了参照点对消费者决策和偏好的显著影响(Dhar 等,1999;Dhar 和 Simonson,1992;Kim 等,2020a;Kim 等,2020b);在行为决策领域,参照点在解释现状偏差、禀赋效应等现象中发挥了非常重要的作用(Johnson 等,1993;Thaler,1980;Kahneman 等,1990);而在医疗保健、金融学等领域,也有很多学者引入参照点来开展研究(Arkes 等,2008;Monroe 等,2015;Schwartz 等,2008;Yasuda 和 Kotabe,2021)。

在营销领域,早期参照点研究主要集中在价格这一个属性上,而且大多使用快消品(fast moving consumer goods,FMCG)作为研究对象(Winer,1986)。随着对参照点了解的深入,研究者发现不只是价格可以作为参照点,其他产品属性也能作为参照点对消费者的选择和偏好产生影响,这种影响在消费者选择耐用品时尤为常见(Fogel 等,2004;Foutz,2004)。近年来,很多后续研究还发现,参照点往往不是固定不变的,在不同情境下消费者会使用不同的参照点(Kirmani 和 Baumgartner,2000),参照点的使用存在明显的消费者异质性(Terzi 等,2016);不仅如此,消费者还可能同时使用多个参照点(Tarnanidis 等,2015;Kenney,2016)。与此同时,学者还在不断探索新的模型和估计方法,用实证模型来捕捉和刻画上述理论研究的新发现,目前已经形成了一系列较为成熟的研究成果,并且正在推动参照依赖领域的相关研究。然而,到目前为止,尚未有研究就参照点的建模方法进行较为全面的归纳和总结。为此,本章将系统回顾消费者行为和决策领域参照点的相关文献。本章将采用结构化文献回顾方法(例如,Hao 等,2019;Kahiya,2018;Paul 等,2017;Rosado-Serrano 等,2018),对 1947—2020 年发表在一流期刊上的概念性和实证性论文进行回顾。本章对现有文献的贡献至少体现在两个方面。一方面,有别于以往的综述,本章将对有关参照点的文献中经过实证检验的理论方法进行全面系统的回顾;另一方面,本章通过回顾参照点和参照依赖模型的研究文献,总结了不同研究的贡献,指出了现有文献的研究空白。以往关于参照点的综述文章,要么只关注参照点的价格效应,要么只涉及参照点的概念,而没有对包含参照点效应的实证模型进行研究。鉴于参照点操作化方式的多样性和模型构建的复杂性,研究中如果没有对参照依赖的实证模型进行系统的回顾,未来研究者在对参照效应进行建模时将面临严峻的挑战。本章的作用在于,不仅为未来的研究人员确定重要和未解决的研究问题提供指导,而且为他们构建更好的实证模型和选择适当的可操作化的参照点提供帮助与参考。本章第二节至第四节介绍如下:第二节,介绍研究设计,并提供了包含在本章文献回顾中的论文的概述;第三节,对参照点的理论背景、参照点的概念和分类、参照点使用的影响因素、参照点的作用等四个方面的研究进行综述,并通过总结以往研究中的参照点操作化、模型框架和参照点异质性,参考依赖模型,将这四个子领域的一些研究结果与实证联系起来;第四节,讨论目前研究的不足,并指出今后的研究方向。图 3-1 呈现了本章的研究框架。

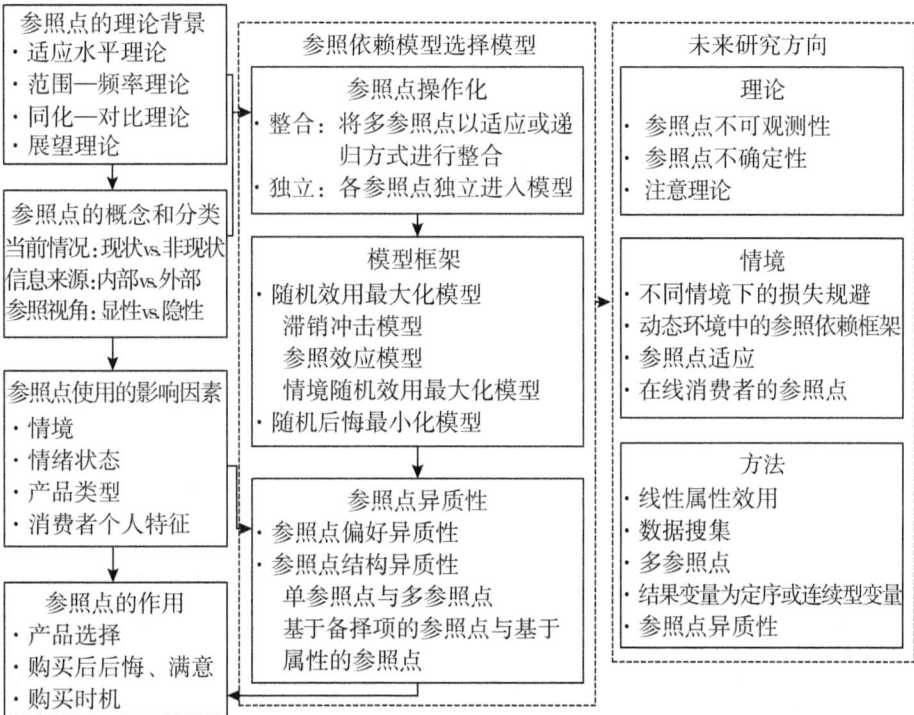

图 3-1　本章的研究框架

第二节 相关论文来源与分析

一、论文来源

关于参照点的研究早在 20 世纪 40 年代就开始了。Helson(1947,1964a)提出了适应性水平理论来解释心理物理判断,然而直到 1979 年展望理论被提出,用于解释风险条件下的决策过程,这个概念才受到足够的重视。展望理论进一步发展并扩展到无风险决策领域(Barberis,2013;Highhouse 和 Johnson,1996)。

为了对参照点研究进行细致全面的回顾,本书使用在线数据库(如 EBSCOhost、JSTOR、ProQuest、谷歌学术、ScienceDirect)和出版商网站(如 SpringerLink 和 SAGE Journals)以及参考文献列表来搜索有关参照点的文章。关于参照点的研究非常多,限于篇幅,本章采用四个步骤来缩小范围,选择最合适的论文进行综述。首先,在有同行评议的期刊中,检索标题、摘要、关键词包含参照点(reference point)、参照价格(reference price)、参照依赖(reference dependent)、展望理论(prospect theory)和损失规避(loss aversion)等关键词的文章。这个搜索过程产生了 434 篇文章。其次,根据适合度和恰当度对这些文章进行评估。考虑到本书着重于消费者选择决策中的参照点建模,因此,排除了 281 篇关于企业(团体)决策、数学建模和定性研究的文章。再次,本章的综述集中在被社会科学引文索引(SSCI)、科学引文索引(SCI)收录的期刊文章,且不考虑会议文章。因此,删除了 15 篇文章,留下 138 篇期刊文章做综述。最后,增加了一些有高影响力的著作(基于被引次数——至少 500 次)和经典著作(例如,Lancaster,1971)。此外,还将一篇相关的论文纳入综述列表。经过上述四个步骤,本章的综述列表包括 138 篇期刊文章、8 本著作和 1 篇博士学位论文。为了对消费者选择模型中的参照点进行全面系统的综述,笔者全文下载了列表中的所有文章。文章选择过程的可视化摘要见图 3-2。

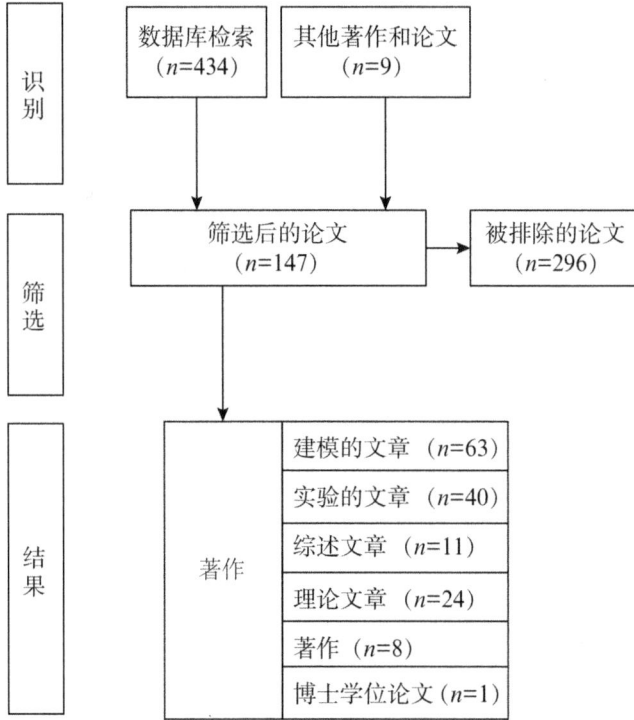

图 3-2　文章选择过程的可视化摘要

二、被引论文分析

1. 发表渠道与引文分析

本章综述列表中的 138 篇论文共发表在 72 种学术期刊上。从表 3-1 可以看出，排名前 20 的期刊覆盖了大部分的研究。前五名是 *Journal of Consumer Research*（《消费者研究杂志》）（12 篇），*Journal of Marketing Research*（《营销研究杂志》）（10 篇），*Marketing Science*（《营销科学》）（9 篇），*Management Science*（《管理科学》）（8 篇），以及 *Journal of Retailing*（《零售杂志》）（6 篇）。

表 3-1　参照点研究所发期刊

期刊名	论文数/篇
Journal of Consumer Research	12
Journal of Marketing Research	10
Marketing Science	9
Management Science	8
Journal of Retailing	6
Advances in Consumer Research	5
Marketing Letters	4
Organizational Behavior and Human Decision Processes	4
Psychological Review	4
Food Quality and Preference	3
Journal of Behavioral Decision Making	3
American Journal of Agricultural Economics	2
Journal of Applied Psychology	2
Journal of Business Research	2
Journal of Economic Behavior & Organization	2
Journal of Marketing	2
Journal of Retailing and Consumer Services	2
Journal of Risk and Uncertainty	2
The American Economic Review	2
Frontiers in Psychology	2

　　表 3-2 列出了按谷歌学术总被引次数排序的最具影响力的 10 篇文章。在总被引频次和年被引频次方面，Kahneman 和 Tversky（1979）、Tversky 和 Kahneman（1981）的影响最大。Barberis（2013）仅进入年被引频次前 10 名，Rosch（1975）仅进入总被引频次前 10 名，除这 2 篇文章外，其他 9 篇文章在总被引频次和年被引频次指标上都进入前 10 名。这表明最近的一些研究可能和基础研究一样有影响力。

表 3-2 十大引文

排名	文献	总被引频次
1	Kahneman 和 Tversky（1979）	61352
2	Tversky 和 Kahneman（1981）	20400
3	Thaler（1980）	7073
4	Tversky 和 Kahneman（1991）	6950
5	Thaler（1985）	6947
6	Kahneman（2003）	5672
7	Kahneman 等（1990）	5321
8	Tversky（1972）	4414
9	Locke 等（1981）	4226
10	Rosch（1975）	1909

排名	文献	年被引频次
1	Kahneman 和 Tversky（1979）	8764.57
2	Tversky 和 Kahneman（1981）	523.08
3	Kahneman（2003）	333.65
4	Tversky 和 Kahneman（1991）	239.66
5	Thaler（1985）	198.49
6	Kahneman 等（1990）	177.37
7	Thaler（1980）	176.83
8	Barberis（2013）	133.29
9	Locke 等（1981）	108.36
10	Tversky（1972）	91.96

2. 参照点相关论文的发表趋势

图 3-3 显示，关于参照点的研究可以追溯到 20 世纪 40 年代，它们为后续研究奠定了基础。但直到 20 世纪 90 年代才出现了更多的实证研究，展望理论被应用到不同的领域。随着时间的推移，人们对这个话题的兴趣并没有减弱。2011—2020 年有 48 篇关于参照点的文章发表。更重要的是，关于参照点异质性和多参照点的研究文章分别有 11 篇和 19 篇，表明学者对这些研究方向越来越感兴趣。

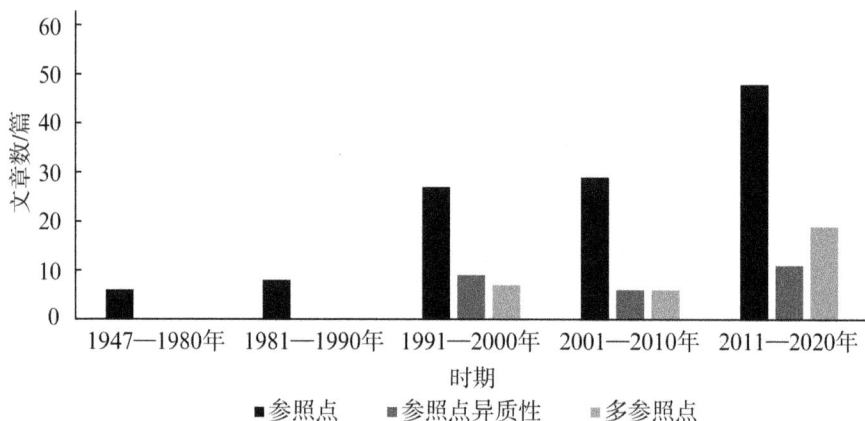

图 3-3　参照点相关论文的发表趋势

3.参照点相关论文的发表时间演变

为了解研究主题的变化趋势,本书跟踪了关于参照点的已发表文章的发展趋势,总的来说可以分为五个阶段。在第一阶段,研究人员对参照点进行了概念化,并探讨了参照点的作用(Geistfeld 等,1977;Helosn,1947;Rosch,1975)。在这一阶段,Kahneman 和 Tversky(1979)的开创性研究为后续研究奠定了理论基础。在第二阶段,在参照依赖框架下,研究更多地集中在参照价格的形成和作用上(Lattin 和 Bucklin,1989;Winer,1986)。在第三阶段,研究探索了参照价格的不同成分,并探讨了参照点的异质性(Chang 等,1999;Kalyanaram 和 Winer,1995;Rajendran 和 Tellis,1994)。在第四阶段,从消费者研究到医疗保险和金融等领域广泛应用了参照点(Arkes 等,2008)。价格属性的参照效应目前已经得到了广泛的研究,这一时期的参照效应也从价格属性扩展到了其他属性(Kivetz 等,2004)。Chorus 等(2008)提出了一个与常用的随机效用最大化(random utility maximization,RUM)框架对应的模型,即随机后悔最小化(random regret minimization,RRM)模型,该模型提供了一种解释消费者选择的替代方法。在第五阶段,参照点的不确定性和具有多属性的多参照点等问题引起了研究者的关注(Caputo 等,2020;Wang 等,2019)。研究者探索了将参照点的偏好异质性和结构异质性纳入统一模型的方法(Kim 等,2016;Kim 等,2018)。除了基于选择的模型之外,研究者还提出了其他模型来分析参照点的影响(Allen 等,2017;Bartling 等,2015)。

参照点的早期探索	参照点的早期应用	多参照点探索	不同参照点及影响因素	参照点的其他问题
参照点的概念和定义	关注价格属性	关注参照价格的构成	多属性参照点	探索多属性多参照点的影响
提出适应水平理论	参照价格形成及影响因素	从价格属性拓展到其他属性	参照点影响因素	将两种参照点异质性合并到统一的模型中
提出展望理论	解释禀赋效应	考虑参照点差异性	进一步探索参照点差异性	参照点不确定性
			提出随机后悔最小化模型	选择模型之外的其他模型
Helson（1947）； Geistfeld等（1977）； Kahneman和Tversky（1979）； Rosch（1975）； Tversky（1972）	Kahneman等（1990）； Lattin和Bucklin（1989）； Winer（1986）	Chang等（1999）； Kalyanaram和Winer（1995）； Rajendran和Tellis（1994）	Chorus等（2008）； Fogel等（2004）； Hu等（2006）； Huang和Tseng（2007）； Kivetz等（2004）	Allen等（2017）； Bartling等（2015）； Caputo等（2020）； Kim等（2018）； Wang等（2019）
1947年40年代末—1980年	1981—1990年	1991—2000年	2001—2010年	2011—2020年

频次/篇数：50　45　40　35　30　25　20　15　10　5　0

2020年

图3-4　参照点相关论文的发表时间演变

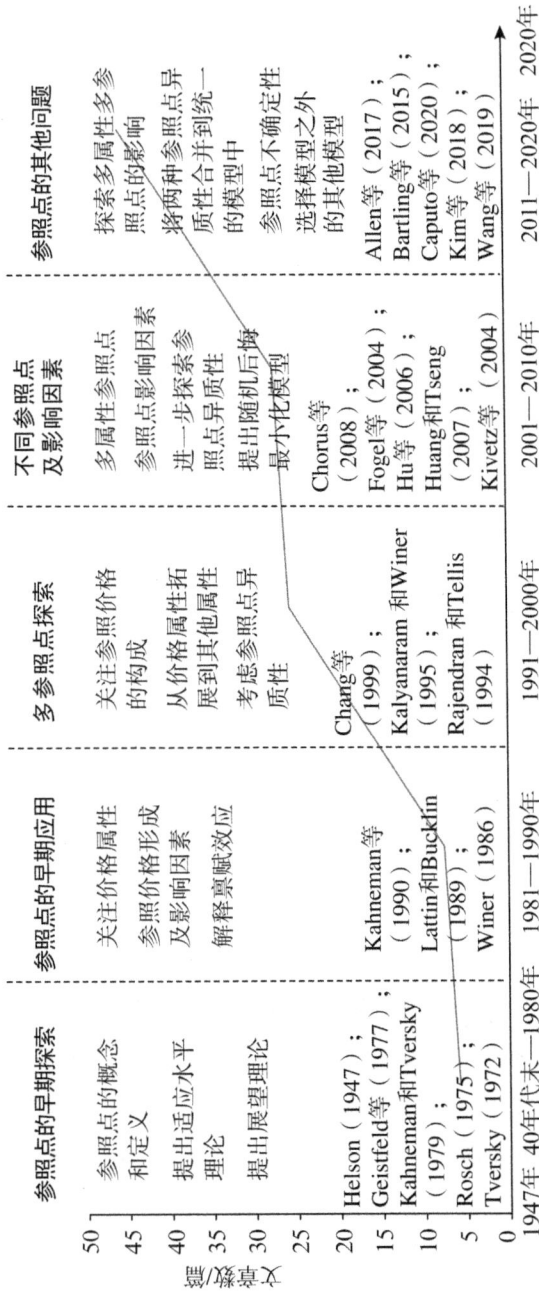

注：折线表示在每个阶段发表的关于参照点的文章数量。

41

第三节　研究发现

一、被引论文概况

总体来说,在 138 篇期刊文章中,关注参照点的有 118 篇,关注异质性的有 26 篇,关注多参照点的有 32 篇。其中建模类文章 63 篇,实验性文章 40 篇,综述性文章 11 篇,理论性文章 24 篇。下文的"理论背景"部分和"参照点的概念与分类"部分主要基于综述性文章、理论性文章和著作;关于参照点模型的综述主要是基于建模类文章。本章还将结合综述中的所有资料,提出未来的研究方向。

二、理论背景

参照(或参照框架)概念的提出可以追溯到 20 世纪 40 年代,当时研究人员提出了适应水平理论来解释心理物理判断(Helson,1947)。适应水平理论认为,刺激是根据一定的内部规范(即适应水平)来判断的,这些规范可以由当前和过去的经验形成。后来,Volkmann(1951:273-294)引入了范围理论,提出人们可以根据情境范围的端点做出判断。在此基础上,Parducci(1965,1995)引入了频率原则,提出了范围—频率理论。根据这一理论,人们在做出判断时,不仅要将刺激物与定义相关情境的端点值(即范围)进行比较,还要考虑刺激物在情境中所处的位置(即频率)。这些理论已被广泛用于解释参照点的作用和形成。例如,考察参照价格效应,Niedrich 等(2001)根据范围—频率理论,认为目标价格可以与消费者所处情境中的所有价格进行比较,而参照价格不仅由价格区间决定,还由某一价格的频率决定。

在 Kahneman 和 Tversky(1979)提出展望理论的总体框架来描述不确定性下的消费者决策之后,参照框架被正式且广泛地应用到消费者决策中。与其他理论一致,展望理论假定,消费者形成的判断是基于与参照点比较结果的评价。Tversky 和 Kahneman(1991)将该理论在应用范围扩展到无风险条件下的消费者决策过程,这激发了大量研究来检验经济学和市场营销中的参照依赖偏好。

三、参照点的概念与分类

1. 参照点的概念

在早期的研究中,参照点被简单地定义为与其他物体进行测量或比较的中性点(Helson,1964a),但这个中性点受个体认知和情境的影响(Tversky 和 Kahneman,1981)。一般的定义认为参照点是与被观测的刺激物有关的任何刺激物(Rosch,1975;Tarnanidis 等,2010)。这个定义包含的参照点类型非常广,如期望的、感知的或实际拥有的都可以成为参照点(Klein 和 Oglethorpe,1987)。针对特定的研究领域和问题,学者对参照点的具体理解有所差异。Thaler(1985)对参照点的定义就非常具体,将其界定为"期望的或公平的"价格。在消费者行为领域,Foutz(2004)认为参照点是消费者结合过去经验和之前的选择而形成的,作为评价当前选择的基准。这个定义的参照点具有递归性(recursivity),即新参照点是旧参照点和之前信息的函数。但也有研究者认为并非所有参照点都具有递归性(Baucells 等,2011)。在决策领域,王晓田和王鹏(2013)将参照点定义为任意一个由决策主体为了比较、分类和评估预期结果而选定并且使用的值。

如前所述,展望理论是最先考虑"非理性行为的理性理论",该理论认为人们在进行决策时依据的不是绝对效用值,而是以某个既存的心理中立点(参照点)为基准,把决策结果理解为损失或收益,即参照依赖(Kahneman,2003;Kahneman 和 Tversky,1979;Stommel,2013;Wakker,2010)。参照点通常是决策者习惯的一个状态,可以由社会规范或习俗规定,也可以是个体的期望或抱负水平;一般来说,参照点可以与个体的现状(status quo)或财富水平有关(Kahneman 和 Tversky,1979;何贵兵和于永菊,2006)。

学者对参照点的不同定义反映了参照点的多面性。首先,参照点的信息来源具有多样性,既可以来自消费者的记忆,也可以来自外部信息(如商品价格、商品属性等)。其次,参照点的界定可能基于不同的视角,既可以是消费者视角(如感知、期望的商品或对象),也可以是厂商或卖家视角(如商品的属性信息)。再次,参照点使用的主体具有多元性,可以是个人(如个体消费者),也可以是群体或企业(群体决策或企业决策)。最后,决策者的比较对象不同,既可以是个体自身的现状,也可以是他人的状态(谢晓非和陆静怡,2014)。不仅如此,参照点的表现形式也可能不同,既可以是某个设定值,也可以是某个区间(Klein 和 Oglethorpe,1987;Monroe,1984)。另外,由于消费者决策过程的复杂性,他们还可能在决策中使用多种参照点(谢晓非和陆静怡,2014;Wang 和 Johnson,2012)。

2. 参照点的分类

研究者根据不同的标准对参照点进行了分类,最常见的有以下几种。

根据个体的当前情况,Yates 和 Stone(1992:1-25)将参照点分为现状参照点(status quo reference)和非现状参照点(non-status quo reference)。其中前者指个体以当前的情况为参照点,后者指采用非客观现状作为参照的情形,如目标、期望等(何贵兵和于永菊,2006)。

根据参照信息来源的不同,将参照点分为内部参照点(internal reference point)和外部参照点(external reference point)(Bell 和 Bucklin,1999;Kirmani 和 Baumgartner,2000;Klein 和 Oglethorpe,1987;Mayhew 和 Winer,1992;李荣喜,2007)。前者指根据购买与使用经验或预期形成的比较标准,是基于记忆的(memory based)参照点;后者指根据评价情境的信息而形成的比较标准,如当前选择集中产品的属性信息,是基于刺激(stimulus based)的参照点。

还有学者采用了其他分类方式,例如,Dholakia 和 Simonson(2005)根据买方和卖方的视角将参照点分为隐性参照点(implicit reference point)和显性参照点(explicit reference point)。该分类方法与内部和外部参照点的分类方式类似。隐性参照点一般是由买方或消费者自发地使用的,如目标参照和社会参照等;显性参照点则是由卖方提供或建议的,如框架参照、产品属性参照、奖励参照和产品分类参照等。隐性参照点通常是从记忆中获取的,因而一般属于内部参照点;显性参照点则通常是从购买情境中获取的,因而一般属于外部参照点。

在风险决策领域,决策问题的复杂性会促使决策者采用多重参照点(Ghoshal 等,2014;Huang 和 Tseng,2007)。Wang 和 Johnson(2012)提出了三参照点理论,即以底线(最低要求)、现状和目标为参照点。这三个参照点将决策结果空间划分为失败(底线之下)、损失(底线和现状之间)、获益(现状和目标之间)和成功(达到目标或以上)四个功能区域。对决策者而言,参照点具有不同的心理权重排序(底线>目标>现状),决策最终取决于现状、目标和底线之间的关系,而非获益或亏损(李海军等,2013;王晓田和王鹏,2013)。也有研究者指出,决策者不仅会与自身的现状做比较,还会与他人进行比较。除了与决策者自身现状比较产生的个体自身的损益状态对决策有重要作用外,决策者与他人的比较结果(即社会比较)同样具有不可忽视的意义(Corcoran 等,2011:119-139)。前者体现了个人参照点,直接关乎决策者的实际得失;后者则定义为社会参照点,社会参照点无关决策者的实际得失,但具有间接性、相对性的特征。个人参照点和社会参照点同时存在,并影响决策者的心理状态,共同对决策产生影响,表现为双参照效应(谢晓非和陆静怡,2014)。

根据个体当前情况的不同和参照信息来源的不同,对学者使用过的参照点进行总结(见表 3-3)。

表 3-3　参照点分类

分类标准 1: 信息来源	参照点		分类标准 2: 当前情况
内部 参照点	现状(Wakker,2010)	三参照点 (Wang 和 Johnson, 2012)	现状 参照点
	目标(Locke 等,1981)		非现状 参照点
	底线(Koop 和 Johnson,2012)		
	期望(Olson 和 Dover,1979)		
	社会比较(Corcoran 等,2011:119-139)		
	价格	价格信息来自于记忆(Hardie 等,1993)	现状 参照点
	产品属性	以前使用或购买的产品的属性 (Lattin 和 Bucklin,1989)	

续 表

分类标准1： 信息来源	参照点		分类标准2： 当前情况
外部 参照点	产品属性	准备购买的产品的属性 （Rajendran 和 Tellis,1994）	非现状 参照点
	价格	价格信息来自外部（Klapper 等, 2005）	
	框架（Druckman,2001）		
	分类（Chernev,2003）		
	属性范围（Mellers 和 Cooke,1994）		
	奖励（Kivetz 和 Simonson,2002）		

多数现有研究根据参照信息的来源不同,对内部参照点或外部参照点的影响进行了分析。下文将对研究中最常出现的内部参照点和外部参照点分别进行讨论。

（1）内部参照点

内部参照点从存储在记忆中的信息里提取出来,是基于记忆的。常用的内部参照点有如下几类。

现状（status quo）:指个体当前的所有（Yates 和 Stone,1992:1-25）,现有或历史的资产、财富、价格、收入水平等都可以作为参照点（Wakker,2010）。Kahneman 和 Tversky（1979）使用现状或现有资产作为参照点;在对工资如何影响雇员的努力水平的研究中,王光荣等（2015）使用当前工资作为参照点。

目标或目标水平（goal or aspiration level）:Kahneman 和 Tversky（1979）认为,消费者可以将期望和期望水平作为参照点。目标被 Locke 等（1981）定义为个体想要达到的状态,而目标水平代表有意识地建立的目标（Klein 和 Oglethorpe,1987）。消费者目标可分为三大类:选择导向的（choice-oriented）、价值导向的（value-oriented）、预期满意度导向的（Shiv 和 Huber,2000）。在评价组织绩效的研究中,Greve（2002）认为决策者通过与目标水平的比较来判断组织绩效的好坏,作为参照点的目标水平被定义为过去绩效水平的加权平均值。

期望(expectations):指对被评价对象的预先看法(pretrial belief)(Olson
和 Dover,1979),它是有别于现状和目标的另一类内部参照点(Kahneman 和
Tversky,1979)。作为参照点,期望会对消费者偏好、决策和选择产生影响
(Chapman, 1996; Hack 和 Lammers, 2009; Huang 和 Tseng, 2007; Winer,
1986)。期望有别于目标之处在于,消费者一旦设立目标后,会尽力去完成它;
而消费者期望是指消费者会根据结果的价值评价(valued outcome)选择努力
的水平(Vroom,1964)。

社会比较(social comparison):指个体与其他人做比较(Corcoran 等,
2011:119-139)。这类参照可分为两类:一类是规范参照(normative referent),
是指个体受家庭成员、教师或同事的影响而形成的基本规范或价值(Ockenfels
等,2015);另一类是比较参照(comparative referent),是指与个体不直接相关
或个体未接触过的比较对象,比如明星、演员、模特等(Childers 和 Rao,1992;
Tarnanidis 等,2010)。

最低要求(minimum requirement):除了目标,最低要求也会对消费者行为
有重要的影响(Koop 和 Johnson,2012;Wang 和 Johnson,2012)。最典型的描
述最低要求的例子是 Tversky(1972)提出的属性筛选模型(elimination by
aspects,EBA)。Schaeffer(2008)将最低要求定义为满足个人生存的底线,如
最低工资需求或公司、个人保持有经济上偿债能力的底线。

(2)外部参照点

外部参照点是基于刺激的参照点,一般是从消费者当前决策环境或过程中
获取的(Kinley 等,2000)。常见的外部参照点有如下几类。

框架(framing):指信息的呈现方式(Druckman,2001;李晓明和谭谱,
2018)。框架效应是指信息呈现方式的改变而导致偏好或选择改变的现象。信
息的不同呈现方式会影响消费者对备择项的认知,正面的框架会被消费者视为
获得(gains),而负面的框架会被视为损失(loss)(Tversky 和 Kahneman,
1981)。梁承嘉和李秀荣(2012)在对冲动性购买行为的研究中发现,产品信息
的不同呈现方式会对消费者的冲动性购买行为产生不同影响。戴建华等
(2020)在对在线消费者购买意愿的研究中发现,价格信息的不同呈现框架会对

消费者的购买意愿产生不同影响。Park 等(2000)通过汽车选购模拟实验发现,在减法框架(在完整型汽车产品的基础上逐一剔除各种属性,降低汽车的配置水平)下,被试选择的配置水平显著高于在加法框架(在基础车型基础上逐一增加各种配置,以提高汽车的配置水平)下选择的配置水平,最终选择的车辆总价更高。研究框架效应的文献主要分成两大类:一类是等效框架效应(equivalency framing effect),即逻辑上相同但措辞不同的描述导致消费者偏好发生改变的现象;另一类是强调框架效应(emphasis framing effect),即只强调部分潜在相关的内容,从而引导消费者根据强调的内容形成他们的想法(Druckman,2001)。框架效应的其他分类方法和进一步讨论可参见 Levin 等(1998)。

分类(assortment):产品分类的数量会对消费者偏好产生重要影响(Tarnanidis 等,2010)。一般来说,产品分类数量越多,符合消费者偏好的概率就越高,因此,消费者能从更多数量的产品分类中获益(Chernev,2003)。但也有研究显示,过多的选择会导致消费者决策困难、延迟决策或放弃决策(Greenleaf 和 Lehmann,1995;刘蕾等,2015)。Chernev(2003)指出,在面对较多数量的产品分类时,与没有可用理想点的消费者相比,有可用理想点的消费者可能使用理想属性作为参照点来评价备择项,简化选择过程,从而获得对选择项的更高的偏好。

属性范围(attribute range):备择项的属性范围会影响消费者的选择和判断(Hutchinson,1983)。Moon 和 Voss(2009)指出,使用价格属性范围为参照点的消费者,品牌忠诚度低,对促销展示更敏感。另有研究显示,与具有较大属性范围的备择项相比,相同的属性变化对具有较小属性范围的备择项的作用(如备择项的吸引力等)更大(Chernev,2003;Ohler 等,2000)。

奖励(reward):奖励会影响消费者的选择。常旅客计划或客户忠诚度计划经常被航空公司或酒店作为促销手段使用,是吸引客户、提高公司竞争力的一种市场手段(Kivetz 和 Simonson,2002)。根据心理账户理论,消费者未付出额外的努力、也未获得奖励的状态可以看作中立的参照点(现状),公司对消费者的奖励与其额外付出(如购买会员资格获得未来的折扣)会被理解为收益或损失(Tarnanidis 等,2015)。Kivetz(2003)指出,相较于数额较大但不确定的奖励,消费者更偏好数额小但确定的奖励。有研究显示,奖励会改变分享者的品牌至爱(brand love)(杨德锋等,2014)。Loewenstein(1988)在实验中证实了奖励作为参照点在跨期选择中起重要作用。

(3)产品属性作为参照点

根据参照信息来源不同,产品属性参照可区分为内部参照点和外部参照点(见表3-3)。

产品属性(product attribute):消费者通常通过大量属性来描述产品(Johnson,1989)。产品属性是指直接或间接地影响消费者对某产品类别的评价的产品固有性质(Geistfeld 等,1977)。这个定义不仅涵盖了 Lancaster(1971)定义的"定量的、可客观测量的、具体的"产品特征,如尺寸、重量等,还包括主观的、感知的产品特征,如方便性、耐用性等(Tsung 等,1988;Wilkie 和 Pessemier,1973)。根据参照信息的来源,产品属性参照分为内部属性参照(来自消费者记忆)和外部属性参照(来自决策过程)。

价格(price):价格作为一种特殊的产品属性,既有与其他产品属性类似的特点(如定量的),也有区别于其他产品属性的特点(价格或参照价格对选择的影响通常是负向的,而其他属性对选择的影响通常是正向的)(Erickson 和 Johansson,1985)。参照价格指的是产品购买价格的判断标准(Monroe,1973),它对消费者选择有非常重要的影响。有大量文献专门研究价格和参照价格对消费者选择和决策的影响。相关的文献综述可参见 Lowengart(2002)、Mazumdar 等(2005)、苏淞和黄劲松(2013)。这方面文献的一个主要结论是:消费者在决策时不仅会考虑备择项的价格本身,而且会将这些价格与内部参照价格(internal reference price,IRF)和外部参照价格(external reference price,ERF)进行比较(Mayhew 和 Winer,1992)。内部参照价格反映了个体对过去价格信息的加工和记忆;外部参照价格则是在购买现场根据观测到的刺激信息而形成的参照点(Mayhew 和 Winer,1992)。

Tversky 和 Kahneman(1991)提出了参照依赖偏好的理论框架,认为消费者会将所有备选产品与某个共同参照点进行比较。这个共同参照点反映了多维属性空间中的一个产品，而不仅是单属性维度的参照价格。Hardie 等 (1993)将消费者上一次购买的品牌的质量和价格作为参照，使用的是内部属性参照。而 Kivetz 等（2004）将选择集中速度和内存两个属性的部分值 (parthworth)的最小值作为参照，使用的是外部属性参照。

四、参照点使用的影响因素

研究表明，消费者对参照点的使用通常是情境依赖的，在不同情境下他们使用的参照点可能不同(Choi 和 Mattila，2018；Narwal 和 Nayak，2019)。在评价品牌的质量和价值时，消费者会使用不同的参照点。消费者更倾向于使用内部参照点评价品牌质量，使用外部参照点评价品牌价值（Kirmani 和 Baumgartner，2000)。而且，在同一个情境下消费者也可能会同时使用多个参照点(Mayhew 和 Winer，1992；Tarnanidis 等，2015；Wang 等，2019)。消费者在评估商品价格时会同时考虑上次购买时的价格（内部参照点)和商品现价（外部参照点），进而做出购买决策(Mayhew 和 Winer，1992)。消费者所使用的多参照点不仅局限于同一属性，还可能包含多个属性的参照点。例如，在购买手机时，消费者可能会同时使用内存、屏幕大小等多个属性上的参照点（Wang 等，2019)。在进行风险决策时，决策者可能会同时使用最低要求、现状和目标作为参照点(Wang 和 Johnson，2012)。此外，Lu 等(2015)将当前的财务状况和他人的状况作为潜在的参照点。前者被称为财务参照点，后者被称为社会参照点。财务参照点和社会参照点可能同时起作用(称为双重参照点)，影响决策者的心理状态和选择行为(Lu 等，2015)。

消费者在参照点的使用上还受情绪状态、产品类型、消费者个人特征如收入、性别、产品熟悉程度和经验等因素的影响(Bell 和 Bucklin，1999；Choi 等，2018；Johnson 等，2012；Kirmani 和 Baumgartner，2000；Klein 和 Oglethorpe，1987)。Johnson 等(2012)发现，当有多个参照点存在时，情绪状态会影响参照点的使用，消费者更倾向于选择有助于保持正向情绪或改善负向情绪的参照点。而对于经常购买的商品，消费者倾向于使用上次购买的品牌或商品作为参照点(Fogel 等，2004)。对产品或品牌越熟悉的消费者越有可能使用内部参照点,因为对产品熟悉的消费者有比较完备的产品知识,更容易形成内部参照点来对产品进行比较和评估(Kirmani 和 Baumgartner,2000)。一项对参照价格的研究显示,内部参照价格对男性消费者影响大,而女性消费者更倾向于使用外部参照价格。其原因在于,相较而言,男性消费者比较以自我为中心,容易基于个人经验形成内部参照,女性消费者常以他人为中心,更易受外部和环境信息的影响(Choi 等,2018)。

五、参照点的作用

实证文献中讨论参照点的作用主要涉及因变量选取的问题。现有关于参照点作用的文献多数是关于参照点对消费者选择决策的影响,这部分内容将在下一节详述。此外,还有少量研究探讨了参照点对购买时机、决策后的后悔和产品评价的影响。

Ockenfels 等(2015)在一项关于奖金支付对满意度和绩效的影响的研究中,使用100%的奖金百分比作为参照点。100%的奖金百分比是一个自然的社会参照点,因为一个部门的奖金是所有个人奖金预算的总和,一个人的奖金超过100%意味着另一个人的奖金减少。因此,在同一部门的个体中,任何偏离100%都会导致对社会不利的不平等。该项研究还发现,与同等规模的正向偏差相比,100%奖金的负向偏差对工作满意度有更强的影响,并会导致业绩下降。Huang 和 Tseng(2007)认为,多参照点(表现最好的未选结果、表现最差的未选结果、期望结果)会对决策后悔产生影响,此外,决策后悔主要受实际结果与各参照点相比所存在的收益或损失的影响,而不受收益或损失大小的影响。

在对重复购买率较高的非耐用品的研究中,Bell 和 Bucklin(1999)认为,消费者会根据上次购买的品牌评估品类价值,并以此作为本次购物决策的参照点。品类价值为营销组合变量和品牌忠诚度及消费者的库存量等变量的函数。品类价值参照点会对消费者的购买时机决定产生影响(提前或推迟购买),同时,品类价值对购买时机的影响受消费者对商店熟悉程度的调节。

参照点也会影响决策者的其他行为。Bartling 等(2015)的研究表明,职业足球运动员及其教练在比赛中表现出参照依赖行为。具体来说,预期的比赛结果会影响球员的行为和教练的换人策略。当球队落后于预期结果时,球员违反规则的次数会更多(根据裁判的判罚牌数来衡量),教练也会更多地使用具有攻击性的换人策略。Allen 等(2017)发现,参照点对努力程度有影响,马拉松运动员用四舍五入的数字(作为参照点)来判断自己的表现,并在跑步过程中的不同时间段调整自己的努力程度。

六、考虑参照依赖的离散选择模型

现有文献主要基于离散选择模型对参照依赖进行建模。传统的选择理论描述决策者如何根据某一决策规则(decision rule)在具有不同属性(attributes)的多个备择项(alternatives)之间作出选择(Ben-Akiva 和 Lerman,1985;Train,1986)。决策者、备择项的属性及决策规则构成了选择理论的四个要素。非空备择项集合的子集构成决策者的选择集(choice set)。备择项的吸引力或效用取决于构成该备择产品的属性水平的吸引力。消费者通过效用最大化的决策规则进行选择(Ben-Akiva 和 Lerman,1985)。消费者的购买决策可以建模为从选择集中选择效用最大的备择项。消费者的效用可表示为可观测变量的确定性函数及扰动项(或称随机成分)之和:

$$U = V + \eta \ \text{且} \ V = X\beta \tag{3-1}$$

$$P_C(i) = \exp(V_i) / \sum_{k \in c} \exp(V_k) \tag{3-2}$$

式(3-1)、式(3-2)中,V_i 表示系统效用(systematic utility),为备择项 i 的属性(如价格、尺寸、外形等)的线性函数,系数 β 表示决策者的属性偏好(McFadden,2001),是待估计的参数。而 η 为随机扰动项,对研究者而言是不可观测的。

传统的选择理论认为,只有备择项的属性会影响消费者的选择,而参照依赖理论认为,不仅产品的属性水平本身会影响消费者的选择,产品属性水平与参照点的比较也会产生显著影响(Kahneman 和 Tversky,1979;Sugden,2003),这种影响通常是通过对比引入了参照点的模型与无参照点的模型而推断出来的(Mazumdar 等,2005)。一般来说,引入了参照点的选择模型不仅包含 V_{attr},即由备择项属性本身产生的效用,这部分相当于传统离散选择模型即

式(3-1)中的 V;而且包括 V_{com},即备选项与参照点比较而产生的额外效用:

$$V_{RP} = V_{attr} + V_{com} \tag{3-3}$$

下面将从三个角度总结参照依赖模型:参照点操作化、模型框架和参照点异质性(见表3-4)。关于这些模型的详细信息,请参见附录1。

表 3-4　参照依赖模型分类比较

分类标准	类型	子类型	描述
参照点操作化	整合方式	适应方式	参照点可以比较时,使用该方式
		递归方式	
	独立方式		参照点不容易比较时,使用该方式
模型框架	RUM	滞销冲击	对称参照效应,损失和收益的影响相同
		参照效应	不对称参照效应,损失和收益的影响不同,用损失规避系数刻画
		情境 RUM	只适用于属性数量较少的情况
	RRM	随机后悔最小化	不能估计部分值
	其他尺度	回归分析、Probit 模型	当结果变量为连续型或定序变量时使用
参照点异质性	偏好异质性		估计消费者对相同参照点的不同反应
	结构异质性	基于属性	通过加权加法策略,对每个属性形成单独的参照点,形成消费者对多属性产品的评价
		基于备择项	参照产品真实存在,其各属性值为参照点
		单参照点	以递归或自适应的方式形成一个单值的参照点
		多参照点	构建一个参照备择项,然后将该参照备择项的属性与其他备选项的相应属性进行比较。

七、参照点操作化

大量研究表明,参照点对决策和偏好有显著的影响,但消费者使用哪些参照点本质上是不可观测的。为了评价参照点的影响,需要对不可观测的、为数众多的参照点进行选择、定量化并将其引入相应的模型。在参照点选取和测量方面,现有研究并没有统一的方法或标准。在消费者选择研究领域,产品属性

(特别是参照价格、质量)、分类、框架效应等是研究者重点关注的参照点。总的来说,现有研究采用两种方式形成参照点:整合方式和独立方式。

1. 整合方式

整合方式是指研究者将影响参照点不同的因素或不同参照点整合形成一个参照点,并以此为标准进行比较和评价(Bell 和 Bucklin,1999)。整合方式又分为两种,一种是适应方式(adaptation),另一种是递归方式(recursivity)。

适应方式是指当前参照点为过去信息的加权平均值。Kalwani 等(1990)将消费者(k)在第 n 次购买时对产品 i 的价格期望(EP)定义为对期望有影响的前期消费者(k)购买或观测产品(i)的价格($PASTPR$)、产品(k)的促销次数(FOP)等变量的函数:

$$EP_{ik}(n) = \alpha_0 + \alpha_1 PASTPR_{ik}(n) + \alpha_2 FOP_i + \alpha_3 TREND_{ik}(n)$$
$$+ \alpha_4 DPC_k + \cdots + \mu_{ik}(n) \tag{3-4}$$

递归方式是指当前参照点为过去参照点和过去信息的函数(Baucells 等,2011;Lant,1992)。Briesch 等(1997)将家庭(i)当前(t)购买品牌(k)的参照价格($\text{Int}R_{ikt}$)定义为前期($t-1$)的参照价格($\text{Int}Rikt-1$)和前期($t-1$)购买品牌(以商品、服务等为载体)的价格 P_{ikt-1} 的加权平均值:

$$\text{Int}R_{ikt} = \alpha \, \text{Int}R_{ikt-1} + (1-\alpha) P_{ikt-1} \tag{3-5}$$

这两者的区别在于,适应方式认为当前参照点只依赖于过去的信息,而递归方式认为当前参照点不仅依赖于过去的信息而且依赖于过去的参照点。式(3-5)定义的参照点会对过去信息的影响产生衰减权值,这在营销领域的研究文献中经常能看到。

2. 独立方式

独立方式是指决策者在面对多个参照点时,在决策前会对不同的参照点分别进行比较,而不是将它们整合成一个参照点(Baucells 等,2011;Stommel,2013)。决策者可能会进行多次比较,每次比较都有不同的参照点,然后才做出决定。在一项关于不同类型的参照点对品牌选择影响的研究中,Mayhew 和 Winer(1992)以上次购买时支付的价格为内部参照点,以商品正常价格为外部参照点,同时将这两类参照点纳入模型以评价消费者对品牌选择的影响。

究竟是使用整合方式还是使用独立方式形成参照点,学界对此没有统一的标准。但也有学者指出,当参照点可以比较时,消费者倾向于使用整合方式;当参照点不太容易比较时,消费者倾向于使用独立方式(Ordóez 等,2000)。这一结果与 Hack 和 von Bieberstein(2015)在实验条件下检验多个参照点的影响是一致的。

八、参照依赖模型

引入参照效应的选择模型一般分为两类:随机效用最大化(RUM)模型和随机后悔最小化(RRM)模型。与前面所描述的 RUM 模型相比,在 RUM 模型中选择具有最高效用的选项,RRM 模型通过将每个选项与所有其他选项进行比较,生成放弃每个选项的后悔值,并选择后悔值最小的选项。

1. RUM 模型

为了将参照效应纳入 RUM 模型,在经典选择模型的效用函数中增加了额外的比较效用 V_{comp}。引入这种比较效用项的方法主要有三种,分别是滞销冲击(sticker-shock)模型、参照效应(reference effect)模型和情境随机效用最大化(contextual random utility maximization,情境 RUM)模型。

(1)滞销冲击模型

滞销冲击模型最早由 Winer(1986)提出,也称为对称的参照效应(symmetric reference effect)模型。这种模型衡量的参照效应是对称的,即在模型中新增一个变量代表备择项属性和参照点对应属性之差,该差值无论是正还是负,系数都是一样的。Lattin 和 Bucklin(1989)使用滞销冲击模型对价格参照和促销参照进行建模,评估这两个属性的参照点对消费者品牌选择的影响。在模型中,在购买情境 t 下,消费者 h 对品牌 i 的效用定义为:

$$u_{ith} = \gamma_0 Z_{it} + \gamma_1 P_{it} + \gamma_2 Z_{it} P_{it} + \delta_1 (P_{it} - RP_{ith}) + \delta_2 (Z_{it} - RZ_{ith}) \qquad (3\text{-}6)$$

其中,Z 为促销,P 为价格,RP 为价格参照,RZ 为促销参照。

(2)参照效应模型

参照效应模型是在 Kahneman 和 Tversky(1979)提出的展望理论的基础上发展起来的,在不同领域被广泛用于研究损失规避现象。即在滞销冲击模型的基础上,将备择项属性和相应参照点之差区分成两个变量:一个变量为收益,如果备择项属性比相应参照点更好,则它的取值为二者之差,否则取值为 0;另一个变量为损失,如果备择项属性比相应参照点更差,则它的取值为二者之差的绝对值,否则取值为 0。根据展望理论,收益和损失对消费者决策的影响是不一样的。模型中损失和收益变量系数的比值称为损失规避系数。Hardie 等 (1993)使用参照效应模型估计损失规避和参照依赖效应对消费者选择的影响。在模型中,在购买情境 t 下,参照品牌为 r 时,消费者 h 对品牌 j 的效用定义为:

$$u_{hjrt} = \beta_1 [QGAIN_{hjrt} + \lambda_q QLOSS_{hjrt}] + \beta_2 [PGAIN_{hjrt} + \lambda_p PLOSS_{hjrt}] +$$

$$\beta_3 FEATURE_{hjt} + \beta_4 LOYALTY_{hjt} \tag{3-7}$$

其中,$QGAIN$ 和 $QLOSS$ 表示品牌 j 和 r 的质量差异,$PGAIN$ 和 $PLOSS$ 表示品牌 j 和 r 的价格差异。

使用参照效用模型的一个主要作用是衡量损失规避系数。大多数文献使用类似于 Hardie 等(1993)的操作方式测量线性的损失规避系数,也有少量文献(主要是价格参照点的文献)使用对数(Krishnamurthi 等,1992)或非线性转换(Kopalle 和 Lindsey-Mullikin,2003;Markle 等,2018;Nicolau,2013;Stathopoulos 和 Hess,2012)分析收益和损失的非线性敏感度。多数关于损失规避的研究只考虑备择项与参照点差异的正负对决策的影响,也有研究者认为损失或收益超过一定的阈值才会对消费者决策产生影响(Han 等,2001;Terui 和 Dahana,2006)。当然,也有研究者认为,之所以会产生损失规避,主要是因为没有考虑消费者异质性(Bell 和 Lattin,2000)。

Bell 和 Bucklin(1999)比较了滞销冲击模型和参照效应模型,结果显示,参照效应模型对多个数据的拟合效果要好于滞销冲击模型。不过,他们只考虑了单属性参照点,对多属性参照点而言,参照效应模型需要估计的参数要多于滞销冲击模型,拟合效果还有待检验。

至于是否将备择项的属性和其与参照点的比较部分同时纳入模型,不同学者的做法不尽相同。根据展望理论,消费者对产品的偏好由他们使用的参照点而定,即由与参照点比较的相对值而定,而非属性的绝对值,所以模型中不能同时包含备择项属性水平项和参照点的比较项(Dholakia 和 Simonson,2005)。

但也有学者认为,备择项的属性和与参照点的比较项在消费者决策中发挥的作用不同,而且行为机制也不尽相同,前者主要用于在购买时对不同品牌进行比较,后者主要用于比较不同时期品牌属性(价格)的变化,所以在模型中应同时包含备择项属性水平项和与参照点的比较项(Erdem 等,2001;Panzone,2014;Winer,1986)。

(3)情境随机效用最大化模型

情境 RUM 模型基于随机效用最大化理论来评价不同的情境效应(折中效应、吸引效应和相似效应)对消费者选择的影响。情境 RUM 模型将效用分为两部分,即备择项属性产生的效用 $V_{njk\,|\,C}$ 和受情境影响产生的效用 $VC_{njk\,|\,C}$。

$$u_{nj\,|\,C} = V_{njk\,|\,C} + VC_{njk\,|\,C} + \varepsilon_{nj\,|\,C} \tag{3-8}$$

Rooderkerk 等 (2011) 非常巧妙地定义了两个距离度量:偏好向量(preference vector)和位置向量(positioning vector)。偏好向量在属性空间中定义为选择集中各最小属性值构成的点指向各最大属性值构成的点,而位置向量与偏好向量垂直。吸引效应(attraction effect)和折中效应(compromise effect)为定义在偏好向量上的备择项与参照点的欧式距离,而相似效应(similarity effect)为定义在位置向量上的备择项与选择集中其他选项的欧式距离。该模型能同时估计三种情境效应对消费者选择的影响。但该模型存在两方面局限:第一,属性必须是数值型的,定性属性(如品牌)不能融入该模型;第二,该模型只适用于低维度属性空间(备择项属性不超过两个),在高维度属性空间中位置向量不唯一,吸引效应将不能被定义。

上述三种 RUM 模型都使用相同的与情境无关的部分值效用(V_{attr})。情境 RUM 模型与其他两种建模方法的区别主要在于与情境相关的效用(V_{com})的定义。

2. RRM 模型

一些研究人员借鉴其他领域的建模框架将参照点纳入实证模型,RRM 模型(Chorus,2010;Chorus 等,2014)就是这样一个例子。

在 RRM 模型中,消费者决策不仅取决于已选选项的预期效用,还取决于未选选项的预期效用。当消费者发现已选选项比其他备择选项的效用低时,会感到后悔;反之,会感到欣喜。后悔理论假设消费者将选择集中的每个选项与其他备择选项的属性进行逐一比较,得到基于属性的后悔值或欣喜值,并将所有备择选项的后悔值或欣喜值累加到一起,形成该选项的预期后悔(栾琨等,2012)。RRM 模型认为,消费者将选择预期后悔最小的备择选项。具有 k 个属性的备择项 i 的预期后悔可表示为:

$$\widetilde{R}_{ni\,|\,C} = \sum_{j \neq i} \sum_{k} \ln(1 + \exp[\beta_k * (x_{njk\,|\,C} - x_{nik\,|\,C})]) \tag{3-9}$$

选择备择项 i 的概率为:

$$P_{ni\,|\,C} = \exp(-\widetilde{R}_{ni\,|\,C}) / \sum_{j=1\cdots J} \exp(-\widetilde{R}_{nj\,|\,C}) \tag{3-10}$$

在 RRM 模型中,每个选项都会和其他备择项在属性水平上进行两两比较,故除其他备择项的属性水平都可以被视为该选项的参照点,正因为该模型中的所有变量均为比较项,故它不能用于估计属性的部分值(partworth utilities)。

九、参照点异质性

现有文献确定了消费者异质性的两种形式:偏好异质性(preference heterogeneity)和结构异质性(structural heterogeneity)。前者通常是指消费者偏好和对营销变量的反应的个体差异,而后者是指选择过程的结构差异,或在决策中使用不同的选择规则(Kamakura 等,1996;Yang 和 Allenby,2000)。类似地,参照点的形成和利用也存在两种类型的异质性。具有偏好异质性的模型估计了消费者对相同参照点的不同反应,具有结构异质性的模型则考虑了消费者如何选择性地使用不同的参照点来做出选择决策。

1. 参照点的偏好异质性

研究人员采用有限混合模型、随机系数模型或分层贝叶斯方法,将消费者个体特征、产品类型和不同的情境变量纳入参照依赖模型,以探索细分层次或个体层次的参照效应。例如,Bell 和 Latin(2000)使用有限混合模型来解释偏好异质性,发现考虑了不同消费者对价格的不同反应后,损失规避可能不是普遍的。Hu 等(2006)利用随机系数模型发现,参照点会影响消费者对标签中信息的评价,而转基因(GM)属性的参照效应可以通过包含个体参照状态而减弱。

2.参照点的结构异质性

以往的研究也表明,消费者在参照点的选择或使用上可能存在差异,这被称为结构异质性,它意味着消费者在做出选择时遵循的决策规则或过程不同。一些消费者可能使用单个参照点,而其他消费者可能使用多个参照点。此外,消费者行为文献还记录了两种参照策略:基于备择项的参照和基于属性的参照。

(1)单参照点与多参照点

现有研究表明,消费者可能会在不同的情况下使用不同数量的参照点。他们可能在不同场合使用不同的参照点,也可能在特定的情境下同时使用多个参照点(Kenney,2016;Kumar 等,1998;Mayhew 和 Winer,1992;Terzi 等,2016)。例如,由于决策过程的复杂性,决策者可能使用多个参照点(Ghoshal等,2014;Ordó Ez等,2000)。Moon 等(2006)利用潜类模型研究了消费者使用不同参照价格(无参照价格、内部参照价格和外部参照价格)的结构异质性,得出消费者在选择决策中可能遵循某种定价规则的结论。根据所涉及的属性数量,参照点也可以分为单属性参照点和多属性参照点。对于单一属性的参照点,价格是最常被研究的属性。表 3-5 列出了一些涉及不同属性水平的参照点的论文。

表 3-5 涉及不同属性水平的参照点的论文

类型	单参照点	多参照点
单属性参照点	货架价格(van Oest,2013);上次购买的价格(Kumar 等,1998)	该品牌上次的价格和之前选择的品牌的当前货架价格的指数平滑平均(van Oest,2013)
多属性参照点	上次购买该品牌的价格和质量(Hardie 等,1993)	上次购买的产品、最偏好产品、最不偏好产品和平均产品(每个产品均有 4 个属性)(Wang 等,2019)

(2)基于备择项的参照点与基于属性的参照点

以往的研究表明,个体在选择时可能使用不同的参照策略。消费者行为文献记录了两种参照策略:基于备择项的参照点与基于属性的参照点。

　　基于备择选项的参照点包括使用某个备选产品整体作为参照点,然后将参照点的属性与其他备择项的相应属性进行比较。这个参照点可以是记忆中最容易获取的产品,如过去购买的产品,也可以当前选择集中的其他产品,如在外部环境中显著或突出(salient)的产品(Hardie 等,1993;Chernev,2003)。Hardie 等(1993)以最近购买的多属性产品作为参照点,之后比较备选产品和参照产品在价格与质量两个维度上的非对称参照效应。

　　基于属性的参照点是指消费者对多属性产品的评价采用加权加法策略,即可用属性信息乘以其权重,再相加在一起(Scheibehenne 等,2015)。基于属性的参照包括为每个属性构建参照点,然后将参照点与不同备选项的相应属性进行比较(Bhargava 等,2000;Tereyağoğlu 等,2017)。

　　目前,人们对偏好异质性进行了广泛的研究,但对结构异质性的研究较少。尽管如此,一些研究人员提出了同时包括偏好异质性和结构异质性的实证模型,以理解未观察到的个体参照点选择行为。Mazumdar 和 Papatla(2000)提出混合模型,使用消费者特征和产品特征来解释内部参照价格和外部参照价格的相对使用。他们根据 BIC 值(贝叶斯信息准则)将消费者分成若干类,并指出消费者可能同时使用内部和外部两种参照点,使用内部参照的消费者对收益更敏感,使用外部参照的消费者对损失更敏感。有促销时,消费者更倾向于使用外部参照点。

　　Yang 和 Allenby(2000)使用分层贝叶斯方法来解释家庭异质性,同时在一个模型中比较基于备择项与基于属性的参照点。Mazumdar 和 Papatla(2000)提出的方法假设所有的观测结果都是由相同的似然性产生的,因此只能解释类别层面(segment level)的异质性,而不能解释个体层面的异质性。Yang 和 Allenby(2000)提出的模型可以解释个体层面的异质性,但它在很大程度上受先验选择的影响。

　　Wang 等(2019)应用分层有限混合模型,基于备择项的参照,在多属性参照点背景下进行异质性建模。他们将消费者使用不同参照点的概率定义为消费者个体特征如收入、兴趣、性别和产品熟悉度的函数,据此根据不同消费者使用不同参照点的倾向将其分为四种类型,从而可以通过消费者个性特征变量对这四种类型的消费者进行识别和区分。该模型验证了多属性参照点受消费者异质性的影响,但有限混合的前提假设是同种类型的消费者同质,异质性只是表现在不同类型的消费者之间。如果消费者之间存在比较大的差异,或消费者不能被分类,有限混合模型就不能很好地将这种消费异质性纳入模型。

十、参照依赖模型总结

将参照点纳入实证模型涉及参照点的操作化、模型框架选择、参照点异质性解释等技术问题(不同实证模型的比较见表 3-6)。基本上,有两种方法来操作参照点:整合方式和独立方式。研究人员可以使用其中一种或两者的组合。例如,一些研究者使用递归方式或适应方式获得不同类型的参照点,然后将这些不同的参照点纳入一个统一的模型,以检验多个参照点的影响(Rajendran 和 Tellis,1994;Nicolau,2013)。模型框架的选择取决于数据规模和理论假设。一般来说,许多实证模型,包括 Logit 模型、Probit 模型、线性回归和混合模型可以都用来检验参照效应。然而,在处理具有多个属性的参照点时,混合模型是首选的方法。对于参照点的异质性,Logit 模型、Probit 模型和回归模型能以一种直接的方式纳入结构异质性,而混合模型可以在类别层面同时纳入结构异质性和偏好异质性。分层贝叶斯方法作为一种估计方法,可以应用于上述所有模型,该方法有助于在个体层面提供偏好异质性的估计(Baillon 等,2019;Chang 等,1999;Kim 等,2016;Kim 等,2018)。

表 3-6　模型比较

模型	文献	模型和估计方法	参照点分类和形成	参照点异质性	优点	不足
RUM/滞销冲击	Kumar 等,1998[1]; Lattin 和 Bucklin,1989[2]; Rajendran 和 Tellis,1994[3]; Winer,1986[4]	多元逻辑(multinomial logit)模型	内部[1-4]/外部[1,3,4]/适应[2]/递归[1,3]/独立[1,3]	单参照点[2,4]/多参照点[1,3]/基于备择项[1,2]/基于属性[3,4]	能估计部分值结构点;能纳入参照点偏好异质性	不能估计损失规避系数;不能纳入参照点偏好异质性
RUM/滞销冲击	Wang 等,2019	分层混合专家(hierarchical mixtures-of-experts)模型	内部和外部 适应/独立	多参照点 基于备择项	能估计部分值效用;能纳入人类别层次偏好异质性和结构异质性	不能估计损失规避系数;不能纳入个体层次的参照点偏好异质性
RUM/滞销冲击	Chang 等,1999	分层贝叶斯逻辑(hierarchical Bayesian logit)模型	内部 适应	单参照点 基于属性	能纳入两种参照点异质性;能估计部分值效用	不能估计损失规避系数;对先验敏感
RUM/参照效应	Álvarez 和 Casielles,2008[1]; Hardie 等,1993[2]; Kalwani 等,1990[3]; Kivetz 等,2004[4]; Nicolau,2013[5]; Tereyağoğlu 等,2017[6]; Markle 等,2018[7]	多元逻辑模型[1-6]/有序逻辑(ordered logit)模型[7]	内部[1-7]/外部[1,4,5]/适应[1-6]/独立[7]	单参照点[1-6]/多参照点[7]/基于备择项[2,5,6]/基于属性[1,3,4,6,7]	能估计部分值效用;能纳入人参照点结构异质性;能估计损失规避系数	不能纳入参照点偏好异质性
RUM/参照效应	Caputo 等,2020[1]; Kim 等,2016[2]; Kim 等,2020a[3]; Kim 等,2020b[4]; Klapper 等,2005[5]; Masiero 和 Qiu,2018[6]	混合逻辑(mixed logit)模型	内部[1-6] 适应[1-6]	单参照点[1-6]/基于备择项[2-4,6]/基于属性[1,5]	能纳入两种参照点异质性;能估计损失规避系数	对先验敏感

续表

模型	文献	模型和估计方法	参照点分类和形成	参照点异质性	优点	不足
RUM/参照效应	Baillon 等，2019[1]；Kim 等，2018[2]	分层贝叶斯逻辑模型	内部[1,2]/外部[1]；适应[1,2]/独立[1]	单参照点[2]/多参照点[1]；基于备择项/基于属性[1]	能估计部分值效用；能纳入两种参照点异质性；能估计损失规避系数	对先验敏感
RUM/参照效应	Bell 和 Lattin，2000[1]；Briesch 等，1997[2]；Mazumdar 和 Papatla，1995[3]；Moon 和 Voss，2009[4]；Van Oest，2013[5]	有限混合(finite mixture)模型	内部[1-5]/外部[2-5]/适应[1-5]/递归[2,3]/独立[1,3-5]	单参照点[2]/多参照点[1,3,4,5]；基于属性[1-5]	能估计部分值效用；能纳入类别层次的参照点偏好异质性和结构异质性；能估计损失规避系数	不能纳入个体层次的参照点偏好异质性
RUM/参照效应	Mayhew 和 Winer，1992	传统多元逻辑(conditional multinomial logit)模型	外部/内部/适应/独立	多参照点；基于备择项	能估计部分值效用；能纳入结构异质性；能估计损失规避系数	不能纳入参照点偏好异质性
RUM/情境RUM	Rooderkerk 等，2011	多元逻辑模型	外部	多参照点；基于备择项	能估计部分值效用；能纳入结构异质性	不能估计损失规避系数；当备择项属性超过2个时，不能定义吸引效应；不能纳入内部参照点
RRM	Chorus 等，2008；Chorus 2010；Chorus 等，2014	混合逻辑模型	外部	多参照点；基于备择项	与RUM选择模型相对应	不能估计部分值效用和损失规避系数

第四节　未来研究方向

本章综述了参照点的概念和建模问题及其对消费者购买行为的影响。尽管已有文献对参照点的概念化和参照效应的建模方法进行了探讨，但这一领域仍存在许多研究空白有待填补。按照已有综述类文献的指导方法（Kumar 等，2020；Mishra 等，2020；Paul 等，2017），本节使用理论、情境和方法框架，从三个方面提出未来研究的方向。表 3-7 总结了每个专题领域未来研究方向的拟议主题。

表 3-7　未来研究的议题

主题区	议题
理论	
未观测到的参照点	提出新的理论来概念化参照点的不可观察性
参照点不确定性	提出纳入参照点不确定性或随机性的理论
注意理论	提出新的框架来解释这样的决策机制
情境	
不同情境下的损失规避	在不同的情境中测试损失规避，探讨损失与收益的非线性敏感性以及损失规避在不同情境下存在的特定阈值的可能性
动态情境下的参照依赖框架	研究动态背景下参照点的时间特征或使用纵向研究来验证参照效应
参照点适应	考察情境变量对消费者使用不同参照点的影响
线上消费者的参照点	研究网络环境中影响参照点形成的因素
方法	
数据收集	引入新的数据收集方法，如神经营销工具，以捕获未观察到的参照点
属性效用线性单调	使用部分值模型、理想点模型或其他非线性变换对效用进行建模

主题区	议题
方法	
多参照点	提出新的模型框架(可能来自其他学科),以解释具有多个属性的多参照点
结果变量为定序或连续变量	应用新的模型类型,而不是基于选择的模型
参照点异质性	提出统一的模型来解释参照点偏好异质性和结构异质性

一、理论层面

　　首先,以前的理论(如展望理论)大多假设参照点是已知的和预先指定的(或给定的)。然而,一些研究表明,任何通过诱发或预先确定的方式定义参照点都可能会产生响应偏差和测量误差,从而导致有偏差的结果(Foutz,2004)。有学者尝试"概念化"未观察到的参照点(Foutz,2004;Lattin 和 Bucklin,1989;Mazumdar 和 Papatla,2000;Winer,1986)。然而,关于未观察参照点的概念化的研究仍然很少。在一项实证研究中,Foutz(2004)在已观察到的产品特征和消费者选择的情境下,应用贝叶斯数据增强(data augmentation)来估计未观察到的参照点。在样本内拟合和样本外预测方面,采用估计参照点的模型优于采用诱发参照点的基准模型。同样,Winer(1986)假设品牌购买过程由购买概率部分和参照价格形成部分组成,因此采用两阶段建模过程来估计未观察到的参照点和评价参照点的效果。未来的研究可能会提出新的理论来概念化参照点的不可观察性。

　　其次,参照点不仅不能被观测到,而且是不确定的。也就是说,消费者可能无法完全描述甚至无法意识到他们自己在产品评价中使用的参照点。有了这种不确定性,消费者选择模型中参照点的概念化和操作化可能会更加复杂(Caputo 等,2018;Caputo 等,2020)。Caputo 等(2020)提出了一个将参照价格不确定性纳入消费者选择模型的理论模型,并表明参照价格的不确定性会平滑传统参照价格模型中存在的需求曲线的扭曲。然而,他们的模型只考虑了参照价格效应(即单一属性),可能无法推广到其他研究环境中。未来的研究可以提出将这种不确定性或多个参照点的随机性纳入其中的理论。

最后,根据最近的研究成果,我们需要全新的框架来更好地捕捉消费者决策过程。例如,最近的研究表明,损失厌恶不能解释所有类型的参照依赖选择,而注意理论(attention theory)在备择项比参照点差的情况下可以提供更好的解释(Bhatia,2017)。根据该理论,当参照点发生变化时,对不同属性的关注程度也会随之改变,从而影响这些属性相关的权重,导致消费者在选择时存在明显的偏差。为了获取这样的决策机制,未来的研究可能需要开发全新的框架,这将是非常有前途的研究方向。

二、情境层面

参照点的影响和消费者采用不同的参照点是情境依赖的。现有的这方面研究还比较少,但未来的研究可以探索不同情境下的参照效应。

首先,损失规避的概念作为参照效应理论已经被广泛接受,然而,实证结果在不同的研究中并不一致。一些研究人员发现了损失规避的有力证据(Kalwani 等,1990),而其他研究人员发现,当考虑到异质性时,不支持或只支持部分损失规避(Briesch 等,1997;Klapper 等,2005)以及在某些情况下,如小的结果,损失规避甚至可能逆转(Harinck 等,2007)。为了解释损失规避在不同研究背景下的显著差异,Neumann 和 Böckenholt(2014)对 33 项研究进行了元分析,发现三个因素(产品相关变量、消费者特征、方法决策)决定了观察到的损失—收益差异程度。van Oest(2013)在一项考察内部和外部参照价格效应的研究中,检验了解释损失规避的两个经验规律。未来的研究可能会探讨损失与收益的非线性敏感性以及损失规避在不同情境下存在特定阈值的可能性。

其次,以往的研究大多将参照依赖框架应用于静态情境。一些研究表明,参照点不是静态的,可以随着时间的推移而更新。这种现象被称为参照点适配,在股票交易和重复谈判中尤其常见(Arkes 等,2008;Arkes 等,2010)。Arkes 等(2008)发现,参照点对收益的适应比对损失的适应要好。这些结果是在实验室环境下获得的,需要用实证数据和不同属性的多个参照点进行验证。

未来的研究可以探讨动态情境中参照点的时间特征或采用纵向研究来验证参照效应。

再次,未来的研究还可以探讨情境变量对消费者不同参照点采纳的影响。例如,Kumar 等(1998)发现,在缺货的情况下,有交易倾向的消费者更倾向于使用外部参照点作为比较对象。在产品特性方面,研究人员发现消费者更倾向于使用之前购买的品牌或产品作为经常购买的产品的参照产品(相对于耐用产品)(Fogel 等,2004)。尽管到目前为止取得了一定程度的进展,但还需要更多的研究来更好地理解消费者在不同情境下如何采用不同参照点。

最后,研究消费者的网上购物行为,特别是参照点对消费者网上决策的影响,也是未来的一个方向。由于线上消费者的参照点形成与线下消费者有很大的不同,这方面的研究还比较少,所以有必要研究在线设置中影响参照点形成的因素(Lin,2018)。

三、方法层面

在方法层面,主要有数据收集的方法和实证模型的构建方法。

在数据收集方面,一些学者使用扫描仪面板数据来研究消费者品牌选择决策的参照效应(例如,Bell 和 Latin,2000)。然而,通过这种方法获得的数据并不能直接揭示消费者使用的参照点。这些研究通常假定消费者采用某些给定的参照点,这在许多情况下可能不合适。未来的研究可能会引入其他更先进的数据收集方法来揭示消费者对不同参照点的采用。例如,营销研究人员推出了神经营销工具(如 Lim,2018),这可能有助于更好地捕捉消费者对不同参照点的采纳。其他研究如,通过实验收集消费者选择行为的数据(例如,Kim 等,2020)。在实验设置中,未来的研究可以使用常用的情境启动方法来测量消费者的习惯性行为,也可以直接测量(Lim,2015),这可能有助于更好地解释消费者选择不同参照点的原因。此外,当收集数据的资源有限时(如在许多实验情况下),未来的研究也可以考虑使用数据划分(data partitioning)方法来进行参照效应的实验研究(Lim 等,2019)。

此外,尽管大多数关于参照点的实证研究使用基于选择的模型框架(如

RUM 模型或 RRM 模型),但在越来越多的情况下,收集到的结果变量是连续的或有序的。在这种情况下,纳入参照效应的模型可以采用线性回归的形式(Bartling 等,2015;Huang 和 Tseng,2007;Ockenfels 等,2015;Yoon 等,2017)或零膨胀负二项(zero-inflated negative binomial)回归(Yasuda 和 Kotabe,2021)。当然,这取决于结果变量的尺度。为了获取这些连续或其他尺度的结果变量的参照效应,也可以尝试其他类型的模型。例如,当存在通用(universal)参照点且样本量足够大时,可以尝试非参数方法(Allen 等,2017)。

在构建实证模型获取消费者选择参照效应的方法上,目前大多数研究采用RUM 模型。在这个模型中,潜在的假设是消费者效用随着属性值的增加而单调地增加/减少。然而,对于某些属性,偏好可能表现出单峰值特性(即理想点)(Coombs 和 Avrunin,1977;Huang,2012),因此应该开发适应该问题的模型。可采用部分值(part-worth)模型,但随着属性水平数量的增加,这可能会产生大量需要估计的参数(Schaupp 和 Bélanger,2005)。理想点模型可以更好地捕捉潜在的非单调偏好,因而也是未来的研究方向之一。

未来的研究也可以借鉴其他学科的方法,更好地将多个参照点整合到统一的模型中。近些年有大量研究表明,消费者可能会使用多个参照点(Johnson 等,2012;Kenney,2016;Lu 等,2015;Su 和 Xiong,2020;Wang 和 Johnson,2012),但相对较少的实证模型解决了这个问题。Wang 和 Johnson(2012)提出了三参照点理论来理解风险条件下的复杂决策,之后被许多研究者在实验条件中检验(例如,Koop 和 Johnson,2012;Lagerkvist 等,2015;Lagerkvist 等,2017;Xiong 等,2018)。然而,使用实证模型合并多个参照点在技术上具有挑战性。例如,由于多重共线性,它可能导致估计问题(例如,Shugan,1980)。此外,在许多可能的参照点中选择参照点可能受到各种因素的影响,如情绪(Tarnanidis 等,2010),并可能随着新信息的加入而改变(Arkes 等,2008;Baucells 等,2011)。因此,使用新的框架来对多个参照点的选择过程进行建模,以及分析情境因素、个体因素或决策因素在选择过程中的潜在作用,仍有待深入。这方面的研究将显著增进对消费者复杂选择决策情况的理解。

越来越多的研究者关注到消费者使用不同参照点的异质性(即结构异质

性)。为了捕捉这种结构异质性,研究人员尝试了不同的方法。其中比较典型的方法包括混合模型(Bell 和 Lattin,2000;Mazumdar 和 Papatla,2000)、分层贝叶斯模型(Baillon 等,2019;Chang 等,1999)和潜类别(latent class)方法(Briesch 等,1997;Mazumdar 和 Papatla,1995)。一般来说,引入异质性的模型具有更好的模型拟合度、更高的预测准确率和更小的参数估计偏差。然而,这些模型要么受制于每个新类(new segment)产生的大量参数(潜类别模型),要么对先验过于敏感(分层贝叶斯模型)。为了在解决上述问题的同时完全捕捉这种消费者异质性,研究人员可能需要新的建模框架或方法。未来的研究可能会朝着这个方向发展,并就多参照点对不同消费者的作用提供更多的见解。

最后,未来的研究还可以探讨能够同时捕捉偏好异质性和结构异质性的方法。如上所述,一方面,消费者可能对相同的参照点做出不同的反应;另一方面,他们可能在具体使用哪个参照点上有所不同。人口统计学变量可以用来解释消费者选择不同参照点时的异质性。以前的研究已经探索了将后一种异质性纳入研究的方法,而很少有研究能兼顾这两个方面。要同时获得这两种异质性,不仅需要在统一模型中合并多个参照点,还需要纳入人口统计学变量或情境变量。这需要付出一些努力。Wang 等(2019)尝试使用分层混合专家方法解决这个问题。然而,这种方法只解决了细分层次(segment level)的偏好异质性。未来的研究可能会提出新的模型和估计方法来解决个体层次的偏好异质性和结构异质性问题,也许可以考虑分层贝叶斯方法。

总之,虽然已经做了很多工作,但在这一重要的研究领域,仍有许多问题值得探讨。参照点的概念化可以进一步扩展以往的参照依赖理论,帮助学者和管理者全面了解参照点的形成。对参照效应的建模方法和模型的研究不仅可以加深对参照效应和损失规避的认识,而且可以为研究者和管理者提供新的定量工具来捕捉不同情境下的参照效应。提出关于参照点的结构异质性的方法将有助于阐明消费者如何选择不同的参照点,研究结论也将为管理人员提供参考,以便其充分考虑消费者的参照依赖,并制定更优的定价策略、产品设计策略和其他营销决策。例如,在获知公司的目标消费者主要使用一个特定的参照点时,决策者可以更准确地定位和突出某些产品(如高利润产品),并开发更好的产品组合。

第五节　小　结

　　本章综述了参照点研究的主要被引作者、主要发表渠道、出版趋势和时间演变。从中可知,虽然早期的研究更多地关注参照价格效应,但学界对参照点的兴趣并没有减弱。

　　本章系统地回顾了参照点的概念与分类、参照点操作化以及消费选择实证模型的框架和参照点异质性,发现研究者的兴趣已逐渐从单一的参照点转移到多参照点,从参照点的价格属性转移到参照点的其他属性,从简单的参照效应转移到参照点的异质性,并开始关注参照点的不可观测性以及参照时间的影响。本章还发现,虽然大多数学者仍然使用 RUM 模型来研究参照效应,但也有一些学者采用了其他模型来适应不同的数据类型。随着高性能计算机的出现和理论的突破,在未来的研究中可以提出更复杂的模型,将参照点的偏好异质性和结构异质性相结合。

第二篇

实证研究

第四章　单参照点选择与比较

第一节　引　言

随着竞争的加剧,市场上的产品种类越来越丰富,消费者的选择也日益多样化。为了在竞争中取胜,越来越多的企业开始关注影响消费者选择决策的因素。一般来说,消费者的选择决策都是通过比较得来的(Mussweiler,2003)。大量消费者行为学领域的研究发现,产品选择不仅由产品自身的属性决定,还同时受到其所处情境的影响(Amir 和 Levav,2008;Prelec 等,1997;Hsee 等,1999)。Simonson 和 Tversky(1992)通过操控选择集证实了选择集情境对消费者选择决策的影响。在一个实验条件中,选择集包含质量差异较大而价格差异较小的两个产品,而在另一个实验条件下,选择集包含价格差异较大而质量差异较小的两个产品。实验结果显示,被试在这两种条件下做出的选择存在显著的差异。消费者行为学研究中的吸引力效应(attraction effect)、折中效应(compromise effect)以及推断效应(inference effect)(Prelec 等,1997;Huber 等,1982;Simonson,1989)等现象也同样表明,选择集中产品之间的相互比较会显著地影响消费者的偏好和选择,这种影响对于具备较少产品知识的消费者尤其明显(Lynch 等,1991)。

目前,大多数营销学者采用参照点依赖(reference-dependence)的研究框架(Kahneman 和 Tversky,1979;Tversky 和 Kahneman,1991),将对比产品或参照产品的影响,即参照效应,纳入离散选择模型(Bhargava 等,2000;Kamakura 和 Srivastava,1984;Kivetz 等,2004;Orhun,2009;Rooderkerk 等,2011),以期更好地理解参照效应对消费者选择行为的影响。该研究领域的相关发现和结论对企业设计和优化产品线具有非常重要的指导意义。例如,Orhun(2009)的研究表明,当消费者决策依赖于选择集中不同产品的对比时,企业的最优产品线策略会发生改变。此外,参照效应的相关研究还将对企业的新产品设计提供一些指导,帮助企业在综合考虑新产品本身属性及其与现有产品对比的情况下做出最优决策。

然而,目前关于参照效应的研究还存在一些局限和不足。首先,现有模型通常假定消费者的参照产品是给定的,并未区分和比较不同参照产品对消费者选择决策的潜在影响。然而,消费者在不同时间、不同场合可能会使用不同的参照点(Mayhew 和 Winer,1992)。而随着消费者的比较标准或参照点的改变,其偏好或选择也会改变。不仅如此,现有的相关实证研究大多聚焦于产品的某一个或两个属性(Kivetz 等,2004;Tereyağoğlu 等,2017),且大多以价值较低的易耗品为研究对象(Orhun,2009),一些采用解析模型的研究也通常只考虑两个产品属性,这使模型构建和估计有所简化,但也让研究结论难以被应用到多属性的复杂产品选择决策中。在现实生活中,产品(尤其是耐用品)的选择决策通常比较复杂,参照产品往往具有多个属性(Foutz,2004;Wang 等,2019),因此,现有模型很难被应用于这些选择情境中。

为了弥补现有研究的不足,本章将集中解决两方面的问题:一是研究多属性参照产品对消费者决策的影响;二是比较不同类型的参照产品对消费者决策的影响。本章以消费者对智能手机的选择决策为研究对象,聚焦于多个产品属性(智能手机最重要的四个属性),采用联合分析法设计选择集并收集了 274 名消费者的选择决策数据。利用这些数据,本章将产品在多个属性上的参照效应融入离散选择模型,更重要的是,本章比较了不同类型的参照产品对消费者选择的影响,从而识别出了对消费者选择决策最具影响力的参照产品。具体来说,本章比较了两大类四种具有多属性的参照产品对消费者选择的影响。本章第二节将在文献回顾中对这些概念进行界定并对相关研究进行梳理。

第二节 相关文献回顾

参照产品通常被定义为消费者在选择或评价产品时用以比较的标准或对象(Kumar 等,1998)。前人研究发现,参照产品会系统地影响消费者的选择和偏好(Tversky 和 Kahneman,1991;Dhar 等,1999)。参照产品的选取对于产品比较和选择过程非常重要,如果参照产品发生改变,人们对产品的评价以及选择结果也可能会相应改变(Dhar 和 Simonson,1992;Stommel,2013)。根据信息来源的不同,参照产品通常被分为内部参照产品和外部参照产品(Klein 和 Oglethorpe,1987;Kirmani 和 Baumgartner,2000;李荣喜,2007)。内部参照产品是消费者根据其购买或使用经验形成的比较标准,是基于记忆的参照,并不出现在当前的选择集中(Mayhew 和 Winer,1992)。而外部参照产品往往是基于刺激的参照,即基于当前选择集中的产品或属性形成的比较标准。外部参照产品和内部参照产品都对消费者选择产生显著的影响,虽然现有的一些研究发现外部参照产品对选择决策的影响要强于内部参照产品的影响,但这个结论并非在所有情境下都成立(Rajendran 和 Tellis,1994)。本节系统地梳理和总结了现有实证研究所采用的外部和内部参照产品,从中可知不同学者在外部参照产品和内部参照产品的选取与操作上存在较大差异(见表4-1)。当然,参照产品也有其他分类方式(见 Dholakia 和 Simonson,2005;Yates 和 Stone,1992:1-25;何贵兵和于永菊,2006;谢晓非和陆静怡,2014)。在消费行为和决策领域,根据信息来源的分类方式使用得比较广泛,因此本章也采用这种分类方式。

表 4-1 参照依赖的相关实证研究概要

文献	模型描述	属性个数	内部参照	外部参照
Bell 和 Lattin (2000)	考虑了消费者价格反应异质性的损失规避模型	单个:价格	$IntR_{it} = P_{it-1}$,消费者 i 在 $t-1$ 期购买某品牌 k 的价格	$ExtR_{it} = P_{i(cb(t-1))t}$
Briesch 等 (1997)	比较了参照价格不同定义(基于记忆和基于刺激)的模型,分别比较了使用三种内部参照价格和两种外部参照价格的模型在不同数据集下的拟合情况	单个:价格	$IntR_{it} = \alpha IntR_{it-1} + (1-\alpha)P_{it-1}$,其中 P_{it-1} 指家庭 i 在 $t-1$ 期购买品牌 k 的价格	$ExtR_{it} = P_{i(cb(t))t}$,其中 $P_{i(cb(t))t}$ 指家庭 i 在 t 期随机选择的品牌 $(rb(t))$ 的价格
Foutz(2004)	多属性参照产品的比较效用	五个:价格,产品试用,销售帮助,取货时间,退换货选项	无	最优属性水平
Hardie 等 (1993)	就损失规避和参照依赖对品牌选择的影响进行建模	两个:价格和质量	上次购买的品牌的价格和质量	无
Kalwani 等 (1990)	考虑了价格期望的选择模型	单个:价格	$EP_{it}(n)$:消费者 i 在第 n 次购买时对产品 k 的价格期望	无
Kivetz 等 (2004)	情境回性模型(CCM)	研究一:两个属性(计算机):CPU 速度和内存(计算机);功率和价格(扬声器) 研究二:四个属性:内存、硬盘容量,CPU 速度和电池续航时间	无	$P_{i,min,k}$:消费者 i 对选择集中属性 k 的部分值的最小值

续 表

文献	模型描述	属性个数	内部参照	外部参照
Kumar 等(1998)	检验参照价格对消费者品牌选择的影响和促销货中缺货两种情境的调节作用	单个:价格	$IntR_{ikt}=P_{ikt-1}$，消费者i在$t-1$期购买品牌k的价格	$ExtR_{it}$:竞争品牌当前的最低价格
Lattin 和 Bucklin(1989)	考虑价格和促销的参照效应	两个:价格和促销	$IntR_{ikt}=\alpha IntR_{ikt-1}+(1-\alpha)Z_{ikt-1}$ $IntR_{ikt}$:消费者i在t期针对产品k而形成的参照点。Z_{kt-1}:产品k在$t-1$期的属性值	无
Mayhew 和 Winer(1992)	比较内部参照价格和外部参照价格对品牌选择的影响	单个:价格	P_{t-1}^{intref}:上次购买时的价格	P^{reg}:商品正常价格或货架吊牌价
Mazumdar 和 Papatla(1995)	在价格判断时，按品牌忠诚度将消费者分为使用内部参照价格的群体和使用外部参照价格的群体	单个:价格	$IntR_{ikt}=\alpha IntR_{ikt-1}+(1-\alpha)P_{ikt-1}$ $IntR_{ikt}$:消费者i在t期针对品牌k而形成的参照价格。P_{ikt-1}:消费者i在$t-1$期购买品牌k的价格	$ExtR_{it}=\sum_k L_{ikt}\times P_{kt}$ L_{ikt}:消费者i对品牌k的忠诚度。P_{kt}:品牌k在t期对品牌k期的价格
Rajendran 和 Tellis(1994)	消费者会根据情境使用不同的参照价格	单个:价格	$IntR_{ikt}$:上次价格；每个品牌上次购买价格的平均值	$ExtR_{it}$:所有品牌中的最高价格；所有品牌中的最低价格；所有品牌的平均价格

通过相关文献的梳理和归纳,发现目前关于参照产品的实证研究主要存在两个方面的局限。

第一,大多现有研究假设消费者采用的参照产品是某个给定的产品。例如,Bhargava 等(2000)认为对每个具体的属性而言,消费者采用选择集中所有产品在该属性上的平均值作为参照点。Mussweiler(2003)提出,具体的比较标准既可以是外部环境中突出的产品,也可以是消费者记忆中最易获取的产品,这两种产品分别对应消费者的外部参照产品与内部参照产品。但是,在现实中消费者选择哪个产品作为参照通常是不可观察的,因此,参照产品既定的假设具有较大的主观性,而且现有文献也并未比较不同类型的参照产品对消费者选择行为的影响。

第二,大多数相关研究聚焦于单一属性(即价格)或两个属性(例如价格和质量)(Kalyanaram 和 Winer,1995)。而消费者在进行产品比较时,考虑的不仅是价格属性,还包括其他重要属性。因此,仅考虑单一属性或两个属性的研究并不能真实反映和刻画消费者的选择决策过程以及参照产品在其中所发挥的作用。

本章将比较不同类型的多属性参照产品对消费者选择决策的影响,对现有相关文献做出了拓展。一般来说,内部参照产品通常是消费者以前购买过的产品(Amir 和 Levav,2008;李荣喜,2007;Yates 和 Stone,1992:1-25)。外部参照产品大多来源于消费者面临的当前选择集。例如,学者使用的价格参照根据信息来源可分为外部价格参照点和内部价格参照点。其中,常用的外部价格参照点主要有:当前选择集中所有备选产品的最高价格(Kumar 等,1998;Rajendran 和 Tellis,1994);当前选择集中所有备选产品的最低价格(Kivetz 等,2004;Rajendran 和 Tellis,1994);当前选择集中所有备选产品的平均价格(Bhargava 等,2000;Rajendran 和 Tellis,1994)。常用的内部价格参照点主要有:上次购买时支付的价格(Mayhew 和 Winer,1992);上次购买时支付的价格与上次参照价格的加权平均(Mazumdar 和 Papatla,1995);过去购买的所有品牌的平均价格(Rajendran 和 Tellis,1994)等。

总的来说,虽然早在 1991 年特沃斯基和卡尼曼就对展望理论进行了拓展,提出了多属性参照的解析模型以分析无风险条件下的选择行为,但关于多属性参照点的实证文献还比较少(Tversky 和 Kahneman,1991)。

在消费者进行选择决策时,消费者要比较某个产品与参照产品的属性(例如质量等),参照产品的来源可能有以下四类:

(1)当前选择集中消费者最偏好的备选产品(Fouz,2004;Kirmani,2004);

(2)当前选择集中消费者最不偏好的备选产品(Kivetz 和 Netzer,2004);

(3)当前选择集中消费者属性平均的产品(Mazumdar 和 Papatla,1995);

(4)消费者过去使用或购买的产品(Hardie 等,1993)。

其中前三个参照产品来源于当前选择集,因此属于外部参照产品,而消费者过去使用或购买的产品属于内部参照产品(李荣喜,2006)。本章将对比考虑以上每个外部参照产品或内部参照产品的离散选择模型,通过模型对比来揭示消费者选择决策中最可能采用的参照产品,并对产品属性以及参照效应对消费者选择的影响进行估计。

第三节　参照依赖模型与数据

一、参照依赖模型与传统选择模型

本章对比了五个离散选择模型,其中模型一(m1)是传统的 Logit 选择模型,该模型没有考虑任何参照产品和参照效应。因此,给定选择集 C(包含 j 个备选产品),备选产品 j 对于第 n 个消费者的效用函数 $u_{nj|C}$ 只取决于该产品的属性水平,如式(4-1)所示。

$$u_{nj|C} = \sum_k \gamma_k x_{njk|C} + \varepsilon_{nj|C} \qquad (4\text{-}1)$$

其中,$x_{njk|C}$ 是备选产品 j 的属性 k 的取值,γ_k 是对应属性 k 的待估计参数,$\varepsilon_{nj|C}$ 为随机误差项,服从相互独立的极值分布。在这些假设下,消费者 n 选择产品 j 的可能性为:

$$P_{nj \mid C} = \frac{\sum\limits_{k} \gamma_k x_{njk \mid C}}{\sum\limits_{J} \sum\limits_{k} \gamma_k x_{njk \mid C}} \tag{4-2}$$

其余四个模型(m2—m5)在传统选择模型基础上引入了参照效应,某个备选产品的效用由两部分构成:第一部分是与参照产品无关的、由其自身产品属性取值决定的效用;第二部分则来自该产品与参照产品比较而产生的额外效用,即参照效应。具体来说:

模型二(m2)考察了与选择集中最偏好产品相比的参照效应,即该模型将选择集中消费者的最偏好产品作为参照产品,见式(4-3)。

$$u_{nj \mid C} = \sum_{k} \gamma_k x_{njk \mid C} + \sum_{k} \beta_{1k} (x_{njk \mid C} - x_{n,\max,k \mid (C-j)}) / x_{n,\max,k \mid (C-j)} + \varepsilon_{nj \mid C}$$

$$\tag{4-3}$$

其中,γ_k 和 β_{1k} 是待估计的参数,$(x_{njk \mid C} - x_{n,\max,k \mid (C-j)}) / x_{n,\max,k \mid (C-j)}$ 是备择产品 j 相对于最偏好产品(用 max 来表示)在属性 k 上的表现,该式取值越大代表备择产品 j 相对于最偏好产品在属性 k 上的取值越大。与模型一(m1)类似,随机误差项 $\varepsilon_{nj \mid C}$ 服从相互独立的极值分布。

模型三(m3)考察了与选择集中最不偏好产品相比的参照效应。此时,给定选择集 C,备择产品 j 对消费者 n 的效用函数如式(4-4)所示。

$$u_{nj \mid C} = \sum_{k} \gamma_k x_{njk \mid C} + \sum_{k} \beta_{2k} (x_{njk \mid C} - x_{n,\min,k \mid (C-j)}) / x_{n,\min,k \mid (C-j)} + \varepsilon_{nj \mid C}$$

$$\tag{4-4}$$

其中,γ_k 和 β_{2k} 是待估计的参数,$(x_{njk \mid C} - x_{n,\min,k \mid (C-j)}) / x_{n,\min,k \mid (C-j)}$ 是备择产品 j 相对于最不偏好产品(用 min 来表示)在属性 k 上的表现,该式取值越大代表备择产品 j 相对于最不偏好产品在属性 k 上的取值越大。与其他模型类似,随机误差项 $\varepsilon_{nj \mid C}$ 服从相互独立的极值分布。

模型四(m4)考察了与选择集中平均产品相比的参照效应,即将平均产品作为消费者决策中的参照产品。此时,给定选择集 C,备择产品 j 对消费者 n 的效用函数如式(4-5)所示。

$$u_{nj \mid C} = \sum_{k} \gamma_k x_{njk \mid C} + \sum_{k} \beta_{3k} (x_{njk \mid C} - x_{n,\text{ave},k \mid (C-j)}) / x_{n,\text{ave},k \mid (C-j)} + \varepsilon_{nj \mid C}$$

$$\tag{4-5}$$

其中，γ_k 和 β_{3k} 是待估计的参数，$(x_{njk\,|\,C}-x_{n,\mathrm{ave},k\,|\,(C-j)})/x_{n,\mathrm{ave},k\,|\,(C-j)}$ 是备择产品 j 相对于平均产品（用 ave 来表示）在属性 k 上的表现，该式取值越大代表备择产品 j 相对于平均产品在属性 k 上的取值越大。随机误差项 $\varepsilon_{nj\,|\,C}$ 服从相互独立的极值分布。

模型五（m5）假设消费者的参照产品为内部参照产品。此时，给定选择集 C，备择产品 j 对消费者 n 的效用函数如式（4-6）所示。

$$u_{nj\,|\,C}=\sum_k \gamma_k x_{njk\,|\,C}+\sum_k \beta_{4k}(x_{njk\,|\,C}-x_{n,\mathrm{int},k})/x_{n,\mathrm{int},k}+\varepsilon_{nj\,|\,C} \qquad (4\text{-}6)$$

其中，γ_k 和 β_{4k} 是待估计的参数，$(x_{njk\,|\,C}-x_{n,\mathrm{int},k})/x_{n,\mathrm{int},k}$ 是备择产品 j 相对于内部参照产品（用 int 来表示）在属性 k 上的表现，该式取值越大代表备择产品 j 相对于内部参照产品在属性 k 上的取值越大。同样，随机误差项 $\varepsilon_{nj\,|\,C}$ 服从相互独立的极值分布。

五个选择模型的区别见表 4-2。本章通过不同模型之间的对比来检验参照效应是否存在以及何种类型的参照产品对消费者选择的解释力度最大。

表 4-2　模型概述

模型	是否考虑参照效应	参照产品
模型一（m1）	否	无
模型二（m2）	是	外部参照：选择集中的最偏好产品
模型三（m3）	是	外部参照：选择集中的最不偏好产品
模型四（m4）	是	外部参照：选择集中的平均产品
模型五（m5）	是	内部参照：过去购买的产品或目前使用的产品

二、数据描述

实证数据选取智能手机这个产品类别，采用基于选择的联合分析法（choice-based conjoint analysis）收集数据。联合分析法是目前学界和业界常用的估计消费者属性偏好的方法。在联合分析中，选取智能手机最重要的 4 个属性作为研究对象，即价格、屏幕大小、相机像素和 CPU 速度。根据对当时市场上在售智能手机的调研，价格属性设置了 5 个水平，其余 3 个属性均设置了

4 个水平(见表 4-3)。选取的这些属性水平基本覆盖了开展研究时市场上流行的大多数智能手机的配置。

表 4-3   属性及属性水平

属性	水平数量/个	属性水平
屏幕尺寸/英寸	4	2.4、3、3.5、4
CPU 速度/MHz	4	400、600、800、1000
相机像素/百万像素	4	2、3、5、8
价格/元	5	2000、2500、3000、3500、4000

根据所选属性水平设计产品时,若使用全轮廓法(full profile),将产生 320 ($5 \times 4 \times 4 \times 4$)个产品,让被试一一进行评价或者随机组成选择集后让被试进行选择是不可行的。为了减轻受访者的负担,本章采用了 10 个选择集、每个选择集 4 个备选产品的平衡设计(balanced design)(Rooderkerk 等,2011;Kuhfeld 等,1994)。平衡设计是基于选择的联合分析中常用的设计方法,它可以保证备选产品的属性水平在各个选择集中的分布是平衡的,并且是近似正交的,因此估计参数的效率更高。为了识别被试可能采用的参照产品,被试需要填写当前使用的手机(即潜在的内部参照产品)。同时,对于每个选择集,在被试做出选择之后,在不考虑价格的情况下,还要求他们对 4 个备选产品按偏好程度进行排序,从而得到每个选择集中被试的最偏好产品、最不偏好产品以及平均产品,用于测量他们使用的外部参照产品。

问卷通过专业调研公司的调查软件(Qualtrics)生成,采用便利抽样法选取被试。作为参与调查的报酬,问卷设置了现金抽奖。共收集了 277 份完整问卷,仔细检查后发现 3 名被试填写不认真(即所有题项的答案均相同),因此,最终只保留了 274 份有效问卷。问卷的主体部分包括 10 个选择问题和 10 个排序问题。在选择问题部分,每个被试从由 4 个备择产品(每个备择产品具有 4 个属性)构成的选择集中选一个备择产品。在排序问题部分,被试面对同样的选择集但在不考虑价格的情况下对 4 个备选产品按偏好程度进行排序。为了消除顺序误差,对每个被试面对的选择集顺序进行了随机处理。样本特征的描述性分析参见表 4-4。

表 4-4　样本特征的描述性分析

特征	频数	占比/%
性别		
男	171	62.4
女	103	37.6
年龄		
18～24 岁	126	46.0
25～34 岁	124	45.2
35～44 岁	21	7.7
45～54 岁	3	1.1
收入		
1500 元及以下	102	37.2
1500～2999 元	52	19.0
3000～4499 元	42	15.3
4500～5999 元	37	13.5
6000～7499 元	15	5.5
7500～8999 元	11	4.0
9000～14999 元	11	4.0
15000 元及以上	4	1.5
有无智能手机		
无智能手机	128	46.7
有 1 部及以上智能手机	146	53.3

　　在本章的研究样本中,男性占 62.4%,绝大多数被试的年龄在 18～34 岁。多数被调查者收入偏低,大部分人低于 6000 元,这可能是因为样本中包含学生群体。最后,在开展调查的时候,拥有智能手机的被调查者仅占 53.3%,近一半的被调查者还没有智能手机。

第四节　实证研究结果

一、模型比较

对每个被试的 10 个选择问题,前面 7 个选择问题将用于参数估计,后面 3 个选择问题作为保留样本(holdout sample)用于验证模型的外部效度。采用 LL(Log Likelihood,对数似然函数)、AIC(Akaike Information Criterion,赤池信息量准则)和 BIC(Bayesian Information Criterion,贝叶斯信息准则)3 个指标比较 5 个模型的内部效度和拟合优度。对数似然值 LL 越大,模型的拟合优度越高。总体上来说,考虑了参照效应的四个选择模型即 m2—m5 的对数似然值均比传统选择模型 m1 的对数似然值(−2465.8)大,这在一定程度上说明消费者在选择决策中存在对比效应。而其中 m2 的对数似然值是最大的(−2427.2),说明 m2 在 5 个模型中对数据的拟合情况是最好的(见表 4-5),即消费者可能更多地采用选择集中的最偏好产品作为参照。

由于 m1 为 m2—m5 的嵌套模型(nested model)①,本章分别对 m1 和 m2—m5 做了似然比检验(likelihood ratio test,见表 4-5 的 LR 统计量),比较消费者在做选择决策时更可能使用哪个参照产品作为比较对象。检验结果显示,m2—m5 和传统选择模型 m1 的 LR 统计量在 5%的显著性水平下均显著,说明在消费者的选择决策中存在着显著的对比效应或参照效应,参照产品可以是外部参照产品或内部参照产品。

---

① 也就是说,当对 m2—m5 的某些参数做一定限制时,这些模型可以被转化为传统选择模型 m1。例如,对于 m2,当限制 β_{1k} 时,也就是认为不存在参照效应时,m2 即简化为 m1。

表 4-5　模型拟合度比较(样本内)

模型	LL	AIC	BIC	参数个数	比较	LR 统计量
模型一(m1)	−2465.8	4939.7	4961.8	4		
模型二(m2)	−2427.2	4870.4	4914.8	8	m2 vs. m1	77.2***
模型三(m3)	−2447.4	4910.8	4955.3	8	m3 vs. m1	36.8***
模型四(m4)	−2456.4	4928.8	4973.3	8	m4 vs. m1	18.8***
模型五(m5)	−2443.9	4903.8	4948.3	8	m5 vs. m1	43.8***

注:*** $p < 0.001$。

同时,AIC 和 BIC 的值越小,说明模型对数据的拟合越好。如表 4-5 所示,考虑了参照产品的选择模型 m2—m5 的 AIC 和 BIC 比传统选择模型 m1 的 AIC 和 BIC 均更低,而其中将最偏好产品作为参照产品的模型 m2 的 AIC 和 BIC 分别为 4870.4 和 4914.8,在所有模型中是最低的。因此,LL、AIC 和 BIC 这 3 个指标的比较均表明,考虑了参照产品的选择模型对数据的拟合优度显著更高,其中采用选择集中最偏好产品作为参照产品的模型对数据的解释力最强。

为了进一步检验模型的外部效度,还比较了 5 个模型的样本外命中率(hit ratio)。

如表 4-6 所示,对于没有考虑参照效应的传统选择模型 m1,其样本外命中率约为 41%,大于 25%(即随机猜测的命中率)。考虑了参照效应的 m2—m5 的样本外命中率要高于基准模型 m1。以最偏好产品为参照产品的 m2 的样本外命中率最高,说明采用最偏好产品作为参照产品对消费者选择决策过程的解释力更强。

表 4-6　模型拟合度比较(样本外)

模型	命中率
模型一(m1)	0.401
模型二(m2)	0.417
模型三(m3)	0.411
模型四(m4)	0.413
模型五(m5)	0.414

二、产品属性值及参照效应对选择决策的影响

表 4-7 呈现了具体的参数估计结果。对于传统选择模型 m1,四个产品属性值对消费者的选择决策均具有显著的影响。具体来说,屏幕尺寸、CPU 速度和相机像素均对消费者选择具有显著的正向影响,即智能手机的屏幕尺寸越大、CPU 速度越快、相机像素越高,消费者选择该手机的可能性就越大;而价格对消费者选择有显著的负向影响,也就是说,在其他条件不变的情况下,某智能手机的价格越低,消费者选择该手机的可能性就越高。

传统选择模型 m1 没有考虑参照效应,估计出来的参数可能会存在偏差。当模型中引入参照效应时,屏幕尺寸、CPU 速度、相机像素和价格对消费者选择的影响大小将会发生改变。例如,与将最偏好产品(m2)作为参照产品的模型相比,传统选择模型 m1 低估了屏幕尺寸、CPU 速度和相机像素对消费者选择决策的正向影响,高估了价格对选择决策的负向影响,因而传统选择模型相对于 m2 拟合优度更低,预测效果也更差。

如前文所述,m2 对数据的拟合效果最好,因此最偏好产品极有可能是消费者常采用的参照产品。如表 4-7 中 m2 的结果所示,如果消费者以最偏好产品作为参照产品,除了焦点产品属性的主效应之外,焦点产品和最偏好产品在不同属性上的比较也会对消费者选择焦点产品的概率产生显著影响。总体上看,焦点产品的屏幕尺寸、CPU 速度和相机像素均对其选择概率有显著的正向影响,但焦点产品与最偏好产品在这三个属性上的比较对选择焦点产品的概率有显著的负向影响。也就是说,其他条件不变,如果最偏好的产品相对于焦点产品的屏幕尺寸越大、CPU 速度越快、相机像素越高,那么消费者选择焦点产品的可能性也更高。这时,在消费者看来,最偏好产品可能是极端选项(extreme option),极端产品的存在使得焦点产品作为一个折中产品(compromise option)显得更有吸引力,因而其被选择的可能性更高。对于价格,焦点产品的价格越高,消费者选择焦点产品的可能性就越低,而与最偏好产品在价格上的参照效应并不显著,这表明与最偏好产品在质量或性能上的参照效应更为突出。

如表 4-7 中 m3 的结果所示，如果消费者以最不偏好的产品作为参照产品，焦点产品的屏幕尺寸越大、CPU 速度越快、价格越低，消费者选择焦点产品的可能性就越大。更重要的是，选择焦点产品的概率还受焦点产品与参照产品（即最不偏好产品）在相机像素和价格这两个属性上的参照效应的影响。与最不偏好的产品相比，焦点产品的相机像素越高、价格越高，消费者选择焦点产品的概率就越高。此时，最不偏好的产品可能是另一个极端产品，因此可能会使作为中间产品的焦点产品变得更具吸引力。

如果消费者采用平均产品作为参照产品，如表 4-7 中 m4 的结果所示，焦点产品的 CPU 速度越快、相机像素越高、价格越低，消费者选择焦点产品的概率就越高。同时，焦点产品和平均产品在屏幕尺寸、CPU 速度和相机像素三个属性上的参照效应也会显著影响消费者选择焦点产品的概率。具体而言，与平均产品相比，如果焦点产品的屏幕越大、CPU 速度越快、相机像素越高，那么消费者选择焦点产品的概率就越大。价格的参照效应对消费者选择决策的影响不显著。总体上来看，消费者倾向于选择比平均产品性能更好的产品。

表 4-7　模型参数估计结果

变量	模型一(m1)	模型二(m2)	模型三(m3)	模型四(m4)	模型五(m5)
屏幕尺寸	0.217*** [0.025]	0.378*** [0.060]	0.271*** [0.060]	0.086 [0.048]	0.522*** [0.101]
CPU 速度	0.464*** [0.032]	0.710*** [0.061]	0.476*** [0.069]	0.327*** [0.057]	0.516*** [0.056]
相机像素	0.214*** [0.030]	0.518*** [0.056]	0.052 [0.061]	0.1067* [0.054]	0.28*** [0.037]
价格	−0.568*** [0.037]	−0.457*** [0.064]	−0.807*** [0.074]	−0.532*** [0.062]	−0.478*** [0.048]
maxscrr		−0.201** [0.067]			
maxcpur		−0.321*** [0.065]			
maxcamr		−0.377*** [0.063]			

续 表

变量	模型一(m1)	模型二(m2)	模型三(m3)	模型四(m4)	模型五(m5)
maxprir		−0.123* [0.068]			
minscrr			−0.075 [0.068]		
mincpur			−0.028 [0.077]		
mincamr			0.203** [0.064]		
minprir			0.321*** [0.077]		
avescrr				0.162** [0.051]	
avecpur				0.166** [0.059]	
avecamr				0.119* [0.054]	
aveprir				−0.040 [0.060]	
indscrr					−0.519** [0.166]
intcpur					−0.106 [0.102]
intcamr					−0.205** [0.065]
intprir					−0.435** [0.149]

注:(1)方括号中的数值是标准差。(2)*** $p<0.001$,** $p<0.01$,* $p<0.05$,· $p<0.1$。(3)maxscrr 表示焦点产品屏幕尺寸与选择集中除焦点产品之外的最偏好产品的屏幕尺寸之差与该最偏好产品屏幕尺寸的比值;而 maxcpur、maxcamr 和 maxprir 分别表示相应产品的 CPU 速度、相机像素和价格的比值;以 min、ave 和 int 开头的变量与以 max 开头的变量定义类似,不过相比较的产品分别为最不偏好产品、平均产品和内部参照产品。

如果消费者采用内部参照产品作为比较对象,焦点产品的不同属性对选择决策的主效应都是显著的,即屏幕越大、CPU 速度越快、相机像素越高、价格越低,消费者选择焦点产品的概率就越大(见表 4-7 中 m5 的结果)。而焦点产品与内部参照产品在屏幕尺寸、相机像素和价格这三个属性上的参照效应也会显著地影响消费者选择焦点产品的概率。相对于内部参照产品,焦点产品的屏幕尺寸越小、相机像素越小、价格越低,消费者选择焦点产品的概率就越高,尽管屏幕尺寸和相机像素的主效应均为正向的。此结果表明,消费者总是偏好低价格、高性能的手机,但采用内部参照产品作为比较对象时,消费者也并不会一味追求最高配置,反而会更注重价格比较,从而接受屏幕略小、相机像素略低但价格优势更突出、性价比更高的手机。这与前人关于参照价格的研究相一致,Moon 等(2006)发现,相较于外部参照价格,采用内部参照价格的消费者对价格更为敏感。

总体来说,实证研究的结果表明,消费者在不同产品间的比较会对产品偏好产生追加性的影响,进而影响消费者的选择决策。参照效应和产品属性对选择决策的主效应有所不同,参照效应衡量的是焦点产品相对于不同参照产品在属性空间中的相对位置对产品效用的影响,是追加性的;而产品属性对产品效用的影响衡量的是消费者对不同属性的偏好,是相对固定的。在做产品选择时,消费者不仅会权衡不同产品的属性水平(产品属性对效用的影响),同时会将焦点产品与选择集中的其他产品进行比较以确定焦点产品在选择集中的相对位置(参照效应的影响)。值得注意的是,作为外部参照产品的最偏好产品、最不偏好产品和平均产品是消费者在不考虑价格的情况下做出的判断。因此,虽然总体上看消费者偏好属性值(价格除外)高的产品,但在具体的选择集情境中,受预算的限制和选择集中其他产品的影响,消费者并不一定会选择其最偏好的产品。

第五节　总结和讨论

在回顾参照点理论的基础上,本章对比和估计了引入四种不同参照产品(当前选择集中最偏好的产品、最不偏好的产品、平均产品三个外部参照产品,以及作为内部参照产品的过去使用或购买的产品)的离散选择模型,以更好地揭示消费者选择决策的过程。为了对比不同模型的拟合效果,本章采用基于选择的联合分析法(choice-based conjoint analysis)收集了真实消费者对智能手机的偏好和选择数据,并采用极大似然估计法对不同模型的参数进行了估计,从而选择出拟合优度最高、最贴近消费者真实决策过程的选择模型。

实证研究发现,与传统的选择模型相比,考虑了参照产品的选择模型对实证数据的拟合效果更好,并有更高的样本外预测精度。这表明,消费者选择决策中确实存在着显著的参照效应。其中,内部效度和样本外预测精度最高的是将当前选择集中最偏好产品作为参照产品的选择模型。这说明,消费者在做选择决策时极有可能是采用其在选择集中最偏好的产品作为比较对象,这种比较或参照会显著地改变消费者选择。模型参数估计的结果表明,不管是在哪一种模型中,焦点产品与参照产品在某些属性上的比较均可以显著地影响消费者选择。例如,当消费者选取最偏好的产品作为参照产品时,消费者在CPU速度等非价格属性上的参照效应更加显著。

一、理论意义

本章的理论贡献在于对比和分析了不同参照产品对消费者选择决策的影响,对参照依赖建模的现有研究做出了补充和拓展。首先,大多数现有研究的刺激物(即产品)仅有包含价格在内的一个或两个属性,而本章采用的产品(以及参照产品)具有多个属性,更加接近消费者的真实选择情境。其次,尽管消费者行为理论指出消费者在选择过程中采用的参照产品可能有不同的来源,但现有研究并没有对不同参照产品的影响进行比较和检验。本章将几种不同的参照产品分别纳入离散选择模型,以智能手机为例,比较了不同的多属性参照产品对消费者选择的影响,弥补了现有研究的不足,丰富和拓展了对参照点依赖进行建模的相关文献,为后续研究提供了改进的基础和思路。

二、实践启示

本章的研究结论还将对企业的产品线战略、新产品开发等决策提供重要的管理启示。研究结果显示,消费者在选择过程中更倾向于使用当前选择集中最偏好的产品作为参照产品。从消费者的角度,在不考虑价格因素时的最偏好产品往往是选择集中最具吸引力但超出其支付能力的极端产品。与前人研究类似,研究发现,尽管消费者可能没有购买选择集中最偏好的产品,但这类产品的存在可以提高焦点产品被选择的可能性。这一研究结论表明,企业在设计产品线或系列产品时应重视"旗舰产品"的战略价值和意义。"旗舰产品"不仅可以丰富企业的产品线,为消费者提供更多的选择,而且更为重要的是,它可以作为消费者的参照产品,使企业的主力产品(即折中产品)显得更具有吸引力,进而为企业带来较高的销量。

尽管本章研究的刺激物为智能手机,属性选择及其影响具有一定的特殊性,但本章的研究设计和模型搭建方法具有较强的推广性。企业在新产品测试中可以采用类似的方法,分析和考虑不同产品属性及其与参照产品的比较对消费者选择的影响,进而优化产品的设计和配置,制定更有效的产品推广策略、广告策略和定价策略,在现有产品线环境下设法提高新产品的吸引力。

三、研究局限与展望

本章对不同来源的参照产品在多属性上的比较效应进行了一些探索,在很多地方尚有不足之处,有待学者进一步开展研究。首先,本章并未对消费者在参照产品选择使用上的差异性进行建模。不同特征的消费者在参照产品的选择上可能存在不同(Terzi 等,2016;Choi 等,2018),在将来的研究中可以使用分层贝叶斯方法进一步估计消费者的异质性。其次,本章讨论的模型涉及产品属性的比较和权衡以及不同产品之间的对比,需要消费者有较高的动机和能力做这样的比较。消费者对智能手机、笔记本电脑等产品会有较高的动机进行认真比较,但对快速消费品、经常购买的商品或者与自身利益关系不大的商品,他们可能仅依据环境或与产品属性无关的边缘线索做出购买决策(Bell 和Lattin,2000)。也就是说,消费者并不会对每个属性进行认真权衡和对比。因此,本章的研究结论能否拓展到快速消费品等参与度较低的产品类别仍然需要进一步的论证。

第五章　多参照点选择模型构建

第四章解决的是多属性参照产品使用的问题，通过将几种不同的参照产品分别纳入离散选择模型，比较了不同的多属性参照产品对消费者选择的影响。但未对消费者在参照产品选择使用上的差异性进行分析，即未对消费者在使用参照产品的异质性进行考虑。本章将提出新的模型解决该问题。

第一节　传统选择模型存在的问题

在消费选择领域，传统的选择理论描述的是决策者根据某一决策规则在有不同属性的多个备择项之间做出的选择（Ben-Akiva 和 Lerman，1985；Train，1986）。决策者、备择项的属性及决策规则是选择理论的四个要素。与有关有限理性（bounded rationality）的文献一致，本章认为决策者具有一致可传递的偏好（consistent and transitive preference）。非空备择项集合的子集构成决策者的选择集。备择项的吸引力取决于构成该备择项的属性的吸引力。而决策规则假定不同的属性能够以同一个量度测量其吸引力的大小。产品的吸引力指数构成了效用。消费者通过效用最大化进行选择（Ben-Akiva 和 Lerman，1985）。但在很多选择实验中，研究者观察到的消费者偏好往往不一致且不可传递。为了解释这些行为的不一致性，Luce 和 Suppes（1965：249-441）提出了概率选择机制，认为行为的不一致性既可能是由决策规则的随机性产生的，也可能是分析者不能完全了解和测量影响消费者行为的因素导致的，即由效用函数的随机性引起的。由此，有两种方法可以解释概率选择机制：一种是以邓肯·卢斯（Duncan Luce）选择公理（Luce，1959）为基础及其拓展的方法；另一种是以路易斯·瑟斯顿（Louis L. Thurstone）的比较判断法则（law of comparative judgment）（Thurstone，1927）为基础及其拓展的方法。

卢斯的选择公理指的是产品的效用是固定的，决策者根据由结果的尺度值的函数定义的选择概率进行选择。决策规则的随机性决定了决策者的随机选择行为。卢斯的选择公理具有无关选择独立性（independence of irrelevant alternatives，IIA）的特性，即各选择项之间的被选概率与选择集无关。

瑟斯顿提出的比较判断法则指的是概率行为是由效用函数随机性引起的，而非由决策规则的随机性引起。比较判断法则认为，选项 i 具有真实的刺激水平，但观测到的值带有正态误差，为 $V_i + \varepsilon_i$，配对比较（paired comparison）的选择概率满足 $P_{[1,2]}(1) = \Phi(V_1 - V_2)$。如果将观测到的刺激 $V_i + \varepsilon_i$ 解释为效用，那么可将它解释为经济选择模型。比较判断法则最先是瑟斯顿为了解释重复二元判断的不一致性而提出的，后由雅各布·马尔沙克（Jacob Marschak）引入经济学领域，探讨了对包含随机成分的效用最大化的选择概率的理论意义，并称之为随机效用最大化（RUM）模型（Marschak，1960）。马尔沙克证明了在有限的范围内 IIA 意味着随机效用最大化（McFadden，2001）。

本章所述的传统选择模型是指基于随机效用最大化的随机效用理论（random utility theory）（McFadden，1974；Manski，1975）。随机效用理论认为，效用是不可观察的，故可以假定为随机变量（这正是"随机效用"名称的由来）。随机效用理论更符合消费理论，被广泛用于消费选择过程的研究。消费者的购买决策可以建模为在可卖的商品中选择效用最大的商品。消费者对产品的效用与消费者潜在的偏好及可观察的变量有关，如，产品属性与其他的市场变量有关。这样，消费者的效用可表示为可观测变量确定性函数的组合及扰动项（或称随机成分）之和：

$$U = V + \eta \ \text{且} \ V = X\beta \tag{5-1}$$

$$P_C(i) = \exp(V_i) / \sum_{k \in c} \exp(V_k) \tag{5-2}$$

式(5-2)中,V_i 表示系统效用(systematic utility),为产品 k 的可观察属性(如价格、CPU 速度、相机像素等)的线性函数,系数 β 表示决策者的属性喜好(McFadden,2001)。η 为扰动项,指的是对分析者而言是随机的。

随机效用理论具有如下特点:

(1)具有 IIA 的特性。

$$\frac{P_n(i)}{P_n(j)} = \frac{e^{V_{in}} / \sum_{k \in c} e^{V_{kn}}}{e^{V_{jn}} / \sum_{k \in c} e^{V_{kn}}} = \frac{e^{V_{in}}}{e^{V_{jn}}} = e^{V_{in} - V_{jn}} \tag{5-3}$$

从式(5-3)可以看出,两个备选项 i 和 j 被选概率的比值只与这两个备选项的属性有关,与选择集 C 中的其他产品无关。这就意味着两个备选项 i 和 j 被选概率的比值既与其他产品的产品属性无关,也与其他产品的存在与否无关。当时 Luce(1959)引入 IIA 是为了简化实验中选择数据的收集过程,从而可以通过二元选择实验对多元选择概率进行推断,同时,通过一些简单的计算就可以对新的备选项的需求做出预测。IIA 特性可以看作概率版的偏好可传递性。这个特性在许多选择情形下是合理的,比如说如果选择集中的各个备选项差别很大,可以看成是相互独立的,那么这时 IIA 是存在的。但在很多情况下,IIA 特性是不存在的。如在红蓝巴士选择难题(Chipman,1960)中,红蓝巴士可以被看作同一个备选项。

(2)系数对所有人都相同,即未考虑个体差异。

式(5-2)本身已暗示系数 β 对所有的人都相同,即总体中的所有人对同一属性都具有相同的喜好。如果总体中的所有人有相似的喜好或偏好,这样的模型设定是没有问题的。但如果总体中有喜好或偏好差异很大的子群体或每个人的喜好或偏好差异都很大,则这样的模型设定不能反映总体的异质性,需要通过更改模型设定来反映异质性。

(3)产品水平的偏好呈线性。

系统效用可表示为产品属性的线性组合,这就是说,决策者的属性喜好与产品属性值具有线性关系,即要么"(属性值)越多越好",要么"(属性值)越少越好"。但实际上对有些包含个人口味的心理物理属性而言,如甜度、酸度及温度等,效用函数很可能是单峰的(Coombs 和 Avrunim,1977)。如果决策者的属性喜好是有某个"理想点"(ideal point)的,系统效用表示为产品属性线性组合的模型设定就不能很好地反映决策者的这种属性偏好。

(4)传统选择模型并没有考虑比较过程对效用的影响。

以前的研究显示偏好不是表现出来的,往往是构建的,而且是情境依赖的(Bateson 和 Healy,2005;Bettman 等,1998),这意味着消费者的效用不仅由产品的属性决定,而且受参照产品的选择和选择集的构成的影响。

对传统选择模型而言,选择产品 A 的概率为:

$$P_A = -\frac{1}{1 + \sum_{A' \neq A} \exp\{\beta_1(x_{A'} - x_A) + \beta_{0A'}^*\}} \tag{5-4}$$

考虑了比较效应的选择模型,选择产品 A 的概率为:

$$P_A = \frac{\exp\left\{\beta_1\left(\frac{x_A - x_{B(A)}}{x_A}\right) + \beta_2 x_A + \beta_{0A}\right\}}{\sum_{A'} \exp\left\{\beta_1\left(\frac{x_{A'} - x_{B(A')}}{x_{A'}}\right) + \beta_2 x_{A'} + \beta_{0A'}\right\}} \tag{5-5}$$

$$P_A = \frac{1}{1 + \sum_{A' \neq A} \exp\left\{\beta_1\left(\frac{x_{A'} - x_{B(A')}}{x_{A'}} - \frac{x_A - x_{B(A)}}{x_A}\right) + \beta_2(x_{A'} - x_A) + \beta_{0A'}^*\right\}}$$

$$= \frac{1}{1 + \sum_{A' \neq A} \exp\left\{\beta_1\left(\frac{x_{B(A)} x_{A'} - x_{B(A')} x_A}{x_{A'} x_A}\right) + \beta_2(x_{A'} - x_A) + \beta_{0A'}^*\right\}} \tag{5-6}$$

其中,$\beta_{0A'}^* = \beta_{0A'} - \beta_{0A}$,与传统的选择模型相比,$\beta_1\left(\frac{x_{B(A)} x_{A'} - x_{B(A')} x_A}{x_{A'} x_A}\right)$则表示由于比较效应而产生的边际贡献。考虑了比较效应的选择模型,由于比较效应的存在会对效用的系统部分(systematic part)产生追加性的影响,从而最终会影响产品的选择。

基于以上问题,本章将采用混合专家模型解决以下问题:首先,在一个模型中同时比较四个不同多属性参照点对消费者决策的影响。如果采用传统的选择模型将多个多属性参照点同时纳入,很可能因为共线性的问题使参数不能估计。其次,同时将消费者异质性考虑在内,比较不同消费者在使用不同参照产品时的差异。

第二节　混合专家模型

一、方法背景

混合专家（ME）模型（Jacobs 等，1991；Jordan 和 Jacobs，1994）由一组专家网络（expert network）和门函数（gating function）构成（见图 5-1）。这组专家网络构成了输入的条件混合部分，门函数则构成输入的条件混合权重。

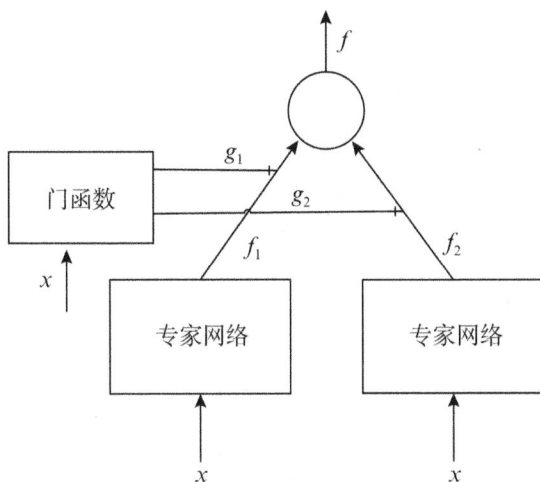

图 5-1　混合专家模型

对 N 个独立的观测 $\{y^{(n)}\}_1^N$，相应的协变量 $\{x^{(n)}\}_1^N$，在 ME 模型（Jacobs 等，1991）的框架下，在给定协变量 $x^{(j)}$，$y^{(j)}$ 概率密度为：

$$f(y^{(j)} \mid x^{(j)}, \psi) = \sum_{s=1}^{S} g_i(x^{(j)}, \theta) f(y^{(j)} \mid x^{(j)}, \beta_s) \qquad (5\text{-}7)$$

其中，$\psi = (\beta^T, \theta^T)^T$，$\theta$ 为专家权重函数或称为门网络的参数；β_s 为第 s 个专家网络概率模型的系数。

图 5-1 表示了 ME 模型（$S=2$）。模型包含了 S 个称为"专家网络"的模块。

每个专家网络都可以在协变量空间区域内对数据进行拟合:专家网络 s 将输入的协变量 $x^{(j)}$ 映射到输出向量 $f(y^{(j)} \mid x^{(j)}, \beta_s)$。不同的专家网络可以在协变量空间不同区域对数据进行拟合。模型的另一个称为"门网络"的模块用于识别对于任何协变量 x 输出是最有可能接近相应的响应向量 y 的专家网络或专家网络的混合。门网络的输出是标量 $g_s(x^{(j)}, \theta)$,对不同的专家加权。这个标量系数是非负的,且 $g_1 + g_2 + \cdots + g_s = 1$。每个专家网络的输出可以认为是通过两步进行的:第一步,将输入协变量 x 表示为与要估计向量的线性组合;第二步,选择某个非线性函数,将这个线性组合映射到这个专家网络的输出 f_s。与此类似,门网络的输出也可以认为是通过两步进行的:第一步,将输入协变量 x 表示为与要估计向量的线性组合;第二步,通常选择 logistic 函数将该线性组合映射到门网络的输出标量 g_s(Peng 等,1996;McLachlan 和 Peel,2000)。对于分层混合专家模型,使用的是树形嵌套结构,每个门网络和专家网络又构成了子专家网络(Jordan 和 Jacobs,1994)。

ME 模型自 Jacobs 等(1991)提出以来,在广泛的领域得到了运用,从语音识别(Peng 等,1996)到对序数数据建模(Gormley 和 Murphy,2008)等。在估计方法上,也从 Jacobs 等(1991)最先提出的 EM 算法拓展到贝叶斯方法(Peng 等,1996)。

在模型估计和实际运用过程中,有两个问题需要注意:

第一个问题,分类是采用软分法还是硬分法。ME 模型是将数据——映射到专家网络从而将数据空间分成不同区域。一种是硬分法,即每个数据点只能属于其中一个专家;另一种是软分法,即每个数据点按一定的概率属于某个专家。软分法就意味着数据可以同时从属于不同的专家。如果数据空间由不相交的区域(disjoint region)构成,硬分法效果很好,否则在边界区域就会有问题。如果将数据点划分到有最大的后验概率(posterior probability),专家就能将软分法转为硬分法。反过来也一样(Leisch,2008:561-587)。

第二个问题,一般来说,ME 模型的门网络和专家网络使用相同的输入变量,而且每个专家网络都使用相同的输入变量。

二、混合模型弹性

传统选择模型的直接弹性（direct elasticity）可表示为：

$$\mathrm{E}_{x_{nik}}^{P_n(i)} = \frac{\partial f_n(i \mid \beta)}{\partial x_{nik}} \cdot \frac{x_{nik}}{f_n(i \mid \beta)} = \left[1 - f_n(i \mid \beta)\right] x_{nik} \beta_k \tag{5-8}$$

而交叉弹性（cross-elasticity）表示的是备择物 j 属性的变化引起的备择物 i 选择概率的改变（Ben-Akiva 和 Lerman,1985）,表示为：

$$\mathrm{E}_{x_{njk}}^{P_n(i)} = \frac{\partial f_n(i \mid \beta)}{\partial x_{njk}} \cdot \frac{x_{njk}}{f_n(i \mid \beta)} = - f_n(j \mid \beta) x_{njk} \beta_k \tag{5-9}$$

该交叉弹性对所有的 i 均相同:式(5-9)不包含 i。也就是说,某个备择物属性的变化会导致所有其他备择物的选择概率有相同的变化,即当备择物 j 的属性改变时,备择物 i 和 k 的选择概率比值将保持不变。Logit 模型的交叉弹性这一属性其实就是 IIA 特性的表现。

类似地,混合 Logit 模型的直接弹性为：

$$\begin{aligned}
\mathrm{E}_{x_{nik}}^{P_n(i)} &= \frac{\partial f_n(i \mid \beta)}{\partial x_{nik}} \cdot \frac{x_{nik}}{f_n(i \mid \beta)} \\
&= \left(\sum_{s=1}^{S} g_{ns} \frac{\partial f_n(i \mid \beta_s)}{\partial x_{nik}}\right) \frac{x_{nik}}{f_n(i \mid \beta)} \\
&= \left(\sum_{s=1}^{S} g_{ns} \frac{\partial V_{nis}}{\partial x_{nik}} f_n(i \mid \beta_s)(1 - f_n(i \mid \beta_s))\right) \frac{x_{nik}}{f_n(i \mid \beta)} \\
&= \sum_{s=1}^{I} \frac{g_{ns} f_n(i \mid \beta_s)}{f_n(i \mid \beta)} \left[\frac{\partial V_{nis}}{\partial x_{nik}} x_{nik}(1 - f_n(i \mid \beta_s))\right]
\end{aligned} \tag{5-10}$$

混合模型的交叉弹性为：

$$\begin{aligned}
\mathrm{E}_{x_{njk}}^{P_n(i)} &= \frac{\partial f_n(i \mid \beta)}{\partial x_{njk}} \cdot \frac{x_{njk}}{f_n(i \mid \beta)} \\
&= \sum_{s=1}^{S} g_{ns}\left(-\frac{\partial V_{njs}}{\partial x_{njk}} f_n(i \mid \beta_s)(f_n(j \mid \beta_s))\right) \frac{x_{njk}}{f_n(i \mid \beta)} \\
&= \sum_{s=1}^{S} \frac{g_{ns} f_n(i \mid \beta_s)}{f_n(i \mid \beta)} \left[-\frac{\partial V_{njs}}{\partial x_{njk}} x_{njk} f_n(j \mid \beta_s)\right]
\end{aligned} \tag{5-11}$$

混合模型的交叉弹性[式(5-11)]包含 i,这意味着 IIA 特性对混合模型不适用。

三、改进的 ME 模型

针对本书的研究问题并结合 ME 模型，提出理论模型。

1. 模型的基本假设

本章的理论模型采用 Tversky 和 Kahneman(1991)有关多属性价值函数理论框架，同时结合有关参照依赖的理论(Tversky 和 Kahneman,1993)。该模型包含两项内容：

(1)可分解性(decomposability)。每个备选项可以通过若干属性描述，其效用可以分解为相应的属性值。

(2)可加性(additivity)。备选项的效用函数 $U(x,C)=v(x)+\beta f_c(x)$，由两部分组成，$v(x)$ 表示 x 与比较效应无关的效用，$f_c(x)$ 表示比较效应产生的效用。

2. 模型设置

与有关参照点的文献一致，本书认为消费者可能使用的参照点既可能是选择集中的平均产品(Bhargava 等,2000)，也可能是选择集中最偏好的产品(Rajendran 和 Tellis,1994；Kumar 等,1998)或是选择集中最不偏好的产品(Rajendran 和 Tellis,1994；Kivetz 等,2004)，消费者还可能使用过去购买或使用的产品即外部参照产品作为比较产品(Mayhew 和 Winer,1992；Hardie 等,1993；Rajendran 和 Tellis,1994)。在文献中，最多使用作为参照产品的是最偏好产品和最不偏好产品，与平均产品相比，这两种产品尤其是最不偏好产品更可能影响消费者决策，因为它们具有显著性和可得性。现有多数引入比较效应的文献讨论的是价格参照点的相关问题，参照点的选取是基于属性的。使用属性作为参照点的前提是消费者的属性喜好与属性值成正比，即"越多越好"或"越少越好"。当参照点只考虑价格这一个属性时，这个假设基本是满足的，一般的消费者都会在性能相当的情况下，选择便宜的商品。在考虑多属性的参照点的情况下，这个假设对有些属性，比如屏幕尺寸就可能不太适合。此外，基于属性的参照点是消费者个体相关的，即消费者对每个属性水平的偏好是固定的，在这种情况下，对同一个消费者来说参照产品是固定的(虽然这个参照产品可能不在当前的选择集中)。而基于产品的参照点不仅是个体相关的,也是选择集相关的,甚至是产品相关的,即消费者在面对不同的选择集中不同的产品时都可能会使用不同的参照产品。在本章的研究中,参照点的选取是基于产品的。如何选择参照产品(即比较策略)对研究者甚至消费者自身来说都可能是未知的。为了理解比较策略,同时为了将消费者异质性和比较策略引入随机效用框架,本章采用混合专家法。由于 Jacobs 等(1991)提出的 ME 模型不足以解决研究所涉及的问题,本章对该模型进行了改进,使得专家网络和门网络可以由不同组的变量决定,而且允许不同的专家网络的决定不变量存在不同(见图5-2)。

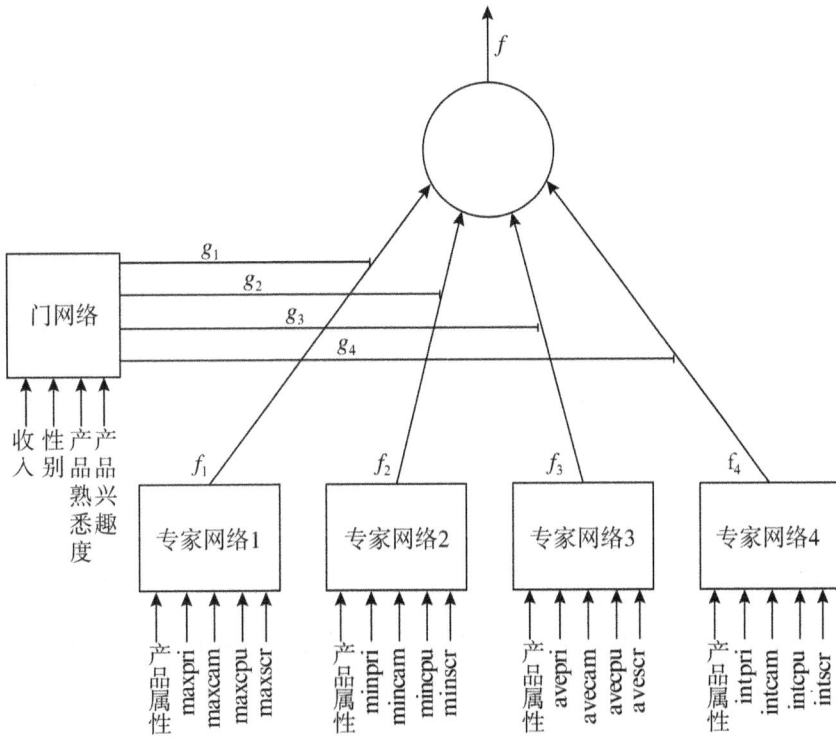

图 5-2 理论模型

注:maxscr 表示最偏好产品的屏幕尺寸,maxcpu、maxcam 和 maxpri 分别表示最偏好产品的 CPU 速度、相机像素和价格;以 min、ave 和 int 开头的字符与以 max 开头的字符定义类似,不过对应的产品分别为最不偏好产品、平均产品和内部参照产品。

给定选择集 C 和比较产品 x_r，消费者 n 感知产品 j 的效用为 $u_{nj|C}$：

$$u_{nj|C} = g_{n1}\left(\sum_k \gamma_k x^1_{njk|C} + \sum_k \beta_{1k}(x^1_{njk|C} - x^1_{n,\max,k|(C-j)})/x^1_{n,\max,k|(C-j)}\right) +$$

$$g_{n2}\left(\sum_k \gamma_k x^1_{njk|C} + \sum_k \beta_{2k}(x^1_{njk|C} - x^1_{n,\min,k|(C-j)})/x^1_{n,\min,k|(C-j)}\right) +$$

$$g_{n3}\left(\sum_k \gamma_k x^1_{njk|C} + \sum_k \beta_{3k}(x^1_{njk|C} - x^1_{n,\mathrm{ave},k|(C-j)})/x^1_{n,\mathrm{ave},k|(C-j)}\right) +$$

$$g_{n4}\left(\sum_k \gamma_k x^1_{njk|C} + \sum_k \beta_{4k}(x^1_{njk|C} - x^1_{n,\mathrm{int},k})/x^1_{n,\mathrm{int},k}\right) + \varepsilon_{nj|C} \quad (5\text{-}12)$$

其中，$0 \leqslant g_{ns} \leqslant 1$，且 $\sum_s g_{ns} = 1$，$s=1,2,3,4$。

$\beta_s = (\beta_{s1}, \beta_{s2}, \cdots, \beta_{sk})^T$，$s=1,2,3,4$，为 k 个待估计参数向量。$x^1_{njk|C}$ 为选择集 C 中焦点产品 j 第 k 个产品属性值。$x^1_{n,\max,k|(C-j)}$，$x^1_{n,\min,k|(C-j)}$ 和 $x^1_{n,\mathrm{ave},k|(C-j)}$ 分别为三个外部参照产品的属性值，分别表示当前选择集 C 中焦点产品 j 除外的最偏好产品（max）、最不偏好产品（min）以及平均产品（ave）的属性值；$x^1_{n,\mathrm{int},k}$ 为内部参照产品的属性值，表示以前使用过的产品或最近购买的产品。从式（5-12）可以看出，本章将采用软分法对消费者的选择策略进行分类，即消费者在选择产品时可以按一定概率同时选择多个参照产品。选择某个参照产品的概率取决于消费者的收入、性别、产品熟悉度以及产品兴趣。

g_{ns} 由消费者特征变量决定：

$$g_{ns} = f(e_s \mid x^2_n, \theta) = \frac{\exp(\theta_s x^2_n)}{\sum_{l=1}^s \exp(\theta_l x^2_n)} \quad (5\text{-}13)$$

其中，x^2_n 为消费者特征变量，如收入和性别等。

上述模型可以解决 IIA 不成立及决策者异质性的问题。从式（5-11）可知，ME 模型的交叉弹性随备择产品的变化而变化，即 ME 模型不具有 IIA 特性。而对于消费者异质性的问题，主要有有限混合和分层贝叶斯两种联合分析方法来解决这一问题。有限混合模型通过离散表示来描述异质性，而用分层贝叶斯估计的模型通过连续表示来描述异质性。有限混合模型主要处理组间而非组内异质性。研究表明，有限混合模型和用分层贝叶斯估计的模型在个体层面的参数估计上同样有效，但用分层贝叶斯估计的模型有更好的样本外拟合精度（Andrews 等，2002）。如果数据具有多成分性质，有限混合模型拟合得更好。

作为有限混合模型的推广,ME 模型最开始被提出来的目的之一是解释选择集异质性和消费者异质性(McLachlan 和 Peel,2000;Hess 等,2009)。有限混合模型和用分层贝叶斯估计的模型在解释消费者异质性方面各有利弊。本章假定受访者来自四个参数不同的分布,而不是所有受访者服从同一分布。本章将使用 ME 模型,通过将消费者特征变量引入决定专家权重的门网络来解释消费者在选择策略上的差异。

3. 模型估计

对观测到的数据对 $(x^{(n)}, y^{(n)})$,在输入为 $x^{(n)}$,$x^{(n)} = (x^{1(n)}, x^{2(n)})$ 时,输出为 $y^{(n)}$,有一个特定的隐性过程,用状态向量 $z^{(n)}$ 表示该过程所处的状态。

在一般的混合专家的架构里,有 S 个专家 $\{e_s\}_1^S$ 及门函数 G,在输入为 $X = \{x^{(n)}\}_1^N$ 时,目标 $Y = \{y^{(n)}\}_1^N$ 的条件概率为:

$$f(Y \mid X, \psi) = \prod_{n=1}^{N} \sum_{s=1}^{S} f(z_s^{(n)} = 1 \mid x^{2(n)}, \theta) f(y^{(n)} \mid x^{1(n)}, z_s^{(n)} = 1, \beta_s) \quad (5\text{-}14)$$

其中,$\psi = (\beta^T, \theta^T)^T$,为待估计的参数集;$\theta = (\theta_1, \theta_2, \theta_3, \cdots)$,为专家权重函数或门权重函数的参数;$\beta = (\beta_1, \beta_2, \cdots, \beta_S)$,为专家网络概率模型的参数;$z_s^{(n)} = 1$,表示专家 e_s 从 $x^{(n)}$ 产生输出 $y^{(n)}$。式(5-14)可以简写为:

$$f(Y \mid X, \psi) = \prod_{n=1}^{N} \sum_{s=1}^{S} f(e_s \mid x^{2(n)}, \theta) f(y^{(n)} \mid x^{1(n)}, e_s, \beta_s) \quad (5\text{-}15)$$

对目标的 $y^{(n)}$ 点估计,可以使用概率密度函数(probability density function,PDF)的期望值。对每对数据对 $(x^{(n)}, y^{(n)})$,给定 $x^{(n)}$ 情况下,$y^{(n)}$ 的期望值表示为:

$$\hat{y}^{(n)} = E(y^{(n)} \mid x^{(n)}, \psi) = \sum_{s=1}^{S} f(e_s \mid x^{2(n)}, \theta) E(y^{(n)} \mid x^{1(n)}, e_s, \beta_s) \quad (5\text{-}16)$$

对任意一个数据对 $(x^{(n)}, y^{(n)})$,专家 e_s 的后验概率为:

$$f(e_s \mid x^{(n)}, y^{(n)}, \psi) = \frac{f(e_s \mid x^{2(n)}, \theta) f(y^{(n)} \mid x^{1(n)}, \beta_s, e_s)}{\sum_j f(e_j \mid x^{2(n)}, \theta) f(y^{(n)} \mid x^{1(n)}, \beta_j, e_j)} \quad (5\text{-}17)$$

ME 模型可以视为条件输入混合模型。数据假定是经过一系列的过程产生的。例如,在过程 s 中产生 $(x^{(n)}, y^{(n)})$。而过程 s 由多项概率分布函数 $f(Z)$ 决定,$z_s^{(n)}$ 表示的是使用过程 s 产生数据点 n 的决定。专家对数据的不同过程

进行建模,门函数则对使用这些不同过程的决定进行建模。这样,$f(Y,Z|X)$增广似然函数(augmented likelihood)可以写为:

$$f(Y,Z|X,\psi) = \prod_{n=1}^{N} \prod_{s=1}^{S} \{f(e_s|x^{2(n)},\theta)f(y^{(n)}|x^{1(n)},e_s,\beta_s)\}^{z_s^{(n)}} \tag{5-18}$$

ME 模型的全样本似然函数为:

$$L_c = f(Y,Z|X,\psi) = \prod_{n=1}^{N} \prod_{s=1}^{S} \{f(e_s|x^{2(n)},\theta)f(y^{(n)}|x^{1(n)},e_s,\beta_s)\}^{z_s^{(n)}} \tag{5-19}$$

其中,Z 是由 N 个向量 $z^{(n)}$ 构成,而

$$z_s^{(n)} = \begin{cases} 1 & \text{如果 } y^{(n)} \text{ 由专家 } e_s \text{ 从 } x^{(n)} \text{ 产生} \\ 0 & \text{否则} \end{cases}$$

使用 EM 算法进行模型估计。该算法通过交替迭代期望(expectation,E步)和最大化(maximization,M 步)最大化似然函数:

期望:该算法先设定 $\psi^{(t)}$ 的初始值。在给定参数的初始值和观测到的数据 $\{X,Y\}$ 的情况下,E 步假定缺失数据 Z 的概率为 $P(Z|X,Y,\psi^{(t)})$。那么,观测 n 由专家 s 产生的后验概率为:

$$\hat{p}_{ns} = f(e_s|x^{(n)},y^{(n)},\psi^{(t)}) = \frac{f(e_s|x^{2(n)},\theta^{(t)})f(y^{(n)}|x^{1(n)},\beta_s^{(t)},e_s)}{\sum_l f(e_l|x^{2(n)},\theta^{(t)})f(y^{(n)}|x^{1(n)},\beta_s^{(t)},e_l)} \tag{5-20}$$

最大化:M 步找出模型最优参数,这些参数使全样本对数似然函数(LL)的期望值取最大值。给定后验概率 $\hat{p}_{ns}$ 的估计,参数 $\psi^{(t+1)}$ 新的估计值可以通过分别最大化以下公式取得:

$$Q(\psi^{(t+1)}|\psi^{(t)}) = Q_1(\theta^{(t+1)}|\psi^{(t)}) + Q_2(\beta_s^{(t+1)}|\psi^{(t)}) \tag{5-21}$$

$$Q_1(\theta^{(t+1)}|\psi^{(t)}) = \sum_{n=1}^{N} \sum_{s=1}^{S} \hat{p}_{ns} \log(f(e_s|x^{2(n)},\theta^{(t+1)})) \tag{5-22}$$

$$Q_2(\beta_s^{(t+1)}|\psi^{(t)}) = \sum_{n=1}^{N} \sum_{s=1}^{S} \hat{p}_{ns} \log(f(y^{(n)}|x^{1(n)},e_s,\beta_s^{(t+1)})) \tag{5-23}$$

其中,$Q(\psi|\psi^{(t)}) = E_{z_s^{(n)}|x^{(n)},y^{(n)},\psi^{(t)}}(\log f(Y,Z|X,\psi))$。

使用 EM 算法进行参数估计,使用牛顿—拉夫逊方法(Newton-Raphson method)估计参数的显著性。

第三节　数据模拟及模型检验

为了验证本章提出的模型对参数的恢复能力,先将提出的模型应用于模拟数据。本章以 R 4.0.2(R Core Team,2020)为编程环境,在 Bayesm(Rossi,2019)、Lattice(Sarkar,2019)、Mvtnorm(Genz 等,2019)、Survival(Therneau,2019)、Nnet(Venables 和 Ripley,2012)和 FlexMix(Gruen 和 Leisch,2019)等软件包的基础上编程,实现数据模拟及模型估计与检验。

一、模拟数据生成步骤

本章将检验模型对 3 个专家网络(见图 5-2)的模拟数据的拟合程度,每个专家网络都将输入的 6 个协变量映射到输出向量。对专家网络 1 而言,协变量为 x_1—x_4、x_5、x_6;对专家网络 2 而言,协变量为 x_1—x_4、x_7、x_8;对专家网络 3 而言,协变量为 x_1—x_4、x_9、x_a。其中 x_1—x_4 相当于模型中的产品属性,对 3 个专家网络有相同的作用,属固定效应(fixed effect)(Grün 和 Leisch,2008a;Grün 和 Leisch,2008b);而 x_5—x_6、x_7—x_8 和 x_9—x_a 分别只对相应的 3 个专家网络起作用,相当于本章提出模型的比较效用部分,属于变动效应(varying effect)(Grün 和 Leisch,2008a)。而门网络的协变量,即决定专家选择权重的变量有 3 个,为 z_1—z_3。数据生成的算法如下:

(1)设定协变量 x_1—x_a 的参数值 $\beta=(\beta_1,\beta_2,\beta_3,\beta_4,\beta_5,\beta_6,\beta_7,\beta_8,\beta_9,\beta_a)=$
$(1,-1,0.5,1.5,0.5,2,-0.5,-2,0.5,-2)$,这 10 个参数值可分成$(1,-1,0.5,1.5,0.5,2)$、$(1,-1,0.5,1.5,-0.5,-2)$和$(1,-1,0.5,1.5,0.5,-2)$三组,分别对应 3 个专家网络的协变量。

(2)对每个协变量 $x_i(i=1\cdots10)$从均匀分布 $U[-1,1]$抽取 $nlgt*n*p$ 次。其中,$nlgt=300$,表示参加者的人数;$n=10$,表示每人做出 10 次选择;$p=4$,表示每个选择集中有 4 个备择项。

（3）对每个 z_1-z_3 从均匀分布 $U[-1,1]$ 抽取 $nlgt*pz$ 次，其中 $pz=3$，表示决定选择专家权重的协变量的个数。

（4）设定不同门网络协变量的参数值 $\theta_1-\theta_3$，g_{n1} 将作为比较基准，即其参数值全部 0；g_{n2} 的参数值 $\theta_2=(-1,-2,0.3,1.5)$，第 1 项为截距项，第 2 至第 4 项为 $\theta_1-\theta_3$ 的参数值；g_{n3} 的 $\theta_3=(-2,2,1,3)$。

（5）根据 $\sum\limits_{s=1}^{S} f(e_s|x^{2(n)},\theta)f(y^{(n)}|x^{1(n)},e_s,\beta_s)$ 计算选择每个产品的概率 Prob。

（6）根据第 5 步计算出的 Prob 从 multinomial(Prob) 中抽取 y，y 为选择结果。

二、参数估计准确性检验

将从以上步骤抽取的 x、z 和 y 保存，使用本章提出的模型对该数据进行拟合，估计相应的参数，并同设定值进行比较，结果见表 5-3。

表 5-3 列出了参数的设定值和估计值的描述性统计。所有参数的估计值符号与真实值符号一致。$\beta_1-\beta_4$ 为固定效应参数，反映的是产品属性值对各专家网络的影响，这 4 个参数的真实值和估计值都比较接近，而且估计值的标准差也比较小。$\beta_5-\beta_6$、$\beta_7-\beta_8$、$\beta_9-\beta_a$ 为变动效应，分别反映的是比较效应对 3 个专家网络的影响，这 6 个参数的真实值和估计值也都比较接近，而且估计值的标准差也比较小。这说明算法对参数 β 的估计有较高的准确率。$\theta_1-\theta_3$ 反映的是参加者特征变量对专家的选择的影响。从表 5-3 下半部分的权重系数可以看出，专家 2 对 θ_2 的估计值有比较大的标准差，准确性较差，对其他 7 个参数有比较准确的估计值。

表 5-3 参数估计

	参数	真实值	估计值	标准差	95％置信下限	95％置信上限
	β_1	1	0.935	0.047	0.843	1.027
	β_2	-1	-0.897	0.056	-1.007	-0.787
	β_3	0.5	0.559	0.045	0.472	0.647
专家1	β_4	1.5	1.369	0.069	1.234	1.504
	β_5	0.5	0.392	0.059	0.277	0.508
	β_6	2	1.756	0.161	1.439	2.072
	β_1	1	0.935	0.047	0.843	1.027
	β_2	-1	-0.897	0.056	-1.007	-0.787
专家2	β_3	0.5	0.559	0.045	0.472	0.647
	β_4	1.5	1.369	0.069	1.234	1.504
	β_7	-0.5	-0.473	0.100	-0.668	-0.277
	β_8	-2	-1.713	0.167	-2.041	-1.385
	β_1	1	0.935	0.047	0.843	1.027
	β_2	-1	-0.897	0.056	-1.007	-0.787
专家3	β_3	0.5	0.559	0.045	0.472	0.647
	β_4	1.5	1.369	0.069	1.234	1.504
	β_9	0.5	0.316	0.127	0.068	0.564
	β_a	-2	-1.308	0.153	-1.607	-1.008
	截距项	-1	-2.216	0.686	-3.559	-0.872
权重系数（专家2）	θ_1	-2	-4.237	1.214	-6.617	-1.857
	θ_2	0.3	0.545	0.591	-0.614	1.704
	θ_3	1.5	3.131	0.882	1.402	4.860
	截距项	-2	-4.454	1.364	-7.127	-1.780
权重系数（专家3）	θ_1	2	4.950	1.855	1.314	8.586
	θ_2	1	2.452	1.056	0.383	4.521
	θ_3	3	4.303	1.194	1.963	6.643

模拟研究的结果显示,本章提出的 ME 模型能较好地拟合模拟数据,也能比较准确地估计参数,可靠性较强。

第六章　消费者多参照点的选择

——基于智能手机的实证研究

第一节　多参照点的选择与比较

消费者选择决策在决策支持系统领域得到了学界和业界的广泛关注(Luo等,2012;Song等,2007;Tan等,2012)。在传统的选择模型中,产品的效用通常是作为其自身属性的功能来指定的,与其他同时判断的产品无关。然而,大量的消费者行为研究表明,消费者的判断在本质上是基于比较的(Mussweiler,2003),消费者的选择决策显著地受到选择集的组成的影响(Amir 和 Levav,2008;Prelec 等,1997)。例如,行为学领域的研究文献为吸引效应、折中效应和推理效应的存在提供了强有力的证据(Huber 等,1982;Simonson,1989),表明选择集中产品之间的比较会系统地影响消费者的选择,特别是对于不熟悉的产品(Lynch 等,1991)。

如果个体感知的产品效用受到与其他产品的比较的影响,忽略比较效应的传统选择模型可能会产生误导性的结果和不准确的预测。例如,由于忽略了比较效应而产生的额外效用或负效用(disutility)可能会错误地估计属性偏好,从而导致消费者对产品属性的敏感性估计有偏差。当公司将评估结果应用于支持业务决策时,这可能会导致严重的问题。例如,有偏差的估计结果可能会导致企业误解消费者对其产品(相对于同一产品类别中的其他产品)的偏好,从而制定不太理想的定位策略和传播策略。此外,没有比较效应的选择模型可能会对消费者最喜欢的产品产生不准确的预测,从而导致在应用于推荐引擎时呈现不好的建议,或者可能导致帮助管理者进行产品定位的决策支持系统提供次优决策建议。

鉴于忽视比较效应的严重后果,已有实证研究开发包含消费者选择决策中未观察到的比较效应的模型。这方面的大部分早期研究采用了参照依赖框架(Bhargava 等,2000;Kahneman 和 Tversky,1979;Kivetz 等,2004;Orhun,2009;Rooderkerk 等,2011;Tversky 和 Kahneman,1991)。这些研究将参照产品作为给定的或外在的,通常只考虑一种参照产品。事实上,消费者可能同时使用多个参照产品。然而,在消费者选择中建立多个参照产品的模型在方法论上具有挑战性。部分原因是,当包含两个以上参照产品的比较效应时,模型结构变得非常复杂。此外,不同参照产品(Klapper 等,2005)的使用可能存在消费者异质性。这种异质性可能会增加另一层复杂性。

为了简化模型,以往的研究主要集中在价格这一单一属性的比较效应上。有证据表明,消费者在不同的情境中使用不同的参照价格,甚至在一个情境中使用多个参照价格(Mayhew 和 Winer,1992)。然而,很少有实证研究将多属性参照效应纳入选择模型。有学者呼吁将模型推广到具有大量属性的耐用产品(Fouz,2004;Winer,1986)。近些年对此的回应是随机后悔最小化(RRM)模型(Chorus 等,2014)。该模型考虑了多属性参照效应对消费者选择的影响。然而,它不能揭示哪些产品可以作为参照或比较标准。

由于比较效应的存在,对消费者的选择行为进行建模变得更加复杂。首先,模型必须捕捉消费者使用何种参照产品作为比较标准(即比较策略)。其次,在给定比较策略的情况下,模型不仅要量化产品的不同属性对消费者选择决策的影响,还要解释(相对于参照产品的)比较效应。此外,不同的消费者使用的参照产品或比较策略可能会有所不同。

本书提出的混合专家(ME)模型用来解释消费者使用不同参照产品(即比

较策略)时的异质性以及多个参照产品对消费者选择影响的比较效应。在决策支持系统文献中,ME 模型也有一定的运用(Fan 等,2006)。然而,本书是最早引入专家混合框架来检验消费者选择模型的比较效应的研究之一。先前的研究为一些参照产品的选择提供了理论论证:最偏好产品、最不偏好产品、平均产品、存储在消费者记忆中的内部参照产品(Bhargava 等,2000;Hardie 等,1993;Kivetz 等,2004;Mayhew 和 Winer,1992;Rajendran 和 Tellis,1994)。本章通过 ME 模型研究了这四种参照产品在消费者选择中的相对重要性。将参照产品作为四个专家,利用门函数聚合选择概率,从而获取消费者的比较策略;采用基于选择的联合实验,收集消费者对智能手机的选择数据,并将 ME 模型与其他几个竞争模型如 RRM 模型(Chorus,2010;Chorus 等,2014)等进行比较。结果表明,ME 模型在样本内拟合和样本外预测方面都优于竞争模型。

本章对决策支持系统领域的研究有以下几方面的贡献。首先,ME 模型在比较和模拟消费者决策过程的同时,揭示了消费者对不同参照产品的使用过程。因此,可以提供更准确的预测,并应用于各种决策支持系统。例如,ME 模型有可能帮助企业开发更好的推荐引擎。最先进的混合推荐系统依赖于内容匹配(基于客户说他们喜欢什么或我们观察他们过去喜欢什么)和协同过滤(基于相似客户的选择进行匹配)。ME 模型中门函数的估计为改进协同过滤提供了基础,也为企业向客户提供何种选择提供了指导,帮助企业巧妙地推动客户选择理想的产品。其次,ME 模型可以更好地了解谁使用了什么样的参照产品,这有助于营销人员做出可靠的市场定位决策和沟通决策。例如,如果 ME 模型认为目标细分市场主要与市场上最好的产品相比较,那么企业就应该将其产品与最佳竞争产品区分开来(强调其相对于最佳竞争产品的优势)。在 ME 模型的帮助下,企业能够做出更好的决定,使其产品与竞争对手的产品相比,在目标市场上表现得更好。

本章第二节至第五节介绍如下:第二节,回顾有关参照或情境效应选择模型的相关文献;第三节,提出 ME 模型来解释具有多个属性的多参照产品的影响,并介绍竞争模型;第四节,描述基于选择的联合实验,并给出实证结果;第五节,对 ME 模型的理论和管理意义进行讨论,并提出未来的研究方向。

第二节　理论基础及相关文献回顾

一、理论基础

在消费行为学领域的研究文献中,学者一致认为消费者的判断是相对的,是比较的结果。最早的研究可追溯到 20 世纪 60 年代,当时 Helson(1964a)提出了适应水平理论,认为刺激物是根据一定的内部规范(即适应水平)进行判断的。然而,其他研究表明,刺激物可以根据(外部)情境中的其他标准来判断。以定价为例,范围理论认为,消费者可能将目标价格与情境中最高价格和最低价格定义的范围相比较;而范围—频率理论认为,目标价格可以与情境中的所有价格进行比较(Niedrich 等,2001;Parducci,1965;Parducci,1995;Volkmann,1951:273-294)。除了这些理论,Kahneman 和 Tversky(1979)提出的展望理论,是一个描述风险条件下的消费者决策的总体框架。与其他理论一致,展望理论假定消费者的判断是基于与参照点的比较而形成的,他们对损失比对收益更敏感。大量的实证研究为参照依赖偏好和损失规避(Hardie 等,1993)的存在提供了证据。这些研究为检验比较效应对消费者决策的影响奠定了理论基础。

消费者在做出选择决策时,会有意识或无意识地对同时判断的不同备择项进行比较(Dhar 等,1999;Dhar 和 Simonson,1992;Houston 等,1989;Mussweiler,2003)。消费者选择中比较效应的存在可能对决策支持系统具有重要意义。Song 等(2007)研究了在网络消费决策支持系统中加入补偿选择策略的影响。他们认为,与支持非补偿性策略的决策支持系统(按序排除法)相比,支持补偿性策略的决策支持系统(加权相加或同等加权)更准确。通过考虑负效用效应(negative utility effect)对消费者选择规则的影响,Luo 等(2012)建立了基于联合分析的一步优化模型(one-step optimization model),帮助企业制定最优的市场定位策略。同样,消费者决策中的比较效应也可能在决策支持系统中发挥重要作用。Zhou(2012)认为,价格的比较效应显著影响了在线竞价系统中买家的保留价格。如果不考虑比较效应(以及相应的非线性效用函数),推荐引擎可能无法很好地逼近消费者的偏好结构,从而产生不合适的产品推荐(Scholz 等,2015)。这种有偏的建议可能会显著降低其有效性(Xiao 和 Benbasat,2018)。

二、作为比较标准的参照点

在以往的文献中,最常见的比较标准被称为参照点。参照点被定义为消费者在选择或评价时用以比较的标准(Zhou,2012)。先前的研究区分了内部和外部两种类型的参照点。外部参照点基于选择集中的备选项,而内部参照点存储在消费者的记忆中(Mayhew 和 Winer,1992)。因此,外部参照点是基于刺激的,而内部参照点是基于记忆的。二者都会影响消费者的选择和偏好(Rajendran 和 Tellis,1994)。

以往的研究主要针对单一属性(主要是价格)的内部和外部参照点不同的操作化定义。三个最常用的外部参照点包括:最偏好的属性水平(Rajendran 和 Tellis,1994),最不偏好的属性水平(Kivetz 等,2004),以及选择集中属性水平的平均或加权平均(Bhargava 等,2000;Huber 等,1982)。内部参照点通常被操作化为先前购买产品的属性水平(Mayhew 和 Winer,1992;Hardie 等,1993)。

大多数实证研究通过比较评价,即比较焦点产品和参照产品之间的差异来纳入参照点。现有实证研究的一个局限是只关注一个属性(通常是价格)或最多两个属性(Hardie 等,1993;Tereyağoğlu 和 Fader,2017)。然而,当消费者进行比较时,价格并不是他们所考虑的唯一属性。比较过程可能涉及许多其他属性,尤其是耐用品(如汽车或智能手机)。对于购买智能手机,消费者可能会考虑屏幕尺寸、内存和价格等属性。现有实证研究的另一个局限是假设使用不同的参照点是独立于情境的。事实上,消费者可能在不同的情境中使用不同的参照点,甚至在给定的情境中同时使用多个参照点(Mayhew 和 Winer,1992)。

三、使用参照依赖框架的比较效应模型

大多数营销研究人员使用参照依赖框架将比较效应纳入选择模型（Bhargava 等，2000；Tversky 和 Kahneman，1991）。Tversky 和 Simonson（1993）提出了一个简化的分析模型，即通过每个备择项相对于选择集中其他备择项的相对优势和劣势，引入比较效应。该模型首次论证了选择集中不同产品之间比较的重要性。类似地，Orhun（2009）提出了一个分析模型来捕捉消费者在产品线设计情境中依赖于选择集的偏好。她的模型使用了一个外部参照产品，并为每个属性引入了一个比较成分。这些分析模型有助于理解消费者的选择过程，但它们并没有揭示消费者的比较策略。

类似的局限也存在于先前的实证模型中。在一个多项 Probit 模型中，Kamakura 和 Srivastava（1984）通过允许误差项相关，将不同产品之间的关系纳入选择集，提高了模型的预测效果。Kivetz 等（2004）比较了不同的选择模型，通过相对于参照产品的损失规避来解释折中效应。然而，这些研究假设参照产品是给定的，并没有考虑消费者对不同参照产品的使用情况。

四、其他比较效应模型

RRM 模型是一种相对较新的实证尝试，可用于对多个属性的比较效应进行建模（Chorus 等，2012；Chorus，2014）。该模型早期应用在旅行选择方面。它假定消费者做出的选择不是为了最大化效用，而是为了最小化后悔。当未选择的备择项比选择的备择项表现得更好时，消费者就会产生后悔情绪。因此，所有其他备择项都充当焦点备择项的参照产品。在 RRM 模型中，加入额外的比较效应意味着在模型中加入更多的变量来表示焦点产品和参照产品之间的距离。RRM 模型不能估计不同属性的部分值效用，因此在企业重新设计产品开发策略与沟通策略时，其可用性是有限的。

Rooderkerk 等（2011）提出了另一种考虑选择决策中某些比较形式的实证模型。虽然他们仍然假设消费者会最大化效用，但他们的模型在属性空间中通过计算焦点产品和折中选项之间的距离（折中效应）、焦点产品和占优产品之间

的距离(吸引效应)以及焦点产品和其他备择项之间的距离(相似效应),融合了三种情境效应。虽然在情境随机效用最大化(情境 RUM)模型中对这些情境效应进行建模在理论上是有吸引力的,但当属性多于两个时,相似效应的操作化(相似效应在属性空间中不能被定义)可能会有问题。此外,在基于选择的联合实验中,很少有选择集有非对称性占优的选项,从而使吸引效应的操作化不可行。尽管有这些不足,本章仍把情境 RUM 模型作为一个竞争模型,与本章提出的 ME 模型进行比较。有关该模型的细节见实证分析部分。

表 6-1 显示了本章提出的 ME 模型与传统选择模型以及其他包含比较效应或情境效应的模型之间的比较。传统选择模型不能检验消费者选择决策中的比较效应。而参照依赖选择模型不仅可以提供不同属性水平的部分值效用,还可以对一些特殊形式的比较效应(即参照效应)进行建模。然而,这些模型大多只考虑一种外部或内部参照效应(对一个或两个属性),而且不能检验比较策略。同样,RRM 模型通过将焦点产品与选择集中的外部参照产品进行比较,引入了比较效应。该模型没有考虑消费者在比较策略中的异质性。此外,RRM 模型不能提供不同属性层次的部分值效用(这对于企业改进市场供给策略是很重要的)。最后,情境 RUM 模型只能从外部参照中解释一些特定形式的比较效应,不足以全面解释消费者选择中的比较策略。

表 6-1　包含比较效应的实证模型

模型	属性水平部分值	比较效应	外部参照与内部参照	比较策略
ME 模型	√	√	两种都可	√
传统选择模型	√	×	×	×
参照依赖选择模型	√	√	其中一种	×
RRM 模型	×	√	外部参照	×
情境 RUM 模型	√	折中效应、吸引效应和相似效应	外部参照	×

与其他竞争模型相比,本章提出的 ME 模型不仅考虑了外部参照产品,还考虑了内部参照产品。此外,该模型使研究人员能够更好地理解消费者的比较

策略,并阐明在比较过程中哪些参照产品会被使用。本章提出的 ME 模型还可以方便地处理有四个甚至更多属性的产品的更复杂和现实的选择任务。

第三节　混合专家模型

本章提出,消费者使用的比较标准可以是选择集中的平均产品(Bhargava 等,2000)、选择集中的最偏好产品(Rajendran 和 Tellis,1994)、选择集中的最不偏好产品(Kivetz 等,2004),或者内部参照产品(Hardie 等,1993)。目前,还没有研究比较过这四种参照产品(具有多个属性)的相对重要性。更重要的是,不同参照产品的使用可以通过消费者特征来确定(Klapper 等,2005)。然而,现有的研究很少对消费者的比较策略(即不同参照产品的使用)进行实证研究。本章提出的 ME 模型有助于理解比较策略,并将比较效应纳入随机效用框架。

一、模型设置

图 6-1 描述了本章提出的 ME 模型的组成部分。给定选择集 C 和比较产品 x_r,消费者 n 感知产品 j 的效用为 $u_{nj\,|\,C}$:

$$u_{nj\,|\,C} = g_{n1}\left(\sum_k \gamma_k x^1_{njk\,|\,C} + \sum_k \beta_{1k}(x^1_{njk\,|\,C} - x^1_{n,\max,k\,|\,(C-j)})/x^1_{n,\max,k\,|\,(C-j)}\right) +$$

$$g_{n2}\left(\sum_k \gamma_k x^1_{njk\,|\,C} + \sum_k \beta_{2k}(x^1_{njk\,|\,C} - x^1_{n,\min,k\,|\,(C-j)})/x^1_{n,\min,k\,|\,(C-j)}\right) +$$

$$g_{n3}\left(\sum_k \gamma_k x^1_{njk\,|\,C} + \sum_k \beta_{3k}(x^1_{njk\,|\,C} - x^1_{n,\mathrm{ave},k\,|\,(C-j)})/x^1_{n,\mathrm{ave},k\,|\,(C-j)}\right) +$$

$$g_{n4}\left(\sum_k \gamma_k x^1_{njk\,|\,C} + \sum_k \beta_{4k}(x^1_{njk\,|\,C} - x^1_{n,\mathrm{int},k})/x^1_{n,\mathrm{int},k}\right) + \varepsilon_{nj\,|\,C} \qquad (6\text{-}1)$$

其中,$0 \leqslant g_{ns} \leqslant 1$,且 $\sum_s g_{ns} = 1, s = 1,2,3,4$。

在式(6-1)中,$x^1_{njk\,|\,C}$ 为选择集 C 中焦点产品 j 第 k 个产品属性值。γ_k 为属性 k 的系数。$x^1_{n,\max,k\,|\,(C-j)}$、$x^1_{n,\min,k\,|\,(C-j)}$、$x^1_{n,\mathrm{ave},k\,|\,(C-j)}$ 和 $x^1_{n,\mathrm{int},k}$ 分别为三个外部参照产品(max、min、ave)和内部参照产品(int)的属性水平。$\beta_s =$

$(\beta_{s1},\beta_{s2},\cdots,\beta_{sk})^{T}$，$s=1,2,3,4$，为 k 个待估计参数向量，对应参照产品的比较效果。可以看出，本章采用软分法对消费者的选择策略进行分类，即消费者在选择产品时可以按一定概率同时选择多个参照产品作为比较标准。选择不同参照产品是概率性的，由门函数 (g_{ns}) 给出：

$$g_{ns}=g_s(x_n^2,\theta)=\frac{\exp(\theta_s x_n^2)}{\sum\limits_{l=1}^{S}\exp(\theta_l x_n^2)} \tag{6-2}$$

其中，x_n^2 为消费者特征向量，包括收入、性别、产品熟悉度和兴趣等。

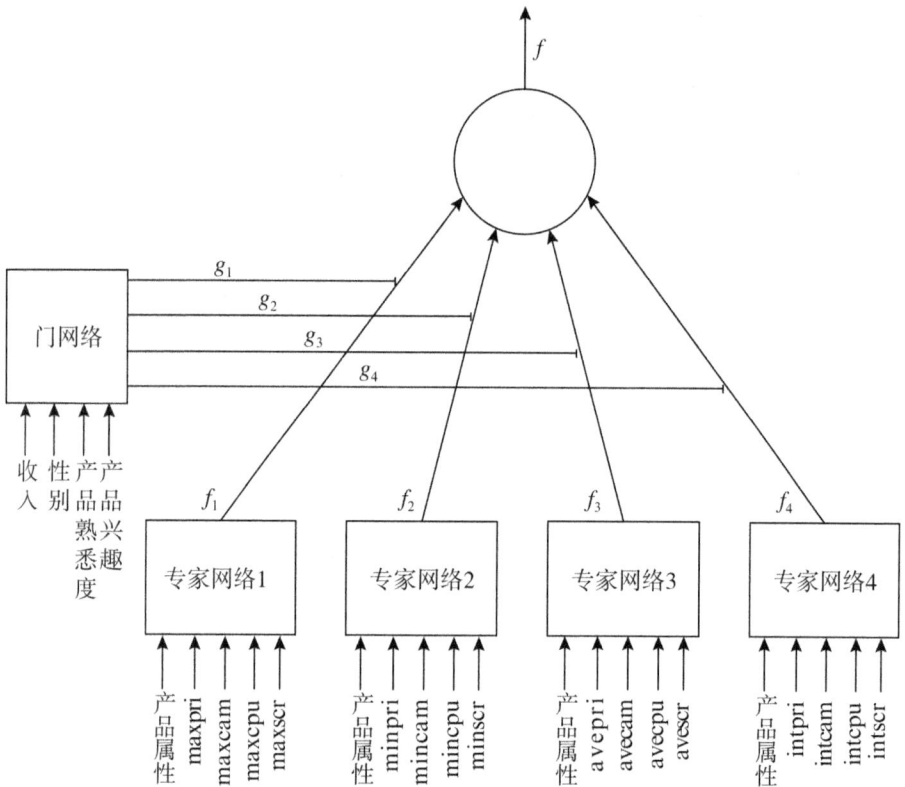

图 6-1　本章提出的 ME 模型的组成部分

注：maxscr 表示最偏好产品的屏幕尺寸，maxcpu、maxcam 和 maxpri 分别表示最偏好产品的 CPU 速度、相机像素和价格；以 min、ave 和 int 开头的字符与以 max 开头的字符定义类似，不过对应的产品分别为最不偏好产品、平均产品和内部参照产品。

与传统的 ME 模型（Jordan 和 Jacobs，1994）相比，本章提出的 ME 模型有两个特点。首先,该模型通过门函数(用于获取比较策略)和专家函数(用于获取参照产品的属性效应和参照效应)将不同的变量集合在一起。这一特征有助于分别识别消费者在比较策略中的异质性以及与参照产品的比较效果。其次,该模型允许每个专家函数有不同的变量集(即比较项)。因此,专家函数不仅包括所有相同的产品属性变量,而且包括一组不同的比较项,以检查与相应参照产品的比较效果。这两个特征不同于其他营销类实证研究中的类似模型(如传统的 ME 模型和潜类别模型);在这些营销类实证研究中,所有的专家函数和门函数都使用同一组变量。通过上述设置,本章提出的 ME 模型可以同时检验比较策略和比较效应。

二、竞争模型

本部分将对竞争模型进行概述,分为两方面:其一,描述没有比较效应(m1)或有部分参照效应(m2—m6)的模型,这些竞争模型嵌套在本章提出的 ME 模型中,代表了可能缺乏消费者选择过程的一些关键元素的更简单的模型;其二,概述两种最新的方法,即 RRM 模型和情境 RUM 模型。

1. 基准模型和具有参照效应的竞争模型

为了检验比较是否影响消费者的选择,首先将所提出的 ME 模型(m9)与6 个没有比较效应或有一些参照效应的模型进行比较。

竞争模型 I(m1:模型-mnl)

传统的多元逻辑模型不包含任何比较效应,可作为基准模型。备选产品 j 的效用仅由其自身的属性水平和相应的偏好权重决定:

$$u_{nj\,|\,C} = \sum_k \gamma_k x_{njk}^1\,|\,C + \varepsilon_{nj\,|\,C} \tag{6-3}$$

竞争模型 II(m2:模型-max)

在竞争模型 I 的基础上,进一步假设消费者可能会将选择集中最偏好的产品作为参照产品。可以通过方程(6-1)中的约束条件 $g_{n1}=1, g_{n2}=g_{n3}=g_{n4}=0$ 得到该模型。在这个模型中,效用函数有两个部分:一部分与比较效应无关,只由产品的属性水平决定;另一部分是由与最偏好产品的比较产生的比较效用。

$$u_{nj \mid C} = \sum_k \gamma_k x^1_{njk \mid C} + \sum_k \beta_{1k} (x^1_{njk \mid C} - x^1_{n,\max,k \mid (C-j)}) / x^1_{n,\max,k \mid (C-j)} + \varepsilon_{nj \mid C}$$

$$(6\text{-}4)$$

竞争模型Ⅲ（m3：模型-min）

同样，竞争模型Ⅲ假设消费者可能会使用最不偏好产品作为参照产品。该竞争模型可由方程（6-1）中的约束条件 $g_{n2}=1, g_{n1}=g_{n3}=g_{n4}=0$ 导出。

$$u_{nj \mid C} = \sum_k \gamma_k x^1_{njk \mid C} + \sum_k \beta_{2k} (x^1_{njk \mid C} - x^1_{n,\min,k \mid (C-j)}) / x^1_{n,\min,k \mid (C-j)} + \varepsilon_{nj \mid C}$$

$$(6\text{-}5)$$

竞争模型Ⅳ（m4：模型-ave）

如果消费者使用平均产品作为参照产品，可以通过方程（6-1）中的约束条件 $g_{n3}=1, g_{n1}=g_{n2}=g_{n4}=0$ 推导出竞争模型Ⅳ。

$$u_{nj \mid C} = \sum_k \gamma_k x^1_{njk \mid C} + \sum_k \beta_{3k} (x^1_{njk \mid C} - x^1_{n,ave,k \mid (C-j)}) / x^1_{n,ave,k \mid (C-j)} + \varepsilon_{nj \mid C}$$

$$(6\text{-}6)$$

竞争模型 V（m5：模型-int）

在竞争模型 V 中，假设消费者使用内部参照产品作为比较标准。可以通过方程（6-1）中的约束条件 $g_{n4}=1, g_{n1}=g_{n2}=g_{n3}=0$ 得到该模型。

$$u_{nj \mid C} = \sum_k \gamma_k x^1_{njk \mid C} + \sum_k \beta_{4k} (x^1_{njk \mid C} - x^1_{n,int,k}) / x^1_{n,int,k} + \varepsilon_{nj \mid C} \qquad (6\text{-}7)$$

竞争模型Ⅱ到模型 V，只考虑了一个参照产品。这些竞争模型都嵌套在本章提出的 ME 模型中，它们与以前的研究相似，尽管以前的研究通常只检验一个属性（价格）。

竞争模型Ⅵ（m6：模型-ref）

本章还考虑了只包括与参照产品进行比较的影响，而不包括产品属性水平（即 $\gamma_k = 0$）的影响的模型。已有一些研究采用了该模型定义（Mazumdar 和 Papatla，1995；Rajendran 和 Tellis，1994）。Rajendran 和 Tellis（1994）假设消费者不会同时对参照价格和价格做出反应。Mazumdar 和 Papatla（1995）则认为，如果模型中包含了产品购买价格和外部参照价格比较项时，价格属性本身不应包含在模型中。

$$u_{nj \mid C} = g_{n1} \left(\sum_k \beta_{1k} (x^1_{njk \mid C} - x^1_{n,\max,k \mid (C-j)}) / x^1_{n,\max,k \mid (C-j)} \right) +$$

$$g_{n2}\left(\sum_k \beta_{2k}\left(x^1_{njk\,|\,C}-x^1_{n,\min,k\,|\,(C-j)}\right)/x^1_{n,\min,k\,|\,(C-j)}\right)+$$

$$g_{n3}\left(\sum_k \beta_{3k}\left(x^1_{njk\,|\,C}-x^1_{n,\text{ave},k\,|\,(C-j)}\right)/x^1_{n,\text{ave},k\,|\,(C-j)}\right)+$$

$$g_{n4}\left(\sum_k \beta_{4k}\left(x^1_{njk\,|\,C}-x^1_{n,\text{int},k}\right)/x^1_{n,\text{int},k}\right)+\varepsilon_{nj\,|\,C} \tag{6-8}$$

其中，$0 \leqslant g_{ns} \leqslant 1$，且 $\sum_s g_{ns}=1$，$s=1,2,3,4$。

2. 其他的竞争模型

下文将描述两种最新的方法，即 RMM 模型和情境 RUM 模型。这两种模型都只能纳入外部参照点，即当前选择集的备择项。本章对这两个模型进行了适当的修改，以使它们可以用本章的数据实现。

竞争模型Ⅶ（m7：模型-reg）

在该模型中，每个备择项的遗憾（后悔）度量是通过将每个属性的遗憾相加得到的；单个属性的遗憾是将备择项与选择集中的所有其他备择项进行基于属性的两两比较而得到的。该模型没有显性地将参照产品纳入，但通过遗憾度量的估计过程可知，选择集中的所有其他备择项都是焦点产品的外部参照产品。备择项 i 的遗憾可以表示为：

$$\widetilde{R}_{ni\,|\,C}=\sum_{j\neq i}\sum_k \ln\left(1+\exp\left[\beta_k*\left(x_{njk\,|\,C}-x_{nik\,|\,C}\right)\right]\right) \tag{6-9}$$

备择项 i 的概率等于：

$$P_{ni\,|\,C}=\exp\left(-\widetilde{R}_{ni\,|\,C}\right)/\sum_{j=1\cdots J}\exp\left(-\widetilde{R}_{nj\,|\,C}\right) \tag{6-10}$$

上述定义来自 Chorus（2010）。

竞争模型Ⅷ（m8：模型-cont）

正如前文所述，在本章的数据中计算相似效应和吸引效应是不实际的，因为本章的实验产品有四个属性。折中效应变量（comp_dist）被构造为标准化折中距离 $comp\_dist=-\dfrac{d_{iM\,|\,C}}{\max\limits_{j\in C} d_{jM\,|\,C}}$，$d_{iM\,|\,C}$ 测量的是选择集中备择项 j 和折中项

$\left(x_{Mk\,|\,C}=\dfrac{\min\limits_{j\in C} x_{jk}+\max\limits_{j\in C} x_{jk}}{2}\right)$ 之间的距离。该模型的效用函数分为两个部分：一是只由产品的属性水平决定的无比较效应部分；二是情境相关的部分，即由比

较效应而产生的效用部分。

$$u_{nj \mid C} = \sum_k \gamma_k x_{njk \mid C}^1 + \beta \mathrm{d}_{njM \mid C} + \varepsilon_{nj \mid C} \qquad (6\text{-}11)$$

八个竞争模型的描述如表 6-2 所示。m2—m6 和 m8 基于参照依赖框架，m7 将后悔最小化以得出消费者的选择决策。本章提出的 ME 模型基于参照依赖框架，通过门函数混合不同的参照产品。该模型不仅可以评价消费者的异质比较策略，而且可以解释比较效应。

表 6-2　模型摘要

模型	描述	理论基础	符号
m1	传统选择模型，无比较效应	随机效用最大化	γ_k：属性 k 的系数
m2—m5	传统选择模型，只含一个参照产品	随机效用最大化、比较判断理论和参照依赖理论	γ_k：属性 k 的系数；$\beta_s = (\beta_{s1}, \beta_{s2}, \cdots, \beta_{sk})^T$：比较项（与参照产品 s 相比）的系数
m6	传统选择模型，含四个参照产品，但没有部分值效用	随机效用最大化、比较判断理论和参照依赖理论	γ_k：属性 k 的系数；$\beta_s = (\beta_{s1}, \beta_{s2}, \cdots, \beta_{sk})^T$：比较项（与参照产品 s 相比）的系数；θ：消费者特征（收入、性别等）的系数
m7	RRM 模型	随机后悔最小化	β_k：属性 k 的系数
m8	情境 RUM 模型	随机效用最大化和比较判断理论	β：情境变量的系数
m9	本章提出的 ME 模型	随机效用最大化、比较判断理论和传统的混合专家模型	γ_k：属性 k 的系数；$\beta_s = (\beta_{s1}, \beta_{s2}, \cdots, \beta_{sk})^T$：比较项（与参照产品 s 相比）的系数；θ：消费者特征（收入、性别等）的系数

三、模型估计

对观测到的数据对 (x_n, y_n)，在输入为 x_n，$x_n = (x_n^1, x_n^2)$ 时，输出为 y_n，有一个特定的过程，由状态向量 $z^{(n)} = (z_s^{(n)})_{s=1,2,\cdots,S}$ 表示该过程所处的状态。$z^{(n)}$ 未

被观察到,作为缺失数据处理。

在一般的混合专家的架构里,有 S 个专家 $\{e_s\}_1^S$ 及门函数 G,在输入为 $X = \{x_n\}_1^N = \{x_n^1, x_n^2\}_1^N$ 时,目标 $Y = \{y_n\}_1^N$ 的条件概率为:

$$f(Y \mid X, \psi) = \prod_{n=1}^{N} \sum_{s=1}^{S} g_s(x_n^2, \theta) f(y_n \mid x_n^1, \beta_s) \tag{6-12}$$

其中,门函数 $g_s(x_n^2, \theta)$ 为与参照产品 s 比较的概率(即比较策略);$f(y_n \mid x_n^1, \beta_s)$ 为给定产品属性和比较策略的 y_n 的密度函数;ψ 为待估计的参数集 $\psi = (\beta^T, \theta^T)^T$;$\theta = (\theta_1, \theta_2, \theta_3, \cdots)$,为专家权重函数或门权重函数的参数;$\beta = (\beta_1, \beta_2, \cdots, \beta_S)$,为专家网络概率模型的参数。

使用 EM 算法进行模型估计。该算法通过交替迭代期望(E 步)和最大化(M 步)最大化似然函数:

期望:该算法先设定 $\psi^{(t)}$ 的初始值。在给定参数的初始值和观测到的数据 $\{X, Y\}$ 的情况下,E 步假定缺失数据 Z 的概率为 $P(Z \mid X, Y, \psi^{(t)})$。那么,观测 n 由专家 s 产生的后验概率为:

$$\hat{p}_{ns} = f(e_s \mid x_n, y_n, \psi^{(t)}) = \frac{g_s(x_n^2, \theta^{(t)}) f(y_n \mid x_n^1, \beta_s^{(t)})}{\sum_{l=1}^{S} g_l(x_n^2, \theta^{(t)}) f(y_n \mid x_n^1, \beta_s^{(t)})} \tag{6-13}$$

最大化:M 步找出模型最优参数,这些参数使全样本对数似然函数的期望值取最大值。给定后验概率 $\hat{p}_{ns}$ 的估计,参数 $\beta^{(t+1)}$ 新的估计值可以通过分别最大化以下公式取得:

$$Q(\psi^{(t+1)} \mid \psi^{(t)}) = Q_1(\theta^{(t+1)} \mid \psi^{(t)}) + Q_2(\beta_s^{(t+1)} \mid \psi^{(t)}) \tag{6-14}$$

$$Q_1(\theta^{(t+1)} \mid \psi^{(t)}) = \sum_{n=1}^{N} \sum_{s=1}^{S} \hat{p}_{ns} \log(g_s(x_n^2, \theta^{(t+1)})) \tag{6-15}$$

$$Q_2(\beta_s^{(t+1)} \mid \psi^{(t)}) = \sum_{n=1}^{N} \sum_{s=1}^{S} \hat{p}_{ns} \log(f(y_n \mid x_n^1, \beta_s^{(t+1)})) \tag{6-16}$$

使用 EM 算法进行参数估计,使用牛顿—拉夫逊方法估计参数的显著性(Grün 和 Leisch,2008)。

第四节　实证应用

一、联合分析实验

1.实验设计

本章使用基于选择的联合实验来收集数据；智能手机被用作刺激物。预测试表明，相机像素（以百万像素计）、价格（以人民币计）、CPU速度（以MHz计）和屏幕尺寸（以英寸计）是智能手机最重要的属性。因此，将这4个属性纳入实验设计。在实验中，价格有5个水平，其他3个属性有4个水平（见表6-3）。这些属性水平基本囊括了调查时市场上最流行的智能手机型号。

表 6-3　属性及属性水平

属性	水平数量/个	属性水平
屏幕尺寸/英寸	4	2.4、3、3.5、4
CPU速度/MHz	4	400、600、800、1000
相机像素/百万像素	4	2、3、5、8
价格/元	5	2000、2500、3000、3500、4000

本章假定的智能手机有4个属性，每个属性最少有4个水平，如果采用全因子设计，将会有320个（$4^3 \times 5^1 = 320$）备选项。让受访者对如此众多的备选项进行评估或做选择是不可行的。而使用正交设计也将产生80个选择集，这对受访者来说也是一个比较大的负担。因此，本章采用了平衡设计，并通过广泛使用的SAS宏%ChoiceEff（Kuhfeld等，1994；Rooderkerk等，2011）来操作。这种方法可以让我们获得10个选择集、每个选择集中有4个备选项的设计，还能保证备选项的属性水平在各个选择集中是平衡的，且这种设计是近似的正交设计。10个选择集中有2个选择集的备选项有占优关系（dominating relationship)，其余 8 个选择集中的备选项需要仔细地比较和取舍。这样，每个受访者将对这 10 个选择集中的备选项做出 10 次选择，每个选择集包含 4 个备选项。

2. 实验过程

通过邮件邀请了 300 名受访者参与调查。在电子邮件中，参与者被邀请完成一份关于他们对智能手机的偏好的问卷。邀请函明确表示，他们的所有答案将被保密，只用于学术目的。参与者会以现金抽奖的方式获得补偿。该问卷使用 Qualtrics 在线创建。在邮件的最后，附上了问卷的分发链接，参与者只需点击链接就可以填写问卷。

在问卷中，参与者首先被要求完成 10 个选择任务。在每一个选择集中，参与者被要求从 4 部智能手机中选择 1 部。为了抵消顺序偏差，将每位参与者的选择集的顺序进行了随机化处理。选择任务之后是针对给定智能手机的 10 组排序任务。在排序任务中，要求参与者在不考虑价格的情况下对 4 个选项进行排序。这样，得到了选择集中最偏好产品（排名第一，记为 max）、最不偏好的产品（排名第四，记为 min）和平均产品（产品属性的平均值，记为 ave）。此外，为了识别内部参照产品，还要求参与者透露他们目前使用的手机型号。如果参与者不能提供其内部参照产品的属性，则根据参与者提供的手机型号查出这些属性。如果产品属性不存在于提供的手机型号中，那么它们将被设置为零。最后，参与者以 7 分量表表示他们对智能手机的熟悉程度和兴趣，并提供他们的人口统计学信息（如收入和性别等）。

3. 样本

在实验中，样本通过滚雪球抽样的方式获取，其中大部分是来高校的学生（包括本科生和研究生）。研究结束时，277 名参与者回应并完成了问卷。然而，有 3 名参与者只花了很少的时间（不到 10 分钟）就完成了问卷，这种情况十分异常，因为平均每份问卷花费的时间是 35 分钟。在仔细检查了他们的答案后，发现他们要么给出了相同的答案，要么只是简单地用 1—4 重复回答所有的问题。因此，将他们从样本中排除，剩下的 274 份问卷用于进一步的分析。

表 6-4 给出了样本的描述性统计分析。调查对象以男性居多（62.4%），

18～34 岁占 91.3%。由于样本以学生为主,他们的收入相对较低(85% 的参与者的收入不超过 6000 元/月)。

表 6-4　样本特征的描述性分析

特征	频数	占比/%
性别		
男	171	62.4
女	103	37.6
年龄		
18～24 岁	126	46.0
25～34 岁	124	45.2
35～44 岁	21	7.7
45～54 岁	3	1.1
收入		
1500 元及以下	102	37.2
1500～2999 元	52	19.0
3000～4499 元	42	15.3
4500～5999 元	37	13.5
6000～7499 元	15	5.5
7500～8999 元	11	4.0
9000～14999 元	11	4.0
15000 元及以上	4	1.5

4. 属性水平

根据每个选择集中的 4 个备选项的排序结果,最偏好产品(max)和最不偏 (min)好产品各有一个,分别是排序为第一和第四的产品。排序为第二和第三的产品分别标记为 mid2 和 mid3。表 6-5 呈现了不同产品的各属性水平频数,第 3—6 栏的数字表示不同产品各属性水平的评价次数。通过表 6-5 可以对最偏好产品、最不偏好产品及排名为第二和第三的两个产品所具有的属性形成大致的认识。

表 6-5　不同产品的各属性水平频数

属性及选择	属性水平	max	min	mid2	mid3
屏幕尺寸/英寸	2.4	341	1183	495	721
	3	853	357	695	835
	3.5	604	517	1029	590
	4	942	683	521	594
CPU 速度/MHz	400	232	1454	372	682
	600	439	502	799	1000
	800	626	471	1061	582
	1000	1443	313	508	476
相机像素/百万像素	2	397	1058	540	745
	3	466	647	842	785
	5	769	575	858	538
	8	1108	460	500	672
价格/元	2000	324	899	439	530
	2500	484	596	498	614
	3000	470	471	663	588
	3500	469	569	562	592
	4000	993	683	578	416
选择(0 表示否; 1 表示是)	0	1634	2447	1872	2267
	1	1106	293	868	473

从表 6-5 可知,属性值越大的产品,越有可能被受访者认为是最偏好的产品,价格属性在产品排序时没有被考虑在内,但价格同其他属性值呈正相关,即属性值越大,价格越高。属性值越小的产品,越有可能被受访者认为是最不偏好的产品。而属性值居于中间水平的产品会被受访者认为是平均产品。在产品选择时,最不偏好产品被选择的次数最少(293 次),被选择次数最多的是居于中间水平的产品(即 mid2 和 mid3 合计为 1341 次),其次是最偏好的产品(1106 次)。

二、模型比较

对于每个受访者,前七个选择决策作为估计样本,用于模型参数估计;其余三个选择决策作为保留样本,用于预测。本章使用 LL(对数似然函数)、AIC(赤池信息量准则)、BIC(贝叶斯信息准则)三个指标来比较不同模型的样本内拟合。为了检验样本外有效性和预测能力,计算了不同模型的样本外命中率(hit ratio)、平均绝对误差(MAE)和根似然(RLH)。本章进行了两组比较。首先,将传统多项选择模型(m1—mnl)与只考虑一个参照产品的模型(m2—m5)以及只考虑四个参照产品而不考虑产品本身属性级别的模型(m6)进行了比较,从而检验比较是否影响消费者的选择。其次,将本章提出的 ME 模型与各个竞争模型进行比较,并检验其是否具有更好的拟合性。

由于 m1 嵌套在 m2—m5 中,本章计算了 m1 与每个竞争模型的似然比(见表 6-6 中的比较 1 和 LR1)。结果表明,m1 与 m2—m5 之间的 LR1 统计量均显著($p<0.001$),表明包含一个参照产品的选择模型比传统的选择模型能更好地解释消费者的选择决策。另外,只考虑产品属性的比较效应(而不考虑产品属性的部分价值效用)的 m6 在 LL、AIC 和 BIC 方面都优于传统模型。这些发现进一步强化了比较在消费者选择决策中起重要作用的结论。

表 6-6 的结果也表明,本章提出的 ME 模型在 LL、AIC 和 BIC 方面具有更好的样本内拟合。其中,m9 的 LL 最大,AIC 和 BIC 最低。由于 m1—m6 都嵌套在模型 m9 中,本章使用似然比检验将 m9 与这些竞争模型进行比较。m9 和 m1—m6 之间的 LR2 统计表明,引入多个参照产品的模型能更好地拟合数据($p<0.001$),说明消费者在做出选择决策时可能会使用多个参照产品。这与 Mayhew 和 Winer(1992)的结论是一致的,他们发现消费者在做出购买决定时使用多个参照点来评估价格。该模型在 LL、AIC 和 BIC 方面也优于 RRM 模型和情境 RUM 模型。

表6-6　模型拟合度比较（样本内）

模型	LL	AIC	BIC	参数个数	比较1	LR1	比较2	LR2
模型-mnl(m1)	-2465.8	4939.7	4961.8	4			m1 vs. m9	363.92***
模型-max(m2)	-2427.2	4870.4	4914.9	8	m2 vs. m1	77.2***	m2 vs. m9	286.72***
模型-min(m3)	-2447.4	4910.8	4955.3	8	m3 vs. m1	36.8***	m3 vs. m9	327.12***
模型-ave(m4)	-2456.4	4928.8	4973.3	8	m4 vs. m1	18.8***	m4 vs. m9	345.12***
模型-int(m5)	-2443.9	4903.8	4948.3	8	m5 vs. m1	43.8***	m5 vs. m9	320.12***
模型-ref(m6)	-2374.1	4810.1	4982.5	31			m6 vs. m9	180.45***
模型-reg(m7)	-2407.8	4823.6	4845.8	4				
模型-cont(m8)	-2433.0	4936.0	4903.8	5				
模型-ME(m9)	-2283.8	4637.7	4832.2	35				

注：*** $p < 0.001$。

接下来比较不同模型的样本外命中率、MAE 和 RLH。从表 6-7 可以看出，m2—m6 的样本外命中率高于模型 m1。m2—m6 的 MAE 低于 m1。在所有模型中，本章提出的 ME 模型的样本外命中率最高，为 47%，MAE 最低，为 16.39，RLH 相对较高，为 0.278，表明 ME 模型在样本外预测方面优于所有竞争模型。

表 6-7　模型拟合度比较(样本外)

模型	命中率	MAE	RLH
模型-mnl(m1)	0.41	29.50	0.277
模型-max(m2)	0.42	18.86	0.272
模型-min(m3)	0.41	26.34	0.278
模型-ave(m4)	0.41	28.04	0.277
模型-int(m5)	0.41	27.07	0.278
模型-comp(m6)	0.44	18.34	0.277
模型-reg(m7)	0.41	29.50	0.271
模型-cont(m8)	0.42	19.65	0.268
模型-ME(m9)	0.47	16.39	0.278

三、主要发现

1. 参照产品对消费者选择的影响

专家函数的估计见表 6-8。本章发现，屏幕尺寸、CPU 速度和相机像素对消费者的选择决策有正向影响，而价格对选择智能手机的概率有负向影响。这说明消费者倾向于选择屏幕更大、处理速度更快、相机像素更高、价格更低的智能手机。这些发现与本章的预期一致。然而，与 ME 模型(m9)相比，其他竞争模型(例如，m1—m5)可能低估了屏幕尺寸、CPU 速度和相机像素的正向影响，而高估了价格的负向影响。例如，m1 中的屏幕尺寸系数、CPU 速度系数、相机像素系数分别比 ME 模型低 63.77%、37.21%、52.86%。为比较 ME 模型与传统选择模型(m1)四个产品属性的系数，本章通过自助法(bootstrapping)测试这些

表 6-8　模型参数估计（专家函数）

变量	模型-mnl (m1)	模型-max (m2)	模型-min (m3)	模型-ave (m4)	模型-int (m5)	模型-comp (m6)	模型-reg (m7)	模型-cont (m8)	模型-ME (m9)
屏幕尺寸	0.217*** [0.025]	0.378*** [0.060]	0.271*** [0.060]	0.086 [0.048]	0.522*** [0.101]		0.106*** [0.013]	0.216*** [0.025]	0.599*** [0.113]
CPU 速度	0.464*** [0.032]	0.710*** [0.061]	0.476*** [0.069]	0.327*** [0.057]	0.516*** [0.056]		0.274*** [0.018]	0.47*** [0.033]	0.739*** [0.085]
相机像素	0.214*** [0.030]	0.518*** [0.056]	0.052 [0.061]	0.1067* [0.054]	0.28*** [0.037]		0.149*** [0.018]	0.208*** [0.031]	0.454*** [0.062]
价格	-0.568*** [0.037]	-0.457*** [0.064]	-0.807*** [0.074]	-0.532*** [0.062]	-0.478*** [0.048]		-0.34*** [0.022]	-0.565*** [0.037]	-0.137 [0.073]
comp_dist								-0.001 [0.09]	
maxscrr		-0.201** [0.067]				0.171* [0.072]			-0.508*** [0.160]
maxcpur		-0.321*** [0.065]				0.107 [0.101]			-0.433*** [0.132]
maxcamr		-0.377*** [0.063]				0.230* [0.106]			-0.576*** [0.106]
maxprir		-0.123 [0.068]				-1.358*** [0.161]			-1.083*** [0.151]
minscrr			-0.075 [0.068]			0.165 [0.101]			-2.002** [0.773]
mincpur			-0.028 [0.077]			0.684*** [0.124]			3.379*** [1.287]

续　表

变量	模型-mnl (m1)	模型-max (m2)	模型-min (m3)	模型-ave (m4)	模型-int (m5)	模型-comp (m6)	模型-reg (m7)	模型-cont (m8)	模型-ME (m9)
mincamr			0.203**			0.523***			2.694*
			[0.064]			[0.090]			[1.202]
minprir			0.321***			−0.046			0.298
			[0.077]			[0.096]			[0.466]
avescrr				0.162**		0.631***			0.0002
				[0.051]		[0.127]			[0.215]
avecpur				0.166**		1.736***			0.994***
				[0.059]		[0.278]			[0.293]
avecamr				0.119*		−0.309			−0.606***
				[0.054]		[0.223]			[0.164]
aveprir				−0.040		−1.120***			−0.4332
				[0.060]		[0.188]			[0.222]
intscrr					−0.519**	0.779**			−0.629**
					[0.166]	[0.142]			[0.203]
intcpur					−0.106	0.880***			−1.086***
					[0.102]	[0.212]			[0.179]
intcamr					−0.205**	−0.292			−0.257
					[0.065]	[0.193]			[0.145]
intprir					−0.435**	−1.971**			−0.91**
					[0.149]	[0.630]			[0.339]

注：（1）方括号中的数值是标准差。（2）*** $p<0.001$，** $p<0.01$，* $p<0.05$。（3）对消费者 n，maxscrr 为 $(x^1_{njk|C} - x^1_{n,\max,k|(C-j)})$ / $x^1_{n,\max,k|(C-j)}$，其中属性 k 指的是屏幕尺寸，其系数为式(6-1)中的 β_{i1}。而 maxcpur，maxcamr 和 maxprir 分别表示相应产品的 CPU 速度，相机像素和价格的比值；以 min，ave 和 int 开头的变量与以 max 开头的变量定义类似，不过相比较的产品由最受偏好产品换成最不偏好产品，平均产品和内部参照产品。

差异,从原始数据中使用放回抽样随机抽取 500 个样本,并分别运行两个模型。然后,得到了各模型重采样参数的自助分布(bootstrapped distribution),用于检验效应量差异的显著性。使用自助法来测试显著性(Hesterberg 等,2005),发现它们都是统计上显著的(见表 6-9)。因此,在离散选择模型中引入比较效应对于充分理解不同属性层次的部分值效用具有重要意义。

表 6-9 平均系数差异

项目	屏幕尺寸	CPU 速度	相机像素	价格
模型-ME(m9)	0.654	0.804	0.561	−0.090
模型-mnl(m1)	0.216	0.471	0.209	−0.566
平均差异	0.438***	0.333***	0.352***	0.476***

注:*** $p < 0.001$。

在比较效应方面,四种参照产品对消费者的选择决策有不同的影响。首先,根据 ME 模型(m9),当消费者与最偏好产品进行比较时,选择智能手机的概率受到所有比较变量的显著影响。虽然屏幕大小、CPU 速度和相机像素通常对选择智能手机的概率有正向影响,但与最偏好产品进行比较的影响是负向的。在价格上,它与最偏好产品的比较也有负向的影响。因此,在其他条件相同的情况下,如果消费者最偏好的产品在价格上更高,那么他们更喜欢焦点产品。最偏好产品似乎是选择集中的一个极端选项,而焦点产品作为一个折中选项对消费者更具吸引力。

其次,当消费者比较最不偏好产品时,选择焦点产品的概率受大多数比较变量的影响,但不受价格比较的影响。在其他条件相同的情况下,最不偏好产品(相对于焦点产品)的屏幕尺寸越大,CPU 速度越慢,相机像素越低,焦点产品对消费者的吸引力就越大。换句话说,相对于焦点产品,在重要属性(如CPU 速度和相机像素)上最不偏好产品越差,消费者越有可能选择焦点产品。屏幕尺寸的比较效应的影响是负向的,这可能是因为消费者对屏幕尺寸的非单调偏好,即不是每个人都喜欢更大的屏幕尺寸。

对于另外两种参照产品,由于消费者可能有特殊的偏好,且各种情境效应可能以不可预测的方式发挥作用,因此对比较效应的符号没有先验期望。当消费者使用平均产品作为参照产品时，CPU 速度和相机像素的比较变量显著（$p <$ 0.05）。除了 CPU 速度和相机像素有正向的影响外，平均产品（相对于焦点产品）较高的相机像素和较低的 CPU 速度将使焦点产品更有吸引力，从而更有可能被选择。这可能是因为对于智能手机用户来说，CPU 速度通常被认为比相机像素更重要。因此，当在相机像素和 CPU 速度之间进行权衡时，CPU 速度上的比较优势更有影响力，对选择焦点产品的概率有正向影响。就平均产品而言，没有发现屏幕尺寸和价格这两个属性的比较效应。

最后，对于内部参照产品，选择焦点产品的概率受到屏幕尺寸、CPU 速度和价格的比较效应的显著影响。内部参照产品的屏幕尺寸越大，CPU 速度越快，价格越高，则焦点产品越有吸引力。

2. 参照产品使用中的消费者异质性

为了理解消费者的比较策略，将估计的参数（θ_i）代入门函数中，然后对消费者进行平均。结果显示，参与者使用最偏好产品作为参照产品的概率为 51.8%，参与者使用内部参照产品的概率为 35.0%，参与者使用平均产品的概率为 9.2%，参与者使用最不偏好产品作为参照产品最小，为 4.0%。

在模型估计结果中（见表 6-10），最偏好产品作为基准，因此，门函数中的截距项表示每个参照产品相对于最偏好产品的使用情况。正截距表示对应的参照产品比最偏好的产品更有可能被使用，而负截距表示相反。总体而言，仅包含比较效应的竞争模型 m6 的截距与 m9 相比方向相同，但幅度不同。例如，在模型 m9 中，与最偏好产品相比，最不偏好产品是不太可能被用作参照产品的（$-9.432, p < 0.05$）。而在竞争模型 m6 中，最不偏好产品的截距项估计值 -7.554，该值比 m9 的估计值要小。在竞争模型 m6 中，消费者特征的影响与 m9 有很大的不同。这是因为竞争模型 m6 没有包括产品属性的部分值效用，这可能会使对比较效应的估计产生偏差。因此，这里主要讨论本章所提的模型 m9 的详细估计结果。

表 6-10　模型参数估计（门函数）

变量		模型-comp(m6)	模型-ME(m9)
门函数-min	截距	−7.554* [3.115]	−9.432* [4.156]
	log(收入)	0.670 [0.358]	0.862 [0.489]
	性别-女	1.00* [0.438]	−0.056 [0.820]
	产品熟悉度	0.192 [0.158]	−0.234 [0.259]
	产品兴趣	0.162 [0.164]	0.171 [0.249]
门函数-ave	截距	−4.356 [3.788]	−6.404 [4.348]
	log(收入)	0.090 [0.463]	0.166 [0.512]
	性别-女	−0.726 [0.655]	−0.365 [0.683]
	产品熟悉度	0.133 [0.184]	−0.572* [0.241]
	产品兴趣	0.513* [0.212]	1.031** [0.315]
门函数-int	截距	−10.291** [3.900]	−2.683 [2.244]
	log(收入)	1.031* [0.449]	0.226 [0.267]
	性别-女	0.796 [0.546]	0.751* [0.358]
	产品熟悉度	0.325 [0.186]	0.002 [0.124]
	产品兴趣	0.056 [0.190]	0.036 [0.120]

注:方括号中的数值是标准差;*** $p < 0.001$,** $p < 0.01$,* $p < 0.05$。

从表 6-10 可以看出,消费者对不同参照产品的使用存在异质性。特别是那些对产品不太熟悉的消费者,其使用平均产品作为参照产品的概率更高($-0.572, p < 0.05$)。这一发现与先前关于构建消费者偏好的推断效应的文献一致,表明"新手"消费者更可能使用可用信息中的平均值来形成他们的偏好(Prelec 等, 1997)。当消费者对产品类别不太熟悉时,选择集中的平均或折中选项是一个更安全的选择,与这个参照进行比较更容易证明是合理的(Simonson, 1989)。此外,对产品感兴趣的消费者使用平均产品作为参照产品的概率更高($1.031, p < 0.01$)。

表 6-10 还显示,女性消费者更倾向于使用内部参照产品($0.751, p < 0.05$)。以前的研究很少调查性别在参照产品使用中的作用。早期的研究则表明,男性消费者倾向于使用最显著的线索,而女性消费者倾向于利用所有可用的信息(Meyers-Levy 和 Maheswaran, 1991)。在本章的研究情境中,推测男性消费者在选择集合中倾向于使用最显著的外部参照产品,而女性消费者比男性消费者对信息的利用更全面且更倾向于使用内部参照产品。

以上关于消费者使用参照产品的发现,对于营销人员确定目标市场和制定传播策略是非常实用的。

第五节　总结和讨论

本章提出的 ME 模型可以同时对消费者使用具有多属性的参照产品的行为进行估计。该模型还同时能检验消费者在使用不同参照产品时的异质性。本章用基于选择的联合实验收集的数据来测试所提出的 ME 模型,该实验使用耐用品智能手机作为实验产品,以验证消费者在多属性上的比较效应。结果表明:ME 模型在样本内拟合和样本外预测方面均优于竞争模型;消费者在做选择时可能会进行详细的比较;将多个参照产品与多个属性结合的模型可以更好地解释消费者的选择;消费者在比较智能手机等耐用品的过程中使用了四种参照产品,或者是这四种参照产品的概率组合。关于智能手机的实证研究显示,约有一半(约 51％)的受访者使用最偏好产品作为参照产品,而内部参照产品也被许多受访者使用(约 35％)。相比之下,平均产品(约 9％)和最不偏好产品(约 4％)使用不多。与之前的研究一致,消费者可能不会选择最偏好产品,但他们会将之作为参照产品,这些相对极端的选择的存在会提升焦点产品被选择的概率(Kivetz 和 Simonson,2002)。

本章的 ME 模型可以很容易地应用于其他产品类别,关于消费者使用不同参照产品的研究结果可为商业决策和决策支持系统的构建提供重要的启示。不同特征(如性别、收入、产品熟悉度、产品兴趣等)的消费者对不同参照产品的使用可能不同。关于智能手机的实证研究显示,更熟悉该产品的消费者不太可能使用平均产品(相对于最偏好产品)作为参照产品。而对产品感兴趣的消费者更经常地使用平均产品作为参照点。因此,产品熟悉度和产品兴趣可能被智能手机营销人员用作市场细分变量,以支持他们的市场定位决策。更重要的是,本章的 ME 模型结合了与外部参照产品和内部参照产品的比较效应,可以更准确地预测消费者的偏好。因此,它具有应用于许多决策支持系统的潜力。决策者不仅可以利用从基于选择的联合实验和本章的 ME 模型中获得的信息,直接了解不同目标市场的产品定位(不仅包括突出哪些属性,还包括突出哪些竞争产品),还可以改进推荐引擎。最先进的混合推荐系统依赖于内容匹配和协同过滤。本章的 ME 模型中的门函数估计为改进协同过滤提供了基础,也为企业向客户提供何种选择提供了指导,帮助企业巧妙地推动客户选择理想的产品。因此,当应用于产品推荐代理(product recommendation agents,PRAs)时,本章的 ME 模型可以提供一个更好的消费者偏好结构的近似,从而帮助企业更准确、更有效地进行产品推荐(Xiao 和 Benbasat,2018)。

本章的研究尚有局限性。首先,本章假设消费者的效用随着属性值的增加而单调地增加或减少。虽然这在本章的研究中是合理的,但在某些情况下,偏好可能表现出与属性值的非线性关系(Jordan 和 Jacobs,1994)。其次,在基于选择的联合实验中,没有考虑无选择选项,这可能会使受访者认为其他选项没有吸引力,或想要推迟他们的决定时被迫做出选择(Haaijer 等,2001),从而导致有偏差的结果。最后,在涉及更多产品及其属性、更长期的基于选择的联合实验中,随着实验的推进,受访者对参照点会有更多的了解,这种情况下,他们将如何做出选择? 这是未来可以继续研究的领域。在不同的文化和经济背景下研究不同产品(包括经常购买的产品和耐用品)的使用,或采用属性更加一般的产品的交易数据,对于突破上述研究局限性可能是富有成效的。本章希望通过这样的努力,使 ME 模型在各种类型的决策支持系统中得到更多的应用。

第七章 混合专家模型的其他问题

第六章使用的混合专家（ME）模型专家函数部分是用来拟合消费者对备择项的效用[见式（3-3）]，分为两部分：V_{attr}，由备择项属性本身产生的效用；V_{com}，备选项与参照点比较而产生的额外效用。V_{attr}部分使用的是向量模型（vector model），假设属性偏好的"线性性"（linerity），即受访者的属性喜好与属性值有线性关系。但对部分属性而言，并不是属性值越大就越受受访者喜欢或属性值越大就越不受受访者喜欢（如价格）。这时如果采用向量模型会导致参数出现偏差，进而影响模型的预测。解决办法之一是采用部分值模型，即将每个属性水平视为一个哑变量（dummy variable），但带来的问题是如果属性水平过多，会导致估计的参数过多。本章的解决办法是采用混合模型，对部分不符合"线性性"假设的属性采用部分值模型，而对符合该假设的仍使用向量模型。在整个 ME 模型中，受影响的只是 V_{attr} 部分，V_{com} 部分的设置和门函数的设置不变。

第六章的 ME 模型的另一个问题是，V_{com} 部分使用滞销冲击（sticker shock）方式引入参照点的影响，该方式假设损失和收益的影响相同，该方式不能估计损失规避系数（详见第三章）。

本章将尝试解决以上两个问题。

第一节　属性部分值非单调性

由表 6-5 可知,就 CPU 速度和相机像素两个属性来说,受访者的属性喜好与属性值有正向的线性关系,即属性值越大的产品越有可能被认为是最好的产品,属性值越小的产品越有可能被认为是最差的产品。但就屏幕尺寸这个属性而言,属性值与受访者的属性喜好没有很明显的线性关系。以最偏好产品为例,大多数受访者认为最偏好产品应该具有 4 英寸(942 次)或 3 英寸(853 次)的屏幕尺寸,而非 3.5 英寸和 2.4 英寸。这意味着,就某些属性而言,受访者并不认为属性值"越大越好"。为了解受访者的属性喜好,本章将各属性值视为分类变量,通过多元逻辑模型估计各属性值的部分值,以此衡量受访者的属性相对喜好。部分值可视作为联合试验中的刺激物的属性的边际效用(Green 和 Srinivasan,1978)。估计结果见表 7-1 及图 7-1。

表 7-1　各属性水平的部分值

变量	估计值
屏幕尺寸-3 英寸	0.574*** [0.0696]
屏幕尺寸-3.5 英寸	0.905*** [0.062]
屏幕尺寸-4 英寸	0.639*** [0.068]
CPU 速度-600MHz	0.549*** [0.066]
CPU 速度-800MHz	1.037*** [0.068]
CPU 速度-1000MHz	1.165*** [0.068]
相机像素-300 万	0.354*** [0.062]
相机像素-500 万	0.687*** [0.069]
相机像素-800 万	0.723*** [0.0698]

续　表

变量	估计值
价格-2500 元	−0.108　[0.065]
价格-3000 元	−0.376*** 　[0.069]
价格-3500 元	−0.901*** 　[0.075]
价格-4000 元	−1.662*** 　[0.093]

注:方括号中的数值是标准差;*** $p<0.001$。

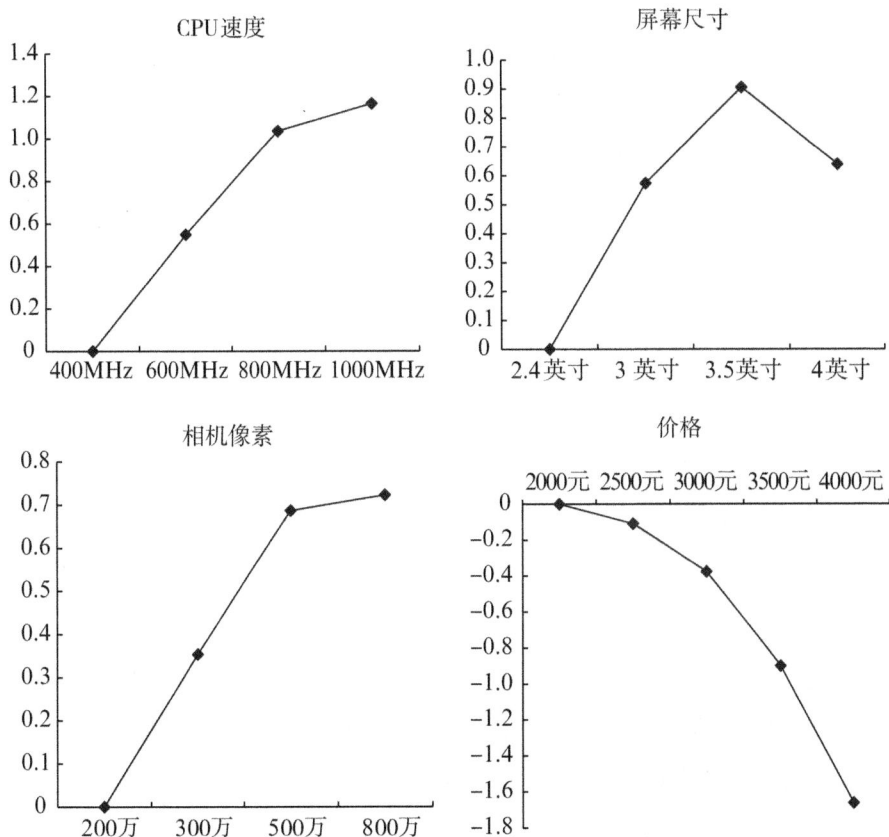

图 7-1　产品各属性水平的部分值

由表 7-1 及图 7-1 可知,相机像素、CPU 速度和价格的部分值和属性值基本上是单调的(递增或递减)。相机像素和 CPU 速度的部分值和属性值是递增的关系,即"越大越好",属性值越大越受偏好,越小越不受偏好;而价格的部分值和属性值是递减的关系,即"越少越好",属性值越小越受偏好,越大越不受偏好。但就屏幕尺寸而言,其部分值和属性值不是单调的,受访者对3.5英寸的屏幕有最大的部分值(0.905)。也就是说,受访者对屏幕尺寸的喜好并不是"越大越好",3.5寸左右是受访者在屏幕尺寸上的"理想点"。

第二节　混合专家模型—混合模型

当产品属性不完全满足"线性性"假设时,使用向量模型可能会导致参数估计的偏误。这时可采用混合模型来解决问题,即结合向量模型和部分值模型,考虑屏幕尺寸不满足"线性性"假设,对屏幕尺寸属性采用部分值模型,而对其他三个属性采用向量模型。本章使用混合模型对比了六个模型:(1)不考虑对比效应的模型-mnl(m1);(2)只考虑最偏好的产品作为比较产品的模型-max(m2);(3)只考虑最不偏好的产品作为比较产品的模型-min(m3);(4)只考虑平均产品作为比较产品的模型-ave(m4);(5)只考虑内部参照产品作为比较产品的模型-int(m5);(6)同时考虑多种参照产品的模型-ME(m6)。各模型的设置见第六章。

一、模型比较

表7-2显示,m6的AIC值和BIC值分别是4596.816和4802.5,都显著低于其他五个模型的AIC值和BIC值。以上结果说明,LL、AIC和BIC这三个指标都显示m6对数据的拟合最优,对数据的解释力度最大,因而内部效度是最好的。

同时,m1为m2—m5的嵌套模型、m1—m5为m6的嵌套模型,本章还分别对m1同m2—m5以及m1—m5同m6似然比检验做了似然比检验(比较1和LR1统计量、比较2和LR2统计量)。

从表7-2可知,m2—m5和m1的LR1统计量在 $\alpha < 0.003$ 水平上显著,

m1—m5 和 m6 的 LR2 统计量在 $\alpha < 0.001$ 水平上显著。

表 7-2　模型拟合度比较(样本内)

模型	LL	AIC	BIC	参数个数	比较 1	LR1	比较 2	LR2
模型-mnl (m1)	−2405.7	4823.4	4856.8	6			m1 vs. m6	288.584[a]
模型-max (m2)	−2380.8	4781.6	4837.2	10	m2 vs. m1	49.8[a]	m2 vs. m6	238.784[a]
模型-min (m3)	−2396.6	4813.2	4868.8	10	m3 vs. m1	18.2[a]	m3 vs. m6	270.384[a]
模型-ave (m4)	−2397.4	4814.8	4870.4	10	m4 vs. m1	16.6[b]	m4 vs. m6	271.984[a]
模型-int (m5)	−2382.8	4785.6	4841.2	10	m5 vs. m1	45.8[a]	m5 vs. m6	242.784[a]
模型-ME (m6)	−2261.4	4596.8	4802.5	37				

注:a.在 $\alpha < 0.001$ 水平上显著;b.在 $\alpha < 0.003$ 水平上显著。

从表 7-3 可以看出,考虑了比较效应的 m2—m5 的样本外命中率都要高于没有考虑比较效应的 m1,而同时考虑了多个参照点的 m6 有最高的样本外命中率(48.43%)。考虑了属性"非线性性"的 m6 的样本外命中率(48.43%)要略高于基于属性"线性性"假设的 ME 模型(47%)。

表 7-3　模型拟合度比较(样本外)

模型	命中率
模型-mnl(m1)	0.429603
模型-max(m2)	0.434416
模型-min(m3)	0.43923
模型-ave(m4)	0.433586
模型-int(m5)	0.438027
模型-ME(m6)	0.484332

二、主要发现

1. 参照产品对消费者选择的影响

就产品属性对受访者选择决策的影响而言,屏幕尺寸、CPU 速度和相机像素对选择决策都有正向影响。与其他屏幕尺寸的产品相比,受访者最偏好屏幕尺寸为 3.5 英寸的产品。此外,CPU 速度越快和相机像素越高的产品,受访者选择的可能性越大。

而价格对选择决策有负向的影响,价格越高的产品越不被受访者接受。在产品属性对受访者决策的影响上,ME 模型估计的参数至少在 0.01 的水平上是显著的。

在参照产品对消费者决策的影响方面,四种参照产品对消费者的选择决策有不同的影响(见表 7-4)。结论与第六章基本一致(见表 6-9)。

表 7-4　模型参数估计(专家函数)

变量	模型-mnl (m1)	模型-max (m2)	模型-min (m3)	模型-ave (m4)	模型-int (m5)	模型-ME (m6)
屏幕尺寸 -3 英寸	0.187*** [0.036]	0.235*** [0.042]	0.213*** [0.046]	0.148*** [0.0396]	0.356*** [0.061]	0.369*** [0.058]
屏幕尺寸 -3.5 英寸	0.417*** [0.032]	0.481*** [0.052]	0.453*** [0.057]	0.332*** [0.047]	0.726*** [0.093]	0.788*** [0.092]
屏幕尺寸 -4 英寸	0.231*** [0.034]	0.364*** [0.072]	0.306*** [0.075]	0.109* [0.059]	0.668*** [0.1295]	0.683*** [0.126]
CPU 速度	0.408*** [0.033]	0.629*** [0.062]	0.443*** [0.0695]	0.268*** [0.058]	0.471*** [0.057]	0.564*** [0.077]
相机像素	0.136*** [0.032]	0.379*** [0.059]	0.05*** [0.063]	0.031 [0.056]	0.206*** [0.038]	0.275*** [0.06]
价格	−0.479*** [0.038]	−0.397*** [0.064]	−0.661*** [0.075]	−0.459*** [0.063]	−0.381*** [0.049]	−0.23** [0.086]
maxscrr		−0.148* [0.069]				−0.615*** [0.149]

变量	模型-mnl（m1）	模型-max（m2）	模型-min（m3）	模型-ave（m4）	模型-int（m5）	模型-ME（m6）
maxcpur	−0.28*** [0.066]					−0.433*** [0.117]
maxcamr	−0.298*** [0.0676]					−0.596*** [0.114]
maxprir	−0.107 [0.067]					−1.015*** [0.17]
minscrr			−0.085 [0.069]			−2.276*** [0.65]
mincpur			−0.0498 [0.077]			3.809*** [1.087]
mincamr			0.113` [0.066]			3.374*** [0.972]
minprir			0.234** [0.075]			0.764` [0.42]
avescrr				0.132* [0.053]		0.111 [0.242]
avecpur				0.178** [0.061]		1.215*** [0.356]
avecamr				0.119* [0.054]		−0.385* [0.173]
aveprir				−0.027 [0.059]		−0.182 [0.207]
intscrr					−0.637*** [0.181]	−0.541** [0.199]
intcpur					−0.133 [0.104]	−0.73*** [0.21]
intcamr					−0.225*** [0.067]	−0.138 [0.125]
intprir					−0.472** [0.152]	0.405 [0.421]

注：方括号中的数值是标准差；*** $p < 0.001$，** $p < 0.01$，* $p < 0.05$，` $p < 0.1$。

三、参照产品使用中的消费者异质性

为了理解消费者的比较策略,将估计的参数(θ_i)代入门函数中,然后对消费者进行平均。使用混合模型的 ME 模型和使用向量模型的 ME 模型在估计受访者对四种比较产品的选择上,略有不同。平均而言(见表 7-5),受访者以 48.5％的概率使用最偏好产品作为比较产品,以 36.9％的概率使用内部参照产品作为比较产品,以 4.5％的概率使用最不偏好产品作为比较产品,以 10.1％的概率使用平均产品作为比较产品,即使用最多的是最偏好的产品和内部参照产品,使用最少的是最不偏好产品。

表 7-5　不同参照产品的选择权重

最偏好产品	最不偏好产品	平均产品	内部参照产品
0.485	0.045	0.101	0.369

在模型估计结果中(见表 7-6),以最偏好产品作为基准,因此,门函数中的截距项表示每个参照产品相对于最偏好产品的使用情况。从表 7-6 可以看出,消费者对不同参照产品的使用存在异质性。特别是对产品不太熟悉的消费者,其使用平均产品作为参照产品的概率更高($-0.409, p < 0.1$)。对产品感兴趣的消费者使用平均产品作为参照产品的概率更高($0.836, p < 0.01$)。同时,女性消费者更倾向于使用内部参照产品($0.799, p < 0.05$)。

总体而言,考虑了属性"非线性性",使用混合模型的 ME 模型在 LL、AIC 和 BIC 三个指标上均优于使用向量模型的 ME 模型;在衡量外部效度的命中率指标上,使用混合模型的 ME 模型略好于使用向量模型的 ME 模型。在参数估计方面,参数的方向没有改变,但强度略有不同。从使用混合模型的 ME 模型和使用向量模型的 ME 模型中均可得知,受访者在产品选择时可能会同时与多个参照产品进行比较,但在不同参照产品的使用上,选择的权重会有不同,受访者更倾向于使用最偏好产品和内部参照产品作为比较产品,较少使用最不偏好产品和平均产品作为比较产品。具体到个人,选择何种参照产品作为比较产品受收入、性别、产品熟悉度和产品兴趣等的影响。

表 7-6　模型参数估计(门函数)

变量		(m6)模型-ME
门函数-min	截距	−1.422 [4.056]
	log(收入)	−0.155 [0.495]
	性别-女	0.058 [0.686]
	产品熟悉度	−0.126 [0.228]
	产品兴趣	0.156 [0.227]
门函数-ave	截距	−2.97 [3.952]
	log(收入)	−0.1698 [0.4583]
	性别-女	−0.675 [0.729]
	产品熟悉度	−0.409˙ [0.231]
	产品兴趣	0.836** [0.298]
门函数-int	截距	−0.723 [2.259]
	log(收入)	−0.058 [0.268]
	性别-女	0.799* 0.347
	产品熟悉度	0.081 [0.12]
	产品兴趣	0.049 [0.122]

注:方括号中的数值是标准差;** $p<0.01$, * $p<0.05$, ˙ $p<0.1$。

第三节　混合专家模型—自助法

本章选用的外部参照产品是当前选择集中除焦点产品之外的其他备择产品,外部参照产品类型(最偏好产品、最不偏好产品和平均产品)的确定没有考虑价格,而且参照产品是消费者对当前选择集中产品的总体印象,而非属性层面的排序。在产品选择比较过程中,价格会成为一个很重要的考虑因素,因此焦点产品的属性水平既可能高于作为参照产品的其他备择产品的属性水平,也可能低于其他备择产品的属性水平,这样会使与参照产品有关的构造变量既可能是正的也可能是负的,从而在模型参数的解释上造成一定的麻烦。本章选用的内部参照产品,也会有类似的情况。为了进一步明确当焦点产品的属性水平高于或低于参照产品的属性水平时对焦点产品的选择造成的影响,本章分别将四个参照产品的构造变量进一步分解为正部和负部,并分别对这两个部分用本章提出的模型进行参数估计。将有关参照产品的构造变量分解为正部和负部后有较多的 0 值,因此能使用 EM 算法进行参数估计,但部分参数的标准差不能通过牛顿—拉夫逊方法得到。为了解决这个问题,本章采用自助法计算参数的标准差。由于部分产品属性不满足"线性性"的假设,本章将在第二节介绍的混合模型的基础上,将焦点产品与参照产品的比较进一步分解为正部和负部。具体步骤如下:

(1)将有关 max 参照产品的构造变量 maxcpur、maxcamr、maxprir 和 maxscrr 分成正部(这些变量为正时,保持不变;为负时,取 0)和负部(这些变量为负时,保持不变;为正时,取 0)。其他变量保持不变。

(2)根据估计样本的选择集的个数($274 \times 4 = 1918$),用简单随机放回抽样抽取 1918 个样本(Davison 和 Hinkley,1997;Grün 和 Leisch,2004:1115-1122;Grün 和 Leisch,2010)。为了计算参数的标准差,进行 100 次简单随机放回抽样。

（3）分别对每次抽样的 max 参照产品的构造变量的正部和其他变量估计参数以及对 max 参照产品的构造变量的负部和其他变量估计参数。参数的标准差就是根据上述 100 次抽样的估计参数计算的结果。

（4）分别将 min 参照产品的构造变量（mincpur、mincamr、minscrr 和 minprir）、ave 参照产品的构造变量（avecpur、avecamr、avescrr 和 aveprir）、int 参照产品的构造变量（intcpur、intcamr、intscrr 和 intprir）分为正部和负部并执行以上步骤。参数估计结果见表 7-7。

由表 7-7 可知，当 maxscrr、maxcpur、maxcamr 和 maxprir 为正时，即当使用最偏好产品作为参照产品，且焦点产品的属性值高于参照产品的属性值时，maxscrr、maxcpur、maxcamr 和 maxprir 的参数均为负值，而且 maxscrr、maxcpur 和 maxcamr 的参数至少在 0.001 水平上是显著的，maxprir 的参数不显著。这意味着焦点产品的属性值越高于作为参照产品的最偏好产品的属性值，焦点产品越不可能被选择。当 maxscrr、maxcpur、maxcamr 和 maxprir 为负时，即当使用最偏产品作为参照产品，且焦点产品的属性值低于参照产品的属性值时，maxscrr、maxcpur 和 maxcamr 参数均为正值，maxprir 参数为负值，而且 maxscrr、maxcpur 和 maxprir 的参数至少在 0.001 水平上是显著的，maxcamr 的参数不显著。这意味着焦点产品的属性值（价格除外）越低于作为参照产品的最偏好产品的属性值，焦点产品越不可能被选择，价格当然是越低越好。对比没有对 maxscrr、maxcpur、maxcamr 和 maxprir 等变量分为正负部的结果，可以将 maxscrr、maxcpur、maxcamr 和 maxprir 的参数结果解释为，焦点产品离作为参照产品的最偏好产品越远越不可能被选择，离作为参照产品的最偏好产品越近越可能被选择，即最偏好产品可以被理解为消费者心目中的理想产品。

表 7-7 模型参数估计

参数	normal估计值	max-正部估计值	max-负部估计值	min-正部估计值	min-负部估计值	ave-正部估计值	ave-负部估计值	int-正部估计值	int-负部估计值
屏幕尺寸-3英寸	0.369*** [0.058]	0.164*** [0.044]	0.200*** [0.051]	0.157** [0.042]	0.115** [0.040]	0.144*** [0.041]	0.186*** [0.044]	0.127** [0.042]	0.107* [0.043]
屏幕尺寸-3.5英寸	0.788*** [0.092]	0.467*** [0.039]	0.435*** [0.043]	0.410*** [0.034]	0.438*** [0.037]	0.432*** [0.039]	0.457*** [0.039]	0.414*** [0.039]	0.360*** [0.038]
屏幕尺寸-4英寸	0.683*** [0.126]	0.342*** [0.043]	0.249*** [0.047]	0.256*** [0.041]	0.305*** [0.042]	0.285*** [0.038]	0.331*** [0.045]	0.250*** [0.045]	0.180*** [0.040]
CPU速度	0.564*** [0.077]	0.434*** [0.035]	0.371*** [0.045]	0.425*** [0.036]	0.431*** [0.040]	0.465*** [0.033]	0.395*** [0.039]	0.430*** [0.032]	0.374*** [0.036]
相机像素	0.275*** [0.06]	0.190*** [0.043]	0.136*** [0.040]	0.183*** [0.035]	0.186*** [0.033]	0.210*** [0.035]	0.128*** [0.039]	0.164*** [0.034]	0.095** [0.036]
价格	−0.23** [0.086]	−0.448*** [0.037]	−0.445*** [0.048]	−0.432*** [0.041]	−0.512*** [0.045]	−0.454*** [0.041]	−0.466*** [0.046]	−0.468*** [0.043]	−0.449*** [0.043]
maxscrr	−0.615*** [0.149]	−0.188*** [0.047]	0.118* [0.055]	−0.032 [0.025]	−0.083*** [0.026]	−0.066*** [0.021]	−0.053. [0.029]	−0.038. [0.022]	0.005 [0.022]
maxpur	−0.433*** [0.117]	−0.237*** [0.050]	0.383*** [0.072]	−0.116*** [0.027]	−0.071*** [0.026]	−0.115*** [0.029]	−0.069** [0.030]	−0.100*** [0.023]	−0.059** [0.024]
maxcamr	−0.596*** [0.114]	−0.263*** [0.043]	0.138. [0.074]	−0.155*** [0.026]	−0.100*** [0.029]	−0.146*** [0.029]	−0.103*** [0.032]	−0.115*** [0.022]	−0.064** [0.028]
maxprir	−1.015*** [0.17]	0.020 [0.048]	−0.292*** [0.059]	−0.033 [0.029]	0.025 [0.032]	−0.022 [0.030]	0.011 [0.029]	0.021 [0.024]	0.003 [0.028]

续　表

参数	normal 估计值	max-正部 估计值	max-负部 估计值	min-正部 估计值	min-负部 估计值	ave-正部 估计值	ave-负部 估计值	int-正部 估计值	int-负部 估计值
minscrr	-2.276*** [0.65]	-0.085*** [0.017]	0.021 [0.026]	0.015 [0.043]	-0.220*** [0.039]	-0.067*** [0.018]	-0.060* [0.028]	-0.052*** [0.015]	-0.004 [0.017]
mincpur	3.809*** [1.087]	-0.029 [0.020]	0.077** [0.029]	-0.048 [0.054]	0.074 [0.064]	-0.037 [0.021]	0.011 [0.029]	-0.029 [0.018]	0.012 [0.022]
mincamr	3.374*** [0.972]	-0.059** [0.021]	0.011 [0.022]	-0.111** [0.042]	0.086· [0.052]	-0.067*** [0.019]	-0.008 [0.025]	-0.029 [0.018]	0.024 [0.022]
minprir	0.764· [0.42]	0.009 [0.023]	-0.027 [0.027]	-0.159** [0.060]	0.104· [0.054]	-0.009 [0.025]	0.015 [0.028]	0.032 [0.021]	0.010 [0.027]
avescrr	0.111 [0.242]	-0.043* [0.019]	0.049* [0.023]	0.008 [0.019]	-0.034 [0.025]	0.020 [0.039]	-0.049 [0.052]	0.004 [0.020]	0.044* [0.019]
avecpur	1.215*** [0.356]	0.015 [0.023]	0.130*** [0.034]	0.018 [0.027]	0.070* [0.032]	-0.075 [0.044]	0.288*** [0.071]	0.038. [0.022]	0.080** [0.026]
avecamr	-0.385* [0.173]	-0.025 [0.019]	0.030 [0.027]	-0.025 [0.021]	0.021 [0.025]	-0.136*** [0.035]	0.246*** [0.058]	0.006 [0.017]	0.045* [0.021]
aveprir	-0.182 [0.207]	-0.041* [0.024]	-0.077* [0.033]	-0.074** [0.027]	-0.036 [0.029]	-0.018 [0.048]	-0.128* [0.057]	-0.029 [0.022]	-0.048* [0.024]

续 表

参数	normal 估计值	max-正部 估计值	max-负部 估计值	min-正部 估计值	min-负部 估计值	ave-正部 估计值	ave-负部 估计值	int-正部 估计值	int-负部 估计值
intscrr	-0.541** [0.199]	-0.151*** [0.027]	0.008 [0.032]	-0.058* [0.025]	-0.148*** [0.029]	-0.107*** [0.027]	-0.106** [0.037]	-0.118* [0.051]	0.087 [0.069]
intcpur	-0.73*** [0.21]	-0.023 [0.040]	0.133* [0.056]	-0.032 [0.046]	0.029 [0.046]	-0.050 [0.045]	0.039 [0.051]	-0.053 [0.056]	0.385** [0.146]
intcamr	-0.138 [0.125]	-0.218*** [0.052]	-0.137** [0.052]	-0.250*** [0.058]	-0.174*** [0.046]	-0.235*** [0.053]	-0.182** [0.055]	-0.230*** [0.048]	0.353 [0.187]
intprir	0.405 [0.421]	-0.310*** [0.089]	-0.398*** [0.119]	-0.389*** [0.112]	-0.236** [0.086]	-0.324** [0.104]	-0.293** [0.109]	-0.206 [0.111]	-0.862** [0.266]
截距	-1.422 [4.056]	-1.407 [1.588]	-0.594 [1.646]	-0.552 [1.611]	-1.475 [1.801]	-1.432 [1.518]	-0.784 [1.287]	-1.685 [2.755]	-1.379 [1.542]
log(收入)	-0.155 [0.495]	0.056 [0.187]	0.077 [0.188]	-0.012 [0.199]	0.112 [0.223]	0.063 [0.171]	0.018 [0.157]	0.116 [0.277]	0.105 [0.186]
权重系数-min 性别-女	0.058 [0.686]	0.058 [0.245]	0.079 [0.262]	0.037 [0.263]	0.345 [0.256]	0.152 [0.244]	0.179 [0.251]	0.263 [0.391]	0.224 [0.264]
产品熟悉度	-0.126 [0.228]	-0.006 [0.096]	0.010 [0.094]	0.032 [0.104]	0.045 [0.103]	0.009 [0.085]	0.021 [0.096]	0.010 [0.106]	0.035 [0.089]
产品兴趣	0.156 [0.227]	0.093 [0.091]	-0.042 [0.099]	0.066 [0.095]	0.081 [0.080]	0.111 [0.090]	0.079 [0.093]	0.087 [0.094]	0.048 [0.086]

续　表

参数		normal 估计值	max-正部 估计值	max-负部 估计值	min-正部 估计值	min-负部 估计值	ave-正部 估计值	ave-负部 估计值	int-正部 估计值	int-负部 估计值
权重系数-ave	截距	-2.97 [3.952]	-1.433 [1.721]	-0.485 [1.631]	-1.486 1.707	-1.456 1.733	-1.169 [1.485]	-2.006 [1.719]	-1.936 [3.414]	-1.320 [1.495]
	log(收入)	-0.1698 [0.4583]	0.045 [0.202]	0.038 [0.194]	0.057 0.199	0.061 0.213	0.032 [0.183]	0.155 [0.197]	0.124 [0.284]	0.061 [0.169]
	性别-女	-0.675 [0.729]	-0.034 [0.247]	0.033 [0.262]	0.137 0.247	0.123 0.258	0.072 [0.248]	0.293 [0.285]	0.132 [0.270]	0.180 [0.265]
	产品熟悉度	-0.409· [0.231]	-0.033 [0.094]	0.018 [0.085]	0.017 0.098	-0.012 0.103	0.020 [0.093]	-0.008 [0.094]	-0.006 [0.100]	0.031 [0.084]
	产品兴趣	0.836** [0.298]	0.141 [0.109]	0.007 [0.091]	0.139 0.093	0.159 0.111	0.115 [0.093]	0.174 [0.106]	0.146 [0.240]	0.116 [0.079]
权重系数-int	截距	-0.723 [2.259]	0.253 [1.627]	0.896 [1.630]	-0.436 1.553	0.916 1.581	-0.182 [1.526]	0.566 [1.460]	0.037 [1.392]	-0.749 [1.475]
	log(收入)	-0.058 [0.268]	-0.016 [0.209]	-0.006 [0.199]	0.057 0.191	-0.067 0.192	0.033 [0.184]	-0.027 [0.191]	0.039 [0.175]	0.019 [0.182]
	性别-女	0.799* 0.347	-0.227 [0.274]	-0.261 [0.268]	-0.064 0.244	-0.174 0.250	-0.086 [0.240]	-0.170 [0.268]	-0.055 [0.257]	0.157 [0.210]
	产品熟悉度	0.081 [0.12]	-0.077 [0.094]	-0.028 [0.090]	-0.016 0.088	-0.065 0.084	-0.048 [0.079]	-0.050 [0.089]	-0.063 [0.077]	-0.006 [0.084]
	产品兴趣	0.049 [0.122]	0.017 [0.093]	-0.105 [0.087]	0.026 0.082	0.014 0.086	0.033 [0.076]	0.007 [0.085]	0.011 [0.088]	0.110 [0.073]

注:方括号中的数值是标准差；*** $p<0.001$，** $p<0.01$，* $p<0.05$，· $p<0.1$。

当 mincpur、mincamr、minprir 和 minscrr 为正时,即当使用最不偏好产品作为参照产品,且焦点产品的属性值高于参照产品的属性值时,mincamr 和 minprir 的参数均为负值,且至少在 0.01 的水平上是显著的,minscrr 和 mincpur 的参数不显著。这表示,焦点产品的属性值越高于作为参照产品的最不偏好产品的属性值,焦点产品越不可能被选择。当 mincpur、mincamr、minprir 和 minscrr 为负时,即当使用最不偏好产品作为参照产品时,且焦点产品的属性值低于参照产品的属性值,minscrr 的参数为负。这表示焦点产品屏幕大小越低于作为比较产品的最差产品,越可能被选择,这可能与消费者对屏幕大小的偏好非线性有关。而 mincamr 和 minprir 的参数均为正值,且至少在 0.1 的水平上显著。这意味着焦点产品的相机像素和价格越低于作为比较产品的最不偏好产品,越不可能被选择。即在选择最不偏好产品作为参照产品时,相机像素和价格高于或低于参照产品的焦点产品均不易被选择。对比没有将 mincpur、mincamr、minprir 和 minscrr 等变量分为正部和负部的结果,仅从相机像素和价格两个属性上判断,消费者不倾向于使用最不偏好产品作为比较产品。但在屏幕尺寸上估计的参数与预期的不符,则可能与屏幕尺寸不满足"线性性"的假设有关。

当 avecpur、avecamr、aveprir 和 avescrr 为正时,即当使用平均产品作为参照产品,且焦点产品的属性值高于参照产品的属性值时,avecamr 的参数为负值,且至少在 0.001 的水平上是显著的。这意味着,焦点产品的相机像素越高于作为参照产品的平均产品,焦点产品越不可能被选择。CPU 速度、屏幕尺寸和价格这几个变量的参数不显著。当 avecpur、avecamr、aveprir 和 avescrr 为负时,即当使用平均产品作为参照产品,且焦点产品的属性值低于参照产品的属性值时,avecpur 和 avecamr 的参数均为正值,且至少在 0.001 的水平上显著。这意味着,焦点产品的 CPU 速度和相机像素越低于作为参照产品的平均产品,焦点产品越不可能被选择。对比没有 avecpur、avecamr、avescrr 和 aveprir 等变量分为正负部的结果,焦点产品的 CPU 速度越高于作为参照产品的平均产品,消费者越有可能选择焦点产品;而焦点产品的相机像素距离参照产品的相机像素越远越不可能被选择,只有最接近平均产品相机像素的焦点产品才最有可能被选择。

当 intcpur、intcamr、intscrr 和 intprir 为正时,即当使用内部参照产品作为参照产品,且焦点产品的属性值高于参照产品的属性值时,intcamr 和 intscrr 的参数均为负值,且至少在 0.05 的水平上显著。这意味着焦点产品相机像素和屏幕尺寸越高于作为参照产品的内部参照产品,焦点产品越不可能被选择。当 intcpur、intcamr、intscrr 和 intprir 为负时,即当使用内部参照产品作为参照产品,且焦点产品的属性值低于参照产品的属性值时,intcpur 的参数为正值,intprir 参数为负值,且至少在 0.01 的水平上显著。这意味着焦点产品的 CPU 速度越低于作为参照产品的内部产品,焦点产品越不可能被选择。对比没有 intcpur、intcamr、intscrr 和 intprir 等变量分为正负部的结果,选用内部产品作参照产品时,焦点产品的 CPU 速度距离作为参照产品的内部产品相应的属性越远越不太可能被选择,越近越可能被选择。

第四节　属性损失规避

ME 模型(见图 6-1)不能估计属性的损失规避系数。主要原因是:首先,如果将 V_{com} 部分使用的滞销冲击方式改为参照效应方式,即将焦点产品与参照产品的差进一步分解为收益项和损失项,会导致原来的需要估计的四个专家函数增加为八个。原来每个焦点产品与其中一个参照产品的差(基于属性的比较)为一个专家函数,该差值分解为收益项和损失项后变为两个专家函数。其次,专家函数的选择由门函数决定,也就是说损失项(一个专家)与收益项(另一个专家)中对应属性系数的比值与传统意义上损失规避系数的定义完全不一样。

为了探索不同属性的损失规避系数,本节采用多元逻辑模型,通过参照效应方式引入参照点的作用,而不采用 ME 模型来估计损失规避系数。

有关参照依赖的文献大多根据展望理论(Kahneman 和 Tversky,1979;Tversky 和 Kahneman,1992)将比较结果(比较效应)相对于某个参照点进一步分为收益和损失两个部分,从而能够以展望理论为理论框架对损失规避进行研究。损失规避描述的是消费者在决策时表现的得失不对称性,即与参照点相比,消费者对损失(焦点属性与参照点的差值为负值,价格则相反)比等量的收益(焦点属性与参照点的差值为正值,价格则相反)更敏感。在实证文章中,通常将属性与参照点的比较分为正部和负部两个部分,以单一属性为例:

如果 $r_j > x_{ij}$,$xloss_{ij} = r_j - x_{ij}$;$xgain_{ij} = 0$。

如果 $x_{ij} > r_j$,$xgain_{ij} = x_{ij} - r_j$;$xloss_{ij} = 0$。

其中,x_{ij} 表示消费者 j 购买的商品 i 具有的属性值,r_j 表示消费者 j 的属性参照点。如果是价格属性,则上述的操作方法相反。

从以上定义可知,$xloss_{ij}$ 和 $xgain_{ij}$ 均大于 0,将这两个变量同时放入效用方程或选择模型中进行参数估计。根据展望理论,$xloss_{ij}$ 的参数 β_l 应该小于 0,而 $xgain_{ij}$ 的参数 β_g 应该大于 0,并且 $|\beta_l/\beta_g| > 1$,这个比值也称为损失规避系数。这是展望理论在实证模型中通常的做法。在实际运用中,有两点可能会对最终的结果产生影响:一是参照点的选取;二是将单一属性的模型拓展到多属性模型时,结论是否依然成立。在参照点的选取上,不同的文献做法各异,有基于属性的(Kalwani 等,1990;Lattin 和 Bucklin,1989),也有基于产品的(Hardie 等,1993;Kivetz 等,2004)。基于属性的有基于属性均值的(Bhargava 等,2000),有基于最好属性值的(Kumar 等,1998),有基于最差属性值的(Rajendran 和 Tellis,1994),还有基于加权值的(Mazumdar 和 Papatla,1995)。基于产品的有基于上次购买品牌(内部参照点)(Hardie 等,1993)的,也有基于选择集中其他备择产品的(Kivetz 等,2004)。在参照点的选取上,不同文献有不同的操作方式,这一方面可能与研究目的有关,另一方面与参照点的可获得性有关。对此存在的疑问是,在选用不同的参照点的情况下,上述模型结果是否会有变化。

Tversky 和 Kahneman(1991)提出的参照依赖模型为研究多属性情况下的损失规避提供了理论依据。但只有极少数实证的文章对该模型进行了验证。Hardie 等(1993)认为消费者的选择受焦点产品与多属性参照点的相对位置的影响,他们同时在价格和产品质量两个属性上引入了参照点,而在对其他属性的分析中,并没有考虑比较造成的影响。这两个属性的损失规避系数均大于1,从而验证了 Tversky 和 Kahneman(1991)提出的参照依赖模型在多属性情况下损失规避同时在不同属性上存在的问题。大部分关于参照依赖模型的文献只考虑了单个属性的损失规避问题,且主要是价格属性。

虽然损失规避是一个稳健的发现,但有研究表明,损失规避在预期的结果下比经验的结果更可靠(Gilbert 等,2004;Kermer 等,2006)。相关研究认为,损失规避是由情感预测误差导致的,因为在实际情况中,遭受损失并不像想象中那么糟糕。另一些研究发现,损失规避会受到个人收入(Wicker 等,1995)和物品的重要程度(Paraschiv 和 L'Haridon,2008)等的影响。而且,在遭受小的损失的情况下,损失规避可能会发生逆转,即获得带来的心理感受强于等量损失对应的心理感受。他们用幸福原则(hedonic principle)对此加以解释:人们试图将快乐最大化,将痛苦最小化,即人们会通过自我肯定(self-affirmation)、降低失调(dissonance reduction)和合理化结果(rationalizing the outcomes)来减少由负面结果而产生的负面情绪(Harinck 等,2007)。

接下来的部分,本章将就参照点不同的情况下不同属性的损失规避系数的变化进行讨论。本章采用大多数参照依赖模型估计参照点影响的文献使用的模型定义(Bell 和 Lattin,2000;Hardie 等,1993;Rajendran 和 Tellis,1994),即根据与参照点对应属性的比较结果,将焦点产品的属性进一步分为损失和收益两个部分。模型定义如下:

$$u_{ij|C} = \beta_1 \, pricegain_{ijC} + \beta_2 \, priceloss_{ijC} + \beta_3 \, cameragain_{ijC} + \beta_4 \, cameraloss_{ijC}$$
$$+ \beta_5 \, screengain_{ijC} + \beta_6 \, screenloss_{ijC} + \beta_7 \, cpugain_{ijC} + \beta_8 \, cpuloss_{ijC} + \varepsilon_{ijC} \quad (1)$$

$u_{ij|C}$ 表示消费者 i 对选择集 C 中的备择项 j 的效用,$pricegain_{ijC}$、$priceloss_{ijC}$、$cameragain_{ijC}$、$cameraloss_{ijC}$、$screengain_{ijC}$、$screenloss_{ijC}$、$cpugain_{ijC}$ 和 $cpuloss_{ijC}$ 分别为对应的备择项的价格、相机像素、屏幕尺寸和 CPU 速度四个属性的收益和损失项。以 $pricegain_{ijC}$ 和 $priceloss_{ijC}$ 为例,分别定义为:

如果焦点产品的价格 $price_{ijC}$ 低于参照价格 $priceref_{ijC}$,即 $price_{ijC} \leqslant priceref_{ijC}$,则 $pricegain_{jic} = priceref_{ijC} - price_{ijC}$,且 $priceloss_{ijC} = 0$。

如果焦点产品的价格 $price_{ijC}$ 高于参照价格 $priceref_{ijC}$,即 $price_{ijC} >$

$priceref_{ijC}$，则 $priceloss_{ijC} = price_{ijC} - priceref_{ijC}$，且 $pricegain_{ijC} = 0$。而 $priceref_{ijC}$ 为第七章提到的最偏好产品、最不偏好产品、平均产品和内部参照产品的价格。根据展望理论，如果存在损失规避，则 $\beta_1 > 0$，$\beta_2 < 0$ 且 $|\beta_2/\beta_1| > 1$。

其他属性的损失和收益项的定义与价格类似，但符号相反。即当焦点产品的属性大于对应参照产品的属性时为收益，否则为损失。

本章将四个不同参照点代入上述模型，并使用多元逻辑模型进行参数估计，结果见表 7-8。这里并未考虑消费者对屏幕尺寸的非线性偏好，实际上，即使考虑了消费者对屏幕尺寸的非线性偏好，对模型结果也没有实质性的影响。

表 7-8　模型参数估计

变量	参照产品			
	max	min	ave	int
screengain	−1.847*** [0.267]	−0.167 [0.18]	−0.221 [0.205]	0.615*** [0.101]
cpugain	−0.248· [0.127]	0.424*** [0.083]	0.303** [0.1]	0.292*** [0.03]
cameragain	−0.393*** [0.059]	−0.083· [0.042]	−0.147*** [0.043]	−0.008 [0.01]
pricegain	2.682*** [0.244]	1.002*** [0.221]	1.868*** [0.238]	−0.377 [0.428]
screenloss	−4.241*** [0.348]	−2.212*** [0.309]	−2.533*** [0.307]	−5.204*** [0.534]
cpuloss	−1.915*** [0.199]	−1.387*** [0.206476]	−1.942*** [0.197]	−3.352*** [0.393]
cameraloss	−1.398*** [0.148]	−1.135*** [0.149]	−1.302*** [0.14]	−1.758*** [0.195]
priceloss	−0.45· [0.176]	−1.134*** [0.131]	−0.83*** [0.159]	−0.566*** [0.045]

注：方括号中的数值是标准差；*** $p < 0.001$，** $p < 0.01$，* $p < 0.05$，· $p < 0.1$。

根据表 7-8 各属性的损失和收益系数，可计算各属性损失规避系数，为 |属性损失系数/属性收益系数|，结果见表 7-9。由表 7-9 可知，各属性损失规避系

数在参照产品不同的情况下，差异非常大。价格损失规避系数在参照产品为最偏好产品和平均产品时发生逆转（<1）。相机像素的损失规避系数在参照产品为内部参照产品时非常大（231.332），这个数值是在相机像素收益系数不显著的情况下计算出来的。

表 7-9　属性损失规避系数

损失规避系数	参照产品			
	max	min	ave	int
屏幕尺寸	2.297	13.244	11.482	8.466
CPU 速度	7.716	3.27	6.41	6.41
相机像素	3.559	13.724	8.849	231.332
价格	0.168	1.132	0.444	1.503

第八章 笔记本电脑的参照依赖偏好

——基于消费者参照点选择的异质性

第一节 引 言

受新冠疫情影响,人们更多地采用远程方式进行工作和在线学习。尽管笔记本电脑零部件短缺,供应紧张,但市场对它的需求正处于较高水平。2021年,Strategy Analytics 发布的研究报告指出,2021 年第三季度全球笔记本电脑同比增长 8%,出货量达到 6680 万台。2021 年第三季度,出货量前五的厂商为联想、戴尔、惠普、苹果和华硕,它们占了全球约 80% 的市场份额。[1]

传统个人电脑(包括台式机、笔记本电脑和工作站)再次成为科技产品消费领域备受追捧的一部分。国际数据公司(IDC)2021 年 1 月发布的全球个人计算设备季度追踪报告显示,2020 年第四季度全球笔记本电脑出货量同比增长 26.1%,达到 9160 万台。2020 年全年,全球笔记本电脑市场出货量同比增长 13.1%,居家办公、线上学习需求的增加成为主要驱动因素。

---

[1] https://news. strategyanalytics. com/press-releases/press-release-details/2021/Strategy-Analytics-Notebook-PC-Demand-Remained-Healthy-in-Q3-2021-Growing-8-Year-on-Year/default. aspx.

　　笔记本电脑是典型的多属性复杂产品。消费者在购买笔记本电脑时,除了考虑价格和品牌这些非功能属性外,还会考虑硬盘、CPU 速度、屏幕尺寸、内存、电池容量等功能属性。在分析这些属性对消费者偏好的影响时,学者通常采用离散选择模型。基于随机效用框架的离散选择模型可用于估计不同属性的相对重要性,这可以为企业制定营销策略或新产品上市策略提供参考。同时,研究显示,消费者的偏好和选择不仅受产品本身属性的影响,还受到该产品与选择集中其他产品(外部参照点)相对关系的影响,也会受到消费者曾经使用或正在使用的产品(内部参照点)的影响(Huber 等,1982;Prelec 等,1997;Simonson,1989)。学者将这一现象称为"参照依赖",即消费者的选择和偏好很大程度上受到所处情境中参照标准或参照点的影响,参照点会系统性地影响选择和偏好(Dhar 等,1999;Tversky 和 Kahneman,1991)。在营销领域,早期参照点研究主要集中在价格这一个属性上,而且大多使用快消品作为研究对象(Winer,1986)。随着对参照点了解的深入,研究者发现不仅价格可以作为参照点,其他产品属性也能作为参照点对消费者选择和偏好产生影响,这种影响在消费者选择耐用品时尤为常见(Fogel 等,2004;Foutz,2004)。

　　参照点的选取在决策过程中非常重要。在决策过程中,参照点如果发生改变,就很可能影响人们对产品的评价,进而影响选择结果和偏好(Dhar 和 Simonson,1992)。但人们在决策过程中对参照点的选取通常是不可观察的,学者对参照点的选取则通常是固定的且具有很大的主观性。参照点有多种不同的来源,而且在不同的情境下人们可能使用不同的参照点(Kirmani 和 Baumgartner,2000)。同时,参照点的使用存在明显的消费者异质性(Terzi 等,2016),消费者使用的参照点往往不是固定不变的,在不同情境下会使用不同的参照点(Kirmani 和 Baumgartner,2000)。消费者还可能同时使用多个参照点(Kenney,2016;Tarnanidis 等,2015)。参照点的使用受情境(Narwal 和 Nayak,2019)、产品类型(Fogel 等,2004)和消费者特征(Wang 等,2021)等多种因素的影响。然而,由于问题复杂和数据较难获取,现有文献在这方面的探究仍然较少。

　　本书提出混合专家(ME)模型,用来估计价格、CPU 型号、续航时间、屏幕尺寸、内存和硬盘等六个属性的效用值,并解释消费者使用不同参照产品时的异质性以及不同参照产品对消费者选择影响。本书是最早引入混合专家框架来检验消费者选择模型的研究之一。以往的研究多采用虚拟变量的编码方式,这种编码方式的属性参照水平的效用值与截距项完全相关,当有多个属性参照水平时,各属性参照水平的效用值不能分离开来。采用效用编码的方式对不同的属性水平进行编码,可以避免此类问题。过往的研究为以下参照产品的选择提供了理论基础:最偏好的产品、最不偏好的产品、平均产品、存储在消费者记忆中的内部参照产品(Hardie 等,1993;Bhargava 等,2000;Kivetz 等,2004;Mayhew 和 Winer,1992;Rajendran 和 Tellis,1994)。本章的 ME 模型研究了这四种参照产品在消费者选择中的相对重要性;将参照产品作为四个专家,利用门函数聚合选择概率,从而获取消费者的比较策略。本章将采用基于选择的联合实验,收集消费者对笔记本电脑的选择数据,并将 ME 模型与竞争模型进行比较。结果表明,ME 模型在样本内拟合和样本外预测方面都优于竞争模型。

本章对消费者选择的研究有以下几方面的贡献。首先,ME 模型在比较和模拟消费者决策过程的同时,揭示了消费者对不同参照产品的使用过程。其次,通过 ME 模型可以更好地了解谁使用了什么样的参照产品,这有助于营销人员做出可靠的市场定位决策和沟通决策。

本章第二节至第五节的内容介绍如下:第二节,回顾参照选择模型的相关文献;第三节,提出 ME 模型来解释具有多个属性的多参照产品的影响,并介绍竞争模型;第四节,开展实证研究,通过基于选择的联合分析实验收集数据,进行建模和实证检验;第五节,对 ME 模型的理论和管理意义进行讨论,并提出未来的研究方向。

第二节 相关文献回顾

一、参照点

研究者普遍认为,消费者偏好不是既定的,而往往是现场构建的,受参照点的影响,这种现象称为参照依赖(Bettman 等,1998;Mussweiler,2003)。参照依赖的核心为参照点。参照点可定义为消费者在选择或评价时用以比较的标准(Kuma 等,1998)。

参照点按是否构成当前选择集的一部分,可分为内部参照点和外部参照点。内部参照点可定义为根据购买或使用经验形成的比较标准。内部参照点存储在消费者的记忆中,并不出现在当前的选择集中(Mayhew 和 Winer,1992)。外部参照点可定义为根据当前选择集中的产品或属性构成的标准。内部参照点是基于记忆的,而外部参照点是基于刺激的。

外部参照点和内部参照点都对消费者的选择和偏好有显著的影响,有的研究认为外部参照点对选择的影响要强于内部参照点对选择的影响,但这个结论并不是一致的(Rajendran 和 Tellis,1994)。不同的研究在外部参照点与内部参照点的选取和操作上也有很大不同。表 8-1 总结了现有研究对内外部参照点的界定和操作。总的来说,内部参照点一般选取的是以前购买的或当前正在使用的产品或属性(Mayhew 和 Winer 1992;Hardie 等,1993;Rajendran 和 Tellis,1994)。而外部参照点可分为以下几类:(1)当前选择集中最偏好的备选产品或属性(Rajendran 和 Tellis,1994;Kumar 等,1998);(2)当前选择集中最不偏好的备选产品或属性(Rajendran 和 Tellis,1994;Kivetz 等,2004);(3)当前选择集中的平均产品或属性,它是指选择集中产品或属性的均值(Bhargava 等,2000;Kivetz 等,2004)或加权平均值(Mazumdar 和 Papatla,1995)。

表 8-1 参照依赖研究概要

文献	参照点描述	参照点类型	参照点形成方式
Bell 和 Bucklin (1999); Briesch 等 (1997); Kalyanaraman 和 Little (1994); Lattin 和 Bucklin (1989); Mazumdar 和 Papatla(1995)	参照属性历史信息的指数平滑	内部参照点	$RZ_{it}^h = \lambda RZ_{i(t-1)}^h + (1-\lambda) Z_{i(t-1)}^h$ 其中,λ是传递系数,其取值范围是(0,1);RZ 和 Z 分别表示参照属性(如价格或促销)及属性值
Kalwani 等 (1990)	对该品牌产品的价格期望	内部参照点	消费者 h 对产品 k 的忠诚度,P_{kt}^h是品牌 k 的当前价格。 $RP_{it}^h = EI_{it}^h = \alpha_0 + \alpha_1 PASTPrice_{it}^h + \alpha_2 FOP_i + \alpha_3 TREND_{it}^h + \alpha_4 DCP_{it}^h + \alpha_5 ST1_{it}^h + \alpha_6 ST2_{it}^h + \alpha_7 ST3_{it}^h + \mu_{it}^h$ 其中,$PASTPrice_{it}^h$是历史价格信息的对数均值,其他解释变量包括产品 i 的促销频率、购天同次、消费者 h 的交易倾向,是否在不同销售市场所销售等
Krishnamurthi 等 (1992); Kumar 等 (1998); Mayhew 和 Winer (1992)	该品牌上期历史价格	内部参照点	$RP_{it}^h = P_{i(t-1)}^h$ 其中,RP_{it}^h是在 t 时刻消费者 h 对产品 i 的参照价格;$P_{i(t-1)}^h$是 t-1期产品 i 的价格
Rajendran 和 Tellis (1994); van Oest (2013)	该品牌前三期历史价格的几何平均	内部参照点	$RP_{it}^h = 0.571 P_{i(t-1)}^h + 0.286 P_{i(t-2)}^h + 0.143 P_{i(t-3)}^h$

续　表

文献	参照点描述	参照点类型	参照点形成方式
Tereyağoğlu 等 (2017)	参照属性历史记忆和其他因素共同形成	内部参照点	消费者 h 对品牌 i 在价格和促销活动的参照点是基于历史信息的数指数平滑形式（促销活动及其参照点为 0—1 变量，采用有阈值参照点形成模型）： $RPrice_{it}^h = \lambda RPrice_{i(t-1)}^h + (1-\lambda)Price_{i(t-1)}^h$ $RProm_{it}^h = \begin{cases} 1, & \text{当}x_{it}^h \geq \theta \\ 0, & \text{当}x_{it}^h < \theta \end{cases}$ 其中，$x_{it}^h = \lambda x_{it}^h + (1-\lambda)Z_{i(t-1)}^h$，$Z_{i(t-1)}^h$ 为指示变量，表明在 $t-1$ 期品牌 i 是否进行促销的历史信息。θ 是介于(0,1)的阈值。x_{it}^h 超过 θ，表明在 t 时刻品牌 i 进行促销的可能性很大。消费者 h 对价格和促销效应应为(0,1)。x_{it}^h 表示在 t 时刻品牌 i 进行促销的可能性。λ 是传递系数，对价格和促销相同，其取值为(0,1)。备择选项 i 和与其他因素两个因素上的参照效应为对称形式，即 $Price_{it}^h - RPrice_{it}^h$，$Z_{it}^h - RProm_{it}^h$；除了参照效应影响之外，模型还包含价格，促销的独立项
Bell 和 Lattin（2000）；Briesch 等（1997）；Hardie 等（1993）；Klapper 等（2005）；Moon 等（2006）；van Oest（2013）	上期购买品牌的当前属性	外部参照点	$RP_i^h = P_{cb(t-1)}^h$ 其中 $P_{cb(t-1)}^h$ 是消费者 h 在上期购买品牌 $cb[t-1]$ 的当前属性（如价格或质量）
Bhargava 等（2000）；Kivetz 等（2004）	参照属性的特定值	外部参照点	选择集中其他产品在各属性上的最小值、平均值等为参照点。备择选项 i 分别与各属性的参照点进行比较，采用非对称参照效应，分别构成各属性的收益或损失项

文献	参照点描述	参照点类型	参照点形成方式
Briesch 等(1997)	任意品牌的当前价格	外部参照点	$RP_t^h = P_{rb[t],t}^h$ 其中,RP_t^h是在 t 时刻消费者 h 对该品类产品的参照价格,$P_{rb[t],t}^h$ 是 t 期任意品牌 rb[t]的当前价格
Kumar 等(1998);Rajendran 和 Tellis(1994)	当前市场特定价格	外部参照点	以当前市场或选择集中所有品牌的最高价,最低价,平均价格等作为该品类产品的参照价格。
Mazumdar 和 Papatla(1995)	该品类所有品牌当前价格的加权平均	外部参照点	$RP_t^h = \sum_i LOY_{it}^h P_{it}^h$ 其中,LOY_{it}^h是 t 期消费者 h 对品牌 i 的忠诚度,P_{it}^h是品牌 i 的当前价格

将这两种参照点引入模型,一般是通过比较评价的方式即比较焦点产品与参照点的差别方式。在这种差别的测量上,通常采用两种方式:(1)差值法,即将焦点产品属性减去参照产品(Kalwani 等,1990;Mayhew 和 Winer,1992),也可以先对属性进行某种变换(如先取自然对数)再将变换后的焦点产品属性减去参照产品(Mazumdar 等,1995);(2)比值法,为了消除量纲的影响,将上述差值再除以相应属性全距或参照产品属性(Bhargava 等,2000;Kivetz 等,2004)。

在将上述差别方式引入模型时,有的研究只考虑了差别方式(Kumar 等,1998;Rajendran 和 Tellis,1994),有的只考虑损失规避,即将差值法或比值法进一步分成收益和损失两个部分,并讨论这两个系数的方向和大小是否与展望理论一致(Bell 和 Lattin,2000;Hardie 等,1993)。

但现有的参照点相关研究存在以下问题:(1)大多数对外部参照点和内部参照点的研究集中在包括价格的一个属性或两个属性上(van Oest,2013),而实际上消费者在进行产品比较时,考虑的不仅是价格这一个属性,更可能是包含价格在内的多个属性。也就是说,现有的研究并不能真实反映消费者的实际决策过程。(2)消费者对参照点的选取通常是情境依赖的,他们可能在不同情境下选取不同的参照点。而且,在同一个情境下,消费者也可能会同时使用不同的参照点(Mayhew 和 Winer,1992)。但大多数现有文献并没有同时考虑不同的参照点以及不同参照点选取的问题。有少量文献对不同参照点的问题作了论述,但也仅限于产品属性的一到两个维度。Kumar 等(1998)发现,在缺货的情境下,交易倾向型消费者更有可能选取外部参照点作为比较对象。该研究同时也揭示消费者在进行品牌选择时可能同时有多个参照点。他们也发现,在有货的情境下,外部参照点和内部参照点对非交易倾向型的消费者的品牌选择都有显著影响。类似地,Mazumdar 和 Papatla(1995)认为,品牌忠诚度不同的消费者在外部参照点和内部参照点的选取上也有所不同。(3)研究表明,不同消费者在参照点使用上有很大不同(Terzi 等,2016)。现有参照依赖文献多数使用固定的参照点,即对不同消费者使用相同的参照点,未考虑参照点使用上的个体差异。

为了弥合上述研究不足,本章试图回答现有研究未曾深入探讨的问题:在多属性复杂产品的购买决策中，消费者如何选择不同的参照产品，以及消费者异质性如何影响参照产品选择。

二、消费者异质性

消费者异质性一直是营销学者和从业者普遍关心的问题，营销模型和数量方法领域的学者强调在模型中控制消费者异质性能够提升模型的解释力度和预测效率。在参照依赖的选择模型中加入消费者异质性影响的方式主要有两种方法：偏好异质性和结构异质性（Kamakura 等，1996）。

1. 偏好异质性

消费者的偏好异质性是指消费者偏好和对营销变量反应的个体差异。偏好异质性允许模型的待估计系数（包括损失规避系数）随消费者的不同而不同（Kamakura 等，1996）。在参照依赖的选择模型中加入消费者偏好异质性有助于探讨参照依赖效应对不同消费者的影响。常用的方法包括有限模型、随机系数模型和分层贝叶斯模型。Bell 和 Lattin（2000）采用有限混合模型将消费者按照其对价格反应强弱分为两组，Klapper 等（2005）则采用随机系数方法假定参数服从连续分布，允许每个消费者的损失规避系数不同。加入偏好异质性的模型发现参照依赖和损失规避可能不是一个普遍存在的现象。Bell 和 Lattin（2000）指出一些研究中发现消费者具有较高的损失规避倾向，其原因在于没有充分控制消费者价格敏感性的异质性。允许消费者的价格或损失敏感性存在差异，模型的损失规避程度会减弱。对某些消费者而言，参照依赖在其决策中会起到重要作用，但并非对所有消费者都是如此。

2. 结构异质性

考察消费者异质性的另一种方式是在参照依赖选择模型搭建中加入结构异质性（structural heterogeneity）。结构异质性是指在选择过程的结构上的差异，或在决策中使用不同的选择规则（Yang 和 Allenby，2000）。结构异质性允许消费者在决策时采用不同的过程，这有助于理解消费者在参照点选取上的不同。相较于考察偏好异质性，探讨消费者结构异质性的参照依赖选择模型较少。Moon 等(2006)提出了一个潜类别结构异质性模型允许消费者在参照点选取上存在差异,消费者作决策时可以选择内部或外部参照,也可以不选择任何参照点。研究者发现,选取不同类型参照点的消费者在价格敏感性、损失规避倾向等方面存在明显差异。

现有研究主要通过两种方式处理消费者异质性对参照点选择的影响。一种是使用潜类别或有限混合模型,将不同消费者分成若干类,假定消费者对模型中变量的反应分成相应的几类,即异质性的离散表示(Bell 和 Latin,2000;Wang 等,2019);另一种是使用随机系数模型或分层贝叶斯模型,假定消费者对模型中变量的反应服从一定的连续分布,可以对个体消费者选择参照点的影响因素进行估计,即异质性的连续表示(Wedel 等,1999;孙鲁平和陈宇新,2015)。与有限混合模型相比,随机系数模型或分层贝叶斯模型能对个体选择行为做出更准确的预测,但随机系数模型或分层贝叶斯模型对参数的先验分布更加敏感。

三、产品属性编码方式

在测量备择项属性的效用值(也称部分值)时,通常有线性编码(linearity coding)、效应编码(effect coding)和虚拟变量编码(dummy coding)三种方式。线性编码假设单位属性水平变化的效用值相同,与属性水平原始值无关,或者说,属性水平与效用值呈线性关系。与其他两种方式相比,线性编码需要估计参数的数量最少。效应编码与虚拟变量编码相比,效应编码将参照水平赋值为 -1,而虚拟变量编码的参照水平赋值为 0。对其他水平,效应编码与虚拟变量编码相同,即对有 n 个水平的变量,需要 $n-1$ 个虚拟变量(见表 8-2)。

表 8-2　虚拟编码和效应编码比较

价格/元	虚拟编码				效应编码			
	X_1	X_2	X_3	X_4	X_1	X_2	X_3	X_4
8000	1	0	0	0	1	0	0	0
6500	0	1	0	0	0	1	0	0
5000	0	0	1	0	0	0	1	0
4000	0	0	0	1	0	0	0	1
3000	0	0	0	0	-1	-1	-1	-1

如果使用回归方程来估计各属性水平的效用值,采用虚拟变量编码,则参照水平的效用值与回归方程中的截距项完全相关,作为参照水平的效用值反映在截距项中。其回归方程中的系数则被解释为:与参照水平相比,对应属性水平增加的效用(可正可负,取决于系数的符号)(Daly 等,2016)。也就是说,在采用虚拟变量编码的情况下,系数与截距项相关。当备择项有多个属性,每个属性有若干个属性水平时,如果采用虚拟变量编码,则截距项反映的是多个参照水平的效用,每个参照水平的效用并不能分开,从而造成识别问题。而如果采用效应编码,可避免此类问题发生。在采用效应编码的情况下,参照水平的效用为其他属性水平系数和的负值,也就是说,参照水平由其他属性水平的系数决定,不受截距项的影响,所有属性水平的效用都可以单独估计出来。

四、不选择

随机效用理论假设消费者的选择是理性的,他们会选择效用最高的备择项。也就是说,只有当特定的选择任务中所呈现的备择项没有一个比选择退出更有吸引力时,受访者才会选择退出。强迫受访者做出选择会导致偏见,因为他们在现实生活中不会总是做出同样的选择。在强迫选择的情况下,宁愿选择"选择退出"的人倾向于从选择任务中随机选择一个备择项,或者选择最安全(或最不极端)的选项。因此,属性估计的标准误差会增加,而外部效度会降低(Veldwijk 等,2014)。

如果模型是基于随机效用最大化理论,为了与受访者的真实决策情境保持一致,则问卷中最好能包含"不选择"(no choice)或"选择退出"选项。除此之外,受访者在面对涉及复杂情感问题的选项,或对选项难以确定和不了解时,也会选择退出(Dhar,1997;Dhar 和 Simonson,2003;Luce 等,1999)。当然,选择"不选择"选项,还与受访者的受教育程度(受教育程度较低的受访者更倾向于选择退出)、问卷收集方式(当采用匿名方式收集问卷时,受访者更倾向于选择退出)、问题与被试的相关程度和问题的排列方式(把不含"不选择"选项的问题放在含"不选择"选项问题之前还是之后,二者相比,放在之前时受访者更少选择"不选择"选项)等相关(Brazell 等,2006;Krosnick,1991;Krosnick 等,2002;Veldwijk 等,2014)。

"不选择"选项的属性值通常编码为0,如果"不选择"选项作为备择项之一与其他有非零属性值的备择项一起估计,根据定义,其固定效用为0。如果备择项属性是线性编码(即数值越大属性水平越高),可能会导致参数估计偏误,甚至反转。因为"不选择"选项的0效用值将被模型视为真实属性水平的效用值。如,价格为0的选项的效用值为0。解决这一问题的做法通常有两种:其一,在模型中增加"不选择"常数,该参数表示的是作为比较基准"不选择"选项的总体效用(overall utility),或称选择退出效用(opt-out effect)。这样做,虽然会引起模型估计参数增加,但会提高模型的拟合度和预测效度。其二,采用嵌套模型,模型假设受访者首先在选项集中的"不选择"和其他选项中进行选择,然后在第二个阶段,当他们决定做出一个"真实"的选择时,在除"不选择"外的选项中进行选择。Haaijer 等(2001)比较了这两种做法,发现使用增加常数的方法无论是在拟合度上还是在预测效度上,都要优于嵌套模型。

第三节　模型设置

本章提出,消费者使用的比较标准可以是选择集中的平均产品(Bhargava 等,2000)、选择集中的最偏好产品(Rajendran 和 Tellis,1994)、选择集中的最不偏好产品(Kivetz 等,2004)以及内部参照产品(Hardie 等,1993)。目前,还没有研究比较过这四种参照产品(具有多个属性)的相对重要性。更重要的是,不同参照产品的使用可以通过消费者特征来确定(Klapper 等,2005)。然而,现有的研究很少对消费者的比较策略(即不同参照产品的使用)进行实证研究。本章提出的模型有助于理解比较策略,并将参照效应纳入随机效用框架。

图 8-1 描述了 ME 模型的组成部分。给定选择集 C 和比较产品 x_r,消费者 n 感知产品 j 的效用为 $u_{nj \mid C}$。

$$u_{nj \mid C} = g_{n1} \Big(\sum_k \gamma_k x^1_{njk \mid C} + I_j \gamma_0 + \sum_k \beta_{1k} (x^1_{njk \mid C} - x^1_{n,\max,k \mid (C-j)}) / x^1_{n,\max,k \mid (C-j)} \Big) +$$
$$g_{n2} \Big(\sum_k \gamma_k x^1_{njk \mid C} + I_j \gamma_0 + \sum_k \beta_{2k} (x^1_{njk \mid C} - x^1_{n,\min,k \mid (C-j)}) / x^1_{n,\min,k \mid (C-j)} \Big) +$$
$$g_{n3} \Big(\sum_k \gamma_k x^1_{njk \mid C} + I_j \gamma_0 + \sum_k \beta_{3k} (x^1_{njk \mid C} - x^1_{n,\mathrm{ave},k \mid (C-j)}) / x^1_{n,\mathrm{ave},k \mid (C-j)} \Big) +$$
$$g_{n4} \Big(\sum_k \gamma_k x^1_{njk \mid C} + I_j \gamma_0 + \sum_k \beta_{4k} (x^1_{njk \mid C} - x^1_{n,\mathrm{int},k}) / x^1_{n,\mathrm{int},k} \Big) + \varepsilon_{nj \mid C} \qquad (8\text{-}1)$$

其中,$0 \leqslant g_{ns} \leqslant 1$,且 $\sum_s g_{ns} = 1, s = 1, 2, 3, 4$。

在式(8-1)中,$x^1_{njk \mid C}$ 为选择集中 C 中焦点产品 j 第 k 个产品属性值。γ_k 为属性 k 的系数。I 为指示变量,为 1 时,表示备择项为"不选择"项;对于其他备择项,该变量为 0。$x^1_{n,\max,k \mid (C-j)}$、$x^1_{n,\min,k \mid (C-j)}$、$x^1_{n,\mathrm{ave},k \mid (C-j)}$ 和 $x^1_{n,\mathrm{int},k}$ 分别为三个外部参照产品(max、min 和 ave)和内部参照产品(int)的属性水平。$\beta_s = (\beta_{s1}, \beta_{s2}, \cdots, \beta_{sk})^T, s = 1, 2, 3, 4$,为 k 个待估计参数向量,对应参照产品的比较效果。可以看出,本章采用软分法对消费者的选择策略进行分类,即消费者在选择产品时可以按一定概率同时选择多个参照产品作为比较标准。选择不同参

照产品是概率性的,由门函数(g_{ns})给出:

$$g_{ns} = g_s(x_n^2, \theta) = \frac{\exp(\theta_s x_n^2)}{\sum_{l=1}^{S} \exp(\theta_l x_n^2)} \tag{8-2}$$

其中,x_n^2 为消费者特征向量,包括收入、年龄、性别、产品兴趣、产品对自身的重要程度和产品熟悉度等。

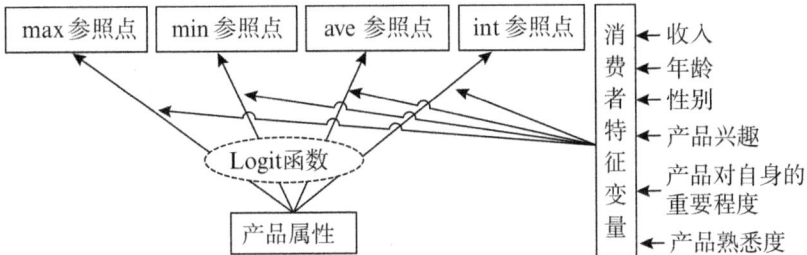

图 8-1 提出的混合专家模型的组成部分

与传统的 ME 模型(Jordan 和 Jacobs,1994)相比,本章提出的 ME 模型有两个特点。首先,该模型通过门函数(用于获取不同消费者的比较策略)和专家函数(用于获取参照产品的属性效应和参照效应)将不同的变量集合在一起。这一特征有助于分别识别消费者在比较策略中的异质性以及与参照产品的比较效果。其次,该模型允许每个专家函数有不同的变量集(即与不同参照点的比较项)。因此,不仅专家函数包括所有相同的产品属性变量,而且每个专家函数包括一组不同的比较项,以检查与相应参照产品的比较效果。这两个特征不同于其他营销类实证研究中的类似模型(如传统的 ME 模型和潜类别模型),在这些营销类实证研究中,所有的专家函数和门函数都使用同一组变量。通过这样的设置,本章提出的 ME 模型可以同时检验比较策略和参照效应。同时,本章提出的 ME 模型考虑了"不选择"选项,并对"不选择"选项进行了估计。与现有多数选择模型采用线性编码或效用编码不同,在本章提出的 ME 模型中,产品属性采用效用编码,可以将每个属性水平的效用值估计出来。

一、竞争模型

本章将对比六个竞争模型。它们分别是没有参照效应(m1)或有部分参照效应(m2—m6)的模型。这些竞争模型嵌套在本章提出的 ME 模型中,代表了可能缺乏消费者选择过程的一些关键元素的更简单的模型。本章使用该数据检验 ME 模型的可扩展性,不再同随机后悔最小化(RRM)模型和情境随机效用最小化(情境 RUM)模型进行比较。

为了检验比较是否影响消费者的选择,首先将所提出的 ME 模型(m7)与 6 个没有参照效应或有一些参照效应的模型进行比较。

竞争模型 I(m1:模型-mnl)

传统的多元逻辑模型不包含任何参照效应,可作为基准模型。备选产品 j 的效用仅由其自身的属性水平和相应的偏好权重决定:

$$u_{nj|C} = \sum_k \gamma_k x^1_{njk|C} + I_j \gamma_0 + \varepsilon_{nj|C} \tag{8-3}$$

竞争模型 II(m2:模型-max)

在竞争模型 I 的基础上,进一步假设消费者可能会将选择集中最偏好的产品作为参照产品。可以通过方程(8-1)中的约束条件 $g_{n1}=1, g_{n2}=g_{n3}=g_{n4}=0$ 得到该模型。在这个模型中,效用函数有两个部分:一部分与参照效应无关,只由产品的属性水平决定;另一部分是由与最偏好产品的比较产生的比较效用。

$$u_{nj|C} = \sum_k \gamma_k x^1_{njk|C} + I_j \gamma_0 + \sum_k \beta_{2k}(x^1_{njk|C} - x^1_{n,\max,k|(C-j)})/x^1_{n,\max,k|(C-j)} + \varepsilon_{nj|C} \tag{8-4}$$

竞争模型 III(m3:模型-min)

同样,竞争模型 III 假设消费者可能会使用最不偏好产品作为参照产品。该竞争模型可由方程(8-1)中的约束条件 $g_{n2}=1, g_{n1}=g_{n3}=g_{n4}=0$ 导出。

$$u_{nj|C} = \sum_k \gamma_k x^1_{njk|C} + I_j \gamma_0 + \sum_k \beta_{2k}(x^1_{njk|C} - x^1_{n,\min,k|(C-j)})/x^1_{n,\min,k|(C-j)} + \varepsilon_{nj|C} \tag{8-5}$$

竞争模型 IV(m4:模型-ave)

如果消费者使用平均产品作为参照产品,可以通过方程(8-1)中的约束条件 $g_{n3}=1, g_{n1}=g_{n2}=g_{n4}=0$ 推导出竞争模型 IV。

$$u_{nj|C} = \sum_k \gamma_k x^1_{njk|C} + I_j \gamma_0 + \sum_k \beta_{3k}(x^1_{njk|C} - x^1_{n,\mathrm{ave},k|(C-j)})/x^1_{n,\mathrm{ave},k|(C-j)} + \varepsilon_{nj|C} \tag{8-6}$$

竞争模型 V(m5:模型-int):

在竞争模型 V 中,假设消费者使用内部参照产品作为比较标准。可以通过方程(8-1)中的约束条件 $g_{n4}=1$,$g_{n1}=g_{n2}=g_{n3}=0$ 得到该模型。

$$u_{nj\mid C}=\sum_k \gamma_k x^1_{njk\mid C}+I_j\gamma_0+\sum_k \beta_{4k}(x^1_{njk\mid C}-x^1_{n,\text{int},k})/x^1_{n,\text{int},k}+\varepsilon_{nj\mid C}$$

$$(8\text{-}7)$$

竞争模型 Ⅱ 到模型 V,只考虑了一个参照产品。这些竞争模型都嵌套在本章所提出的 ME 模型中,它们与以前的研究相似,尽管以前的研究通常只检验一个属性(价格)。

竞争模型 Ⅵ(m6:模型-ref)

本章还考虑了只包括与参照产品进行比较的影响,而不包括产品属性水平(即 $\gamma_k=0$)的影响的模型。已有一些研究采用了该模型定义(Mazumdar 和 Papatla,1995;Rajendran 和 Tellis,1994)。Rajendran 和 Tellis(1994)假设消费者不会同时对参照价格和价格做出反应。Mazumdar 和 Papatla(1995)则认为,如果模型中包含了产品购买价格和外部参照价格比较项时,价格属性本身不应包含在模型中。

$$
\begin{aligned}
u_{nj\mid C}=&g_{n1}\left(I_j\gamma_0+\sum_k \beta_{1k}(x^1_{njk\mid C}-x^1_{n,\max,k\mid(C-j)})/x^1_{n,\max,k\mid(C-j)}\right)+\\
&g_{n2}\left(I_j\gamma_0+\sum_k \beta_{2k}(x^1_{njk\mid C}-x^1_{n,\min,k\mid(C-j)})/x^1_{n,\min,k\mid(C-j)}\right)+\\
&g_{n3}\left(I_j\gamma_0+\sum_k \beta_{3k}(x^1_{njk\mid C}-x^1_{n,ave,k\mid(C-j)})/x^1_{n,ave,k\mid(C-j)}\right)+\\
&g_{n4}\left(I_j\gamma_0+\sum_k \beta_{4k}(x^1_{njk\mid C}-x^1_{n,\text{int},k})/x^1_{n,\text{int},k}+\varepsilon_{nj\mid C}\right)
\end{aligned}
$$

$$(8\text{-}8)$$

其中,$0\leqslant g_{ns}\leqslant 1$,且 $\sum_s g_{ns}=1$,$s=1,2,3,4$。

第四节　实证应用

一、实验设计及描述性分析

1. 实验设计

本章使用基于选择的联合实验来收集数据；笔记本电脑被用作刺激物。预测试表明，内存（以 GB 计）、价格（以人民币计）、CPU 型号（分别以 i3、i5 和 i7 表示）、屏幕尺寸（以英寸计）、续航时间（以小时计）和硬盘（以 GB 或 TB 计）是笔记本电脑最重要的属性。因此，将这 6 个属性纳入实验设计。在实验中，价格有 5 个水平，硬盘有 4 个水平，其他 4 个属性有 3 个水平（见表 8-3）。这些属性水平基本囊括了调查时市场上最流行的笔记本电脑型号。

表 8-3　属性及属性水平

属性	水平数量/个	属性水平
价格/元	5	3000、4000、5000、6500、8000
屏幕尺寸/英寸	3	13、15、17
CPU 型号	3	i3、i5、i7
续航时间/小时	3	3、6、9
内存/GB	3	4、8、16
硬盘/GB	4	500、1000、128 SSD+1000、256 SSD

本章假定的笔记本电脑 6 个属性，每个属性最少有 3 个水平，如果采用全因子设计，将会有 1620 个（$4^1 \times 5^1 \times 3^4$）备选项。让受访者对如此众多的备选项进行评估或做选择是不可行的。而使用正交设计也将产生 180 个选择集，这对受访者来说也是一个比较大的负担。因此，本章采用了平衡设计，并通过广泛使用的 SAS 宏％ChoiceEff（Kuhfeld 等，1994；Rooderkerk 等，2011）来操作。

这种方法可以让我们获得 12 个选择集,每个选择集中有 4 个备选项的设计,还能保证备选项的属性水平在各个选择集中是平衡的,且这种设计是近似的正交设计。每个受访者将对这 12 个选择集中的备选项做出 12 次选择,每个选择集除了包含 4 个通过平衡设计产生的备选项外,还包含一个"不选择"选项。

2. 实验过程

本章通过问卷星样本服务收集数据。在问卷的开头有关于调研目的的说明,并明确表示,他们的所有回答将被保密,只用于学术目的。

在问卷中,参与者首先被要求完成 12 个选择任务。在每一个选择集中,参与者被要求从 4 台笔记本电脑和"不选择"选项中选择 1 台。为了抵消顺序偏差,将每位参与者的选择集的顺序进行了随机化处理。选择任务之后是针对给定笔记本电脑的 12 组排序任务。在排序任务中,要求参与者在不考虑价格的情况下对每个选择集中的 4 个选项进行排序。这样,得到了选择集中最偏好产品(排名第一,记为 max)、最不偏好的产品(排名第四,记为 min)和平均产品(产品属性的平均值,记为 ave)。此外,为了识别内部参照产品,还要求参与者透露他们目前使用的笔记本电脑型号、购买日期和购买价格。本章将根据参与者提供的笔记本电脑型号和日期查找出与本章实验中使用的笔记本电脑的属性。最后,参与者以 7 分量表表示他们对笔记本电脑的熟悉程度和兴趣,并提供他们的人口统计学信息(如收入和性别等)。

3. 样本

在实验中,样本在符合笔记本电脑使用者这一条件下在问卷星样本库中选取。实际参与答题的人数为 2750 人。在排除未完成问卷、答案以某种规律出现(如,全部为 1 或 2 或 3 或 4,或者答案为 1、2、3、4 或 4、3、2、1)的问卷以及未给出正在使用笔记本电脑具体型号的问卷后,剩下的 1174 份问卷用于进一步的分析。样本来源省份见表 8-4。

由表 8-4 可知,广东、上海和江苏三地的样本数量最多。

表 8-4　样本来源情况

来源	频数	占比/%	来源	频数	占比/%	来源	频数	占比/%
海南	1	0.09	内蒙古	12	1.02	河北	53	4.51
青海	2	0.17	天津	17	1.45	四川	53	4.51
香港	2	0.17	湖南	25	2.13	河南	60	5.10
新疆	4	0.34	陕西	26	2.21	山东	61	5.20
宁夏	5	0.43	福建	27	2.30	浙江	62	5.28
贵州	8	0.68	广西	29	2.47	湖北	63	5.37
国外	8	0.68	山西	30	2.56	北京	69	5.88
吉林	9	0.77	辽宁	33	2.81	江苏	83	7.07
黑龙	11	0.94	安徽	37	3.15	上海	88	7.50
云南	11	0.94	江西	37	3.15	广东	190	16.18
甘肃	12	1.02	重庆	46	3.92	总计	1174	100.00

表 8-5 给出了样本特征的描述性分析。调查对象以男性居多(68.23%),18～44 岁占 97.45%,收入在 3000～14999 元/月的占 74.79%,具有本科学历的调查对象在本次调查中占有最高比例(74.70%)。

表 8-5　样本特征的描述性分析

特征	频数	占比/%
性别		
男	801	68.23
女	373	31.77
年龄		
不到 18 岁	3	0.25
18～24 岁	399	33.99
25～34 岁	583	49.66
35～44 岁	162	13.8
45～54 岁	26	2.21
55 岁以上	1	0.09

续　表

特征	频数	占比/%
收入		
1500 元及以下	107	9.11
1500～2999 元	92	7.84
3000～4499 元	100	8.52
4500～5999 元	171	14.57
6000～7499 元	173	14.74
7500～8999 元	169	14.39
9000～14999 元	265	22.57
15000 元及以上	97	8.26
受教育程度		
高中及以下	19	1.62
大专	139	11.84
本科	877	74.70
硕士及以上	139	11.84

4.备择项及其属性水平

有效样本为 1174 个,每个受访者需做 12 次选择,故数据中选择的总数为 1177×12＝14088。根据每个选择集中的 4 个备选项的排序结果,最偏好产品和最不偏好产品各有一个,分别是排序为第一和第四的产品。排序为第二和第三的产品分别标记为 mid2 和 mid3,它们被选择的次数见表 8-6。由表 8-6 可知,最偏好产品被选择的次数最多(6463 次),最不偏好产品被选择的次数最少(1204 次),排序为第二和第三的产品居中,分别为 3467 次和 2027 次,越受受访者偏好的产品被选择的次数越多。还有部分受访者选择"不选择"选项(929 次)。

表 8-6　不同参照产品被选择的次数

最偏好产品	mid2	mid3	最不偏好产品	不选择
6463	3467	2027	1204	929

表 8-7 为不同参照产品各属性水平的频数,单元格中的数字表示不同产品

各属性水平的评价次数,通过这个表格可以对最偏好产品、最不偏好产品及两个排序为第二和第三的产品具有的属性有大致的认识。

表 8-7 不同参照产品各属性水平的频数

属性及选择	属性水平	最偏好产品	最不偏好产品	mid2	mid3
屏幕尺寸 /英寸	13	3987	4921	4485	4217
	15	5091	4459	4947	5461
	17	5010	4708	4656	4410
CPU 型号	i3	2485	8100	2991	5208
	i5	4688	3493	6634	5143
	i7	6915	2495	4463	3737
续航时间 /小时	3	3706	6565	4279	5408
	6	4693	3686	4781	4450
	9	5689	3837	5028	4230
内存/GB	4	3002	7117	4132	5707
	8	4476	3925	4903	4306
	16	6610	3046	5053	4075
硬盘/GB	500	2606	4353	3432	3697
	1000	3473	3250	3499	3866
	128 SSD + 1000	4248	3121	3461	3258
	256 SSD	3761	3364	3696	3267
价格/元	3000	2154	2749	2875	2788
	4000	2528	2701	3336	3175
	5000	2677	2613	2624	2652
	6500	3175	2847	2654	3064
	8000	3554	3178	2599	2409
选择(0 表示 否;1 表示是)	0	7625	12884	10621	12061
	1	6463	1204	3467	2027

注:SSD 表示固态硬盘;mid2 和 mid3 分别表示排序为第二和第三的产品。

从表 8-7 可知,属性值越大的产品,越有可能成为受访者最偏好的产品,价格属性在产品排序时没有考虑在内，但价格同其他属性值呈正相关，即属性值越大，价格越高。属性值越小的产品，越有可能成为受访者最不偏好的产品。而属性值居于中间水平的产品会被受访者认为是平均产品。在产品选择时，被选择次数最多的是最偏好产品（6463 次），其次是排在中间的产品（分别为 2027 次和 3467 次），最不偏好产品被选择的次数最少（1204 次）。

由表 8-8 及图 8-2 可知，屏幕尺寸、CPU 型号、续航时间和内存的部分值和属性值基本上是单调递增的，即"越大越好"，属性值越大越受偏好，越小越不受偏好。但就价格而言，其部分值和属性值不是单调的，受访者对 5000 元的笔记本电脑屏幕有最大的部分值（0.697），即 5000 元左右是受访者在价格上的"理想点"，价格 8000 元左右的电脑最不受偏好（部分值为 -0.226）。就硬盘属性而言，最受偏好的硬盘为 128GB 固态硬盘和 1000GB 机械硬盘的组合，部分值为 0.465，其次为容量为 256GB 的固态硬盘，最不受偏好的硬盘为 500GB 的机械硬盘。这符合当前消费者对硬盘容量和笔记本总体价格的需求，固态硬盘传输速度快但价格较贵；机械硬盘容量大、价格便宜，但缺点是传输速度慢。为了满足消费者对硬盘传输速度和价格的需求，笔记本生产厂家通过较小的固态硬盘和较大的机械硬盘组合来满足消费者此方面的需求。

表 8-8　各属性水平的部分值

变量	估计值
屏幕尺寸-15 英寸	0.045* ［0.025］
屏幕尺寸-17 英寸	0.149*** ［0.024］
CPU 型号-i5	0.65*** ［0.027］
CPU 型号-i7	0.944*** ［0.026］
续航时间-6 小时	0.419*** ［0.026］
续航时间-9 小时	0.452*** ［0.026］
内存-8GB	0.603*** ［0.027］
内存-16GB	0.842*** ［0.027］
硬盘-1000GB	0.077*** ［0.03］

续　表

变量	估计值
硬盘-128GB SSD+1000GB	0.465** [0.027]
硬盘-256GB SSD	0.149*** [0.03]
价格-4000元	0.494*** [0.033]
价格-5000元	0.697*** [0.033]
价格-6500元	0.522*** [0.035]
价格-8000元	−0.226*** [0.04]

注:方括号中的数值是标准差;*** $p < 0.001$,** $p < 0.01$,* $p < 0.05$;SSD 表示固态硬盘。

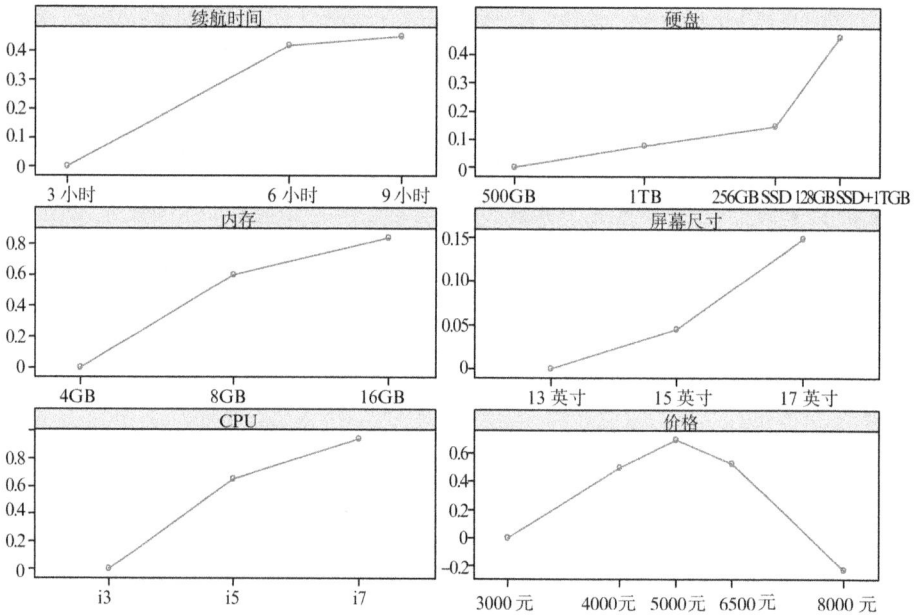

图 8-2　各属性水平的部分值

二、模型比较

1. 样本内比较

每个受访者将做 12 次选择,前 9 个选择决策作为估计样本,用于模型参数

估计,其余 3 个选择决策作为保留样本,用于预测。本章数据的有效样本为
1174 个,故共有 10566 个(1177×9)选择用于参数估计,共有 3522 个(1177×
3)选择用于预测。

本章使用了三个标准来比较不同模型的样本内拟合:LL(对数似然函数)、
AIC(赤池信息量准则)和 BIC(贝叶斯信息准则)。由于 m1 嵌套在模型 m2—
m5 中,本章计算了 m1 与每个竞争模型的似然比(见表 8-9 中的比较 1 和
LR1)。结果表明,m1 与 m2—m5 之间的 LR1 统计量均显著($p<0.001$),表明
包含一个参照产品的选择模型比传统的选择模型能更好地解释消费者的选择
决策。这些发现进一步强化了比较在消费者选择决策中起重要作用的结论。

表 8-9 模型拟合度比较 (样本内)

模型	LL	AIC	BIC	参数个数	比较 1	LR1	比较 2	LR2
模型-mnl (m1)	−14860	29752	29868	16			m1 vs. m7	490.7***
模型-max (m2)	−14834	29712	29872	22	m2 vs. m1	26***	m2 vs. m7	464.7***
模型-min (m3)	−14846	29736	29896	22	m3 vs. m1	14*	m3 vs. m7	476.7***
模型-ave (m4)	−14843	29730	29890	22	m4 vs. m1	17**	m4 vs. m7	473.7***
模型-int (m5)	−14775	29594	29754	22	m5 vs. m1	85***	m5 vs. m7	405.7***
模型-ref (m6)	−14711	29514	29848	46			m6 vs. m7	341.6***
模型-ME (m7)	−14369	28861	29304	61				

注:*** $p<0.001$,** $p<0.01$,* $p<0.05$。

同时,表 8-9 的结果也表明,ME 模型(m7)在 LL、AIC 和 BIC 方面具有更
好的样本内拟合。其中,m7 的 LL 值最大,AIC 值和 BIC 值最低。由于 m1—
m6 都嵌套在 m7 中,本章使用似然比检验将提出的模型与这些竞争模型进行
比较。m7 和 m1—m6 之间的似然比(见表 8-9 中的比较 2 和 LR2)统计表明,
引入多个参照产品的模型能更好地拟合数据($p<0.001$),说明消费者可能会

使用多个参照产品作为比较产品进行选择决策。这与第六章的结论是一致的，即消费者在做出购买决定时可能会使用多个参照点。

2. 样本外比较

为了检验样本外有效性和预测能力，计算了不同模型的样本外命中率、平均绝对误差（MAE）和根似然（RLH）。命中率是做出正确预测选择的次数与总预测的数量之比。命中率越高，模型预测效果越好。MAE 是指观测值与真实值的误差绝对值的平均值，由式（8-9）给出：

$$\text{MAE} = \frac{\sum\limits_{i=1}^{N} |y_i - y_i^u|}{N} \tag{8-9}$$

其中，y_i 为观测到的选择，y_i^u 为预测的选择，N 为所有选择项，在本数据集中，$N=3531$。MAE 值越小，模型预测效果越好。

在本章计算命中率和平均绝对误差的预测选择时，先计算选择集中每个备择项的概率，概率最高的备择项为被预测的选项。

对于用于估计的个体的新选择任务，T 个样本外选择任务的 RLH 作为预测准确性的度量，使用下式计算：

$$\text{RLH} = \left\{ \prod_{i=1}^{N} \prod_{t=1}^{T} \prod_{j=1}^{J} \pi_{itj} (\hat{\beta}_i)^{y_{itj}} \right\}^{\frac{1}{NT}} \tag{8-10}$$

其中，预测的选择概率 $\pi_{itj}(\hat{\beta}_i)$ 为 $\pi_{itj} = \dfrac{e^{\beta x_{itj}}}{\sum\limits_{l=1}^{J} e^{\beta x_{itl}}}$（$T$ 个样本外选择任务，每个选择任务包括 J 个选项，使用参数 $\hat{\beta}_i$ 的个体 i 估计量计算）。RLH 预测测度将面对新选择集 t 中的备择项 j 的个体 i 的预测 $\pi_{itj}(\hat{\beta}_i)$ 与观察到的选择 y_{itj} 进行比较。RHL 是似然函数的一种变换，其基于选择任务的数目对似然值进行标准化，并可被解释为所观察到的所选备择项的模型预测选择概率的几何平均值。RLH 的取值在 0～1，取值越接近于 1，意味着模型拟合观测到的选择越好（Frischknecht 等，2014）。本章提出的 ME 模型（m7）与竞争模型的样本外命中率、MAE 和 RLH 见表8-10。

从表 8-10 可以看出，m2—m6 的命中率高于 m1，m2—m6 的 MAE 低于 m1，m2—m6 的 RLH 高于 m1。这表明考虑了参照效应的模型的样本外预测效果均优于传统未考虑参照效应的模型。在所有模型中，m7 的样本外命中率最高,为51%,MAE最低,为11.39,RLH最高,为0.692,表明ME模型在样本外预测方面优于所有竞争模型。

表 8-10　模型拟合度比较(样本内)

模型	命中率	MAE	RLH
模型-mnl(m1)	0.45	18.37	0.643
模型-max(m2)	0.46	16.56	0.663
模型-min(m3)	0.46	16.38	0.663
模型-ave(m4)	0.47	16.17	0.665
模型-int(m5)	0.48	15.79	0.671
模型-ref(m6)	0.49	15.11	0.675
模型-ME(m7)	0.51	11.39	0.692

三、模型估计结果

1. 参照产品对消费者选择的影响

专家函数的估计见表8-11。本章发现,内存、CPU型号、屏幕尺寸和续航时间对消费者的选择决策有正向影响。这说明消费者倾向于选择内存更大、CPU速度更快、屏幕尺寸更大和续航时间更长的笔记本电脑。与只有500 GB机械硬盘的电脑相比,消费者更加偏好机械硬盘和固态硬盘(SSD)的组合。如果只有电子硬盘,即使固态硬盘容量(256GB SSD)比机械硬盘容量(500GB)要小,消费者仍然偏好固态硬盘。如果只有机械硬盘,消费者偏好容量更大的机械硬盘。而与机械硬盘相比,即使机械硬盘容量(1TB)远大于固态硬盘(256GB SSD),消费者仍然偏好固态硬盘。就价格而言,5000元左右的电脑最受偏好,其次是6500元左右的电脑,价格8000元的电脑最不受偏好。然而,大多数竞争模型(m1—m5)的系数小于本章提出的ME模型(m7)的系数。这意味着,没有引入参照效应的模型可能低估了各笔记本电脑属性对消费者选择的影响。因此,在离散选择模型中引入参照效应对于充分理解不同属性水平的部分值效用具有重要意义。

表 8-11　模型参数估计（专家函数）

变量	模型-mnl (m1)	模型-max (m2)	模型-min (m3)	模型-ave (m4)	模型-int (m5)	模型-ref (m6)	模型-ME (m7)
硬盘-256GB SSD	0.0057 [0.020]	-0.007 [0.029]	0.063* [0.027]	0.042 [0.062]	0.028 [0.025]		0.061· [0.035]
硬盘-1TB	-0.116*** [0.022]	-0.105*** [0.026]	-0.149*** [0.025]	-0.164 [0.251]	-0.129*** [0.024]		-0.175*** [0.030]
硬盘-1TB+128GB SSD	0.286*** [0.021]	0.316*** [0.027]	0.238*** [0.028]	0.272 [0.727]	0.269*** [0.024]		0.335*** [0.034]
价格-4000 元	0.207*** [0.027]	0.199*** [0.031]	0.22*** [0.034]	0.209*** [0.064]	-0.058. [0.034]		0.274*** [0.045]
价格-5000 元	0.411*** [0.023]	0.420*** [0.024]	0.420*** [0.024]	0.475*** [0.045]	0.354*** [0.024]		0.513*** [0.028]
价格-6500 元	0.248*** [0.027]	0.271*** [0.029]	0.240*** [0.033]	0.029 [0.074]	0.501*** [0.033]		0.411*** [0.037]
价格-8000 元	-0.519*** [0.027]	-0.50*** [0.041]	-0.551*** [0.045]	-0.667*** [0.168]	0.030 [0.051]		-0.719*** [0.076]
内存-8GB	0.129*** [0.020]	0.121*** [0.021]	0.132*** [0.021]	0.025 [0.035]	0.141*** [0.020]		0.114*** [0.025]

续　表

变量	模型-mnl (m1)	模型-max (m2)	模型-min (m3)	模型-ave (m4)	模型-int (m5)	模型-ref (m6)	模型-ME (m7)
内存-16GB	0.403*** [0.018]	0.462*** [0.032]	0.390*** [0.038]	0.557*** [0.101]	0.347*** [0.028]		0.607*** [0.048]
CPU型号-i5	0.118*** [0.018]	0.111*** [0.018]	0.118*** [0.018]	0.068*** [0.024]	0.118*** [0.018]		0.121*** [0.021]
CPU型号-i7	0.404*** [0.017]	0.304*** [0.029]	0.344*** [0.033]	0.408*** [0.141]	0.351*** [0.042]		0.414*** [0.045]
屏幕尺寸-15英寸	-0.017 [0.018]	-0.007 [0.018]	-0.021 [0.018]	-0.004 [0.020]	-0.015 [0.018]		0.023 [0.022]
屏幕尺寸-17英寸	0.079*** [0.020]	0.227*** [0.035]	-0.003 [0.036]	0.240*** [0.054]	0.068 [0.070]		0.267*** [0.052]
续航时间-6小时	0.142*** [0.020]	0.126*** [0.021]	0.141*** [0.020]	0.159*** [0.023]	0.145*** [0.020]		0.142*** [0.024]
续航时间-9小时	0.169*** [0.018]	0.168*** [0.026]	0.157*** [0.031]	0.158*** [0.037]	0.150*** [0.031]		0.160*** [0.036]
optout	-1.084*** [0.039]	-1.089*** [0.039]	-1.078*** [0.039]	-1.154*** [0.042]	-1.110*** [0.040]	-1.072*** [0.040]	-0.948*** [0.041]

续　表

变量	模型-mnl（m1）	模型-max（m2）	模型-min（m3）	模型-ave（m4）	模型-int（m5）	模型-ref（m6）	模型-ME（m7）
maxmemr		-0.045. [0.023]				0.278*** [0.038]	-0.094** [0.0376]
maxhardr		-0.024 [0.020]				-0.041 [0.039]	0.027 [0.031]
maxcpur		-0.095*** [0.024]				0.201*** [0.039]	-0.095** [0.035]
maxscrr		-0.141*** [0.028]				0.301*** [0.037]	-0.171*** [0.041]
maxbatr		0.014*** [0.021]				0.177*** [0.035]	0.027 [0.031]
maxprir		-0.019*** [0.026]				0.484*** [0.053]	-0.055 [0.05]
minmemr			0.014 [0.031]			1.567*** [0.126]	0.046 [0.116]
minhardr			0.070** [0.022]			0.206· [0.106]	-0.081 [0.165]
mincpur			0.065* [0.029]			0.027 [0.125]	2.38*** [0.275]

续　表

变量	模型-mnl (m1)	模型-max (m2)	模型-min (m3)	模型-ave (m4)	模型-int (m5)	模型-ref (m6)	模型-ME (m7)
minscrr			0.088**			0.505***	−0.081
			[0.031]			[0.118]	[0.123]
minbatr			0.019			0.41***	−0.134
			[0.027]			[0.104]	[0.137]
minprir			0.024			0.029	−0.133
			[0.031]			[0.111]	[0.162]
avememr				−0.235***		0.419***	−0.132*
				[0.067]		[0.068]	[0.063]
avehardr				−2.637		0.067	−0.105*
				[5.463]		[0.050]	[0.048]
avecpur				−0.015		1.261***	−0.007
				[109]		[0.127]	[0.064]
avescrr				−0.516**		0.237***	−0.043
				[0.188]		[0.061]	[0.062]
avebatr				−0.118.		0.140*	0.016
				[0.068]		[0.060]	[0.048]
aveprir				0.409**		−0.442***	1.072***
				[0.122]		[0.077]	[0.087]

续 表

变量	模型-mnl (m1)	模型-max (m2)	模型-min (m3)	模型-ave (m4)	模型-int (m5)	模型-ref (m6)	模型-ME (m7)
intmemr					0.071**	0.329***	−0.282***
					[0.027]	[0.022]	[0.083]
inthardr					0.033	0.230***	0.127*
					[0.024]	[0.025]	[0.063]
intcpur					0.059	0.381***	0.256***
					[0.042]	[0.031]	[0.092]
intscrr					0.009	0.112***	−0.359***
					[0.067]	[0.020]	[0.081]
intbatr					0.024	0.442***	0.211*
					[0.033]	[0.026]	[0.085]
intprir					−0.534***	−0.530***	−1.336***
					[0.043]	[0.030]	[0.131]

注：（1）方括号中的数值是标准差。（2）*** $p<0.001$，** $p<0.01$，* $p<0.05$，$p<0.1$。（3）对消费者 n，maxmemr 为 $(x^1_{n,\max,k}(C-r)-x^1_{n,\max,k}((C-r))/x^1_{n,\max,k}((C-r)$，其中属性 k 指的是价格的比值，而 maxhardr，maxcpur，maxscrr，maxbatr 和 maxprir 分别表示相应产品的硬盘，CPU 型号，屏幕尺寸，续航时间和价格的比值；以 min，ave 和 int 开头的变量与以 max 开头的变量定义类似，不过相比较的产品由最偏好的产品换成最不偏好的产品、平均产品和内部参照产品。（3）optout 表示"不选择"。

188

同时,由表8-11可知,"不选择"常数项为负值且显著,这意味着"不选择"选项与其他备择项相比,总体效用较低,这一点从表8-6中"不选择"选项被选择的次数中也可以看出。

在参照产品的影响方面,四种参照产品对消费者的选择决策有不同的影响。首先,根据本章提出的 ME 模型(m7),当消费者与最偏好产品进行比较时,选择笔记本电脑的概率受到所有比较变量的显著影响。虽然屏幕大小、CPU 型号和内存这三个属性通常对选择笔记本电脑的概率有正向影响,但与最偏好产品进行比较的影响是负向的。与最偏好产品其他属性的比较对选择笔记本电脑的概率的影响并不显著。因此,在其他条件相同的情况下,如果消费者最偏好的产品在屏幕大小、CPU 型号和内存上有更高的属性水平,那么他们更喜欢焦点产品。消费者在不同属性上的偏好是不一致的,在使用最偏好的产品作为参照产品时,在屏幕大小、CPU 型号和内存上相对于参照产品具有较低属性水平的焦点产品会更受偏好。就硬盘大小、续航时间和价格三个属性而言,比较效应不显著。在产品设计时,应考虑消费者对不同属性的反应,属性值越大的产品并不一定会受到欢迎。以笔记本电脑为例,有些属性如内存和硬盘,属性值越大越受消费者偏好。当然,其属性值越高,尤其是固态硬盘,产品价格也更高。而价格并不是越高越好,人们对定价8000元电脑的偏好程度甚至低于对3000元电脑的偏好程度。

其次,消费者在比较最不偏好的产品时,其选择焦点产品的概率不受内存、硬盘、屏幕尺寸、续航时间和价格等变量的影响。在其他条件相同的情况下,焦点产品(相对于最不偏好的产品)的 CPU 速度越快,其对消费者的吸引力就越大。换句话说,与最不偏好产品相比,焦点产品的 CPU 速度越快越好。

对于平均产品而言,CPU 型号、屏幕尺寸和续航时间三个属性的比较效应是不显著的。当消费者使用平均产品作为参照产品时,在其他条件相同的情况下,平均参照产品(相对于焦点产品)在内存和硬盘上的属性水平越高,焦点产品越受消费者偏好。价格则相反,焦点产品(相对于平均参照产品而言)的价格越高,越受消费者偏好。平均产品是消费者对选择集中所有备择项的总体印象,有别于选择集中的备择项,在实际中可能并不存在。消费者在与这类参照产品进行比较时,会更偏好属性水平较低的焦点产品。因此,企业在新产品上市时,有必要先了解消费者对市场在销产品的认知。

最后,当消费者使用内部参照产品作为比较产品时,选择焦点产品的概率受硬盘、CPU型号和续航时间的正向影响,受内存、屏幕尺寸和价格的负向影响。内部参照产品定义为当前使用的产品。也就是说,如果焦点产品在内存、屏幕尺寸和价格上的属性水平比消费者当前使用的产品低,尤其是价格(-1.336),则焦点产品会更受消费者偏好。

2. 参照产品使用中的消费者异质性

为了理解消费者的比较策略,将估计的参数(θ_i)代入门函数,然后按消费者进行平均。结果显示,平均来说,消费者使用最偏好的产品作为参照产品的概率为59.2%,使用最不偏好的产品作为参照产品的概率为6.4%,使用平均产品作为参照产品的概率为15.1%,使用内部参照产品作为参照产品的概率为19.3%。

表 8-12　模型参数估计(门函数)

	变量	模型-ref(m7)	模型-ME(m6)
	截距	−8.780*	−4.338*
		[4.504]	[2.316]
	产品熟悉度	−0.073	−0.179
		[0.210]	[0.131]
	产品兴趣	−0.251	0.425**
		[0.20]	[0.160]
门函数-min	产品对自身的重要程度	0.307	0.175
		[0.20]	[0.162]
	性别-男	−1.008**	0.608*
		[0.384]	[0.366]
	年龄	0.389	−0.260
		[0.30]	[0.237]
	log(收入)	0.756	−0.024
		[0.498]	[0.268]

续　表

变量		模型-ref(m7)	模型-ME(m6)
门函数-ave	截距	0.043	−7.267***
		[2.271]	[2.203]
	产品熟悉度	−0.243˙	0.150
		[0.133]	[0.116]
	产品兴趣	0.141	0.319**
		[0.152]	[0.120]
	产品对自身的重要程度	0.368**	−0.305**
		[0.139]	[0.114]
	性别-男	0.902**	−0.414˙
		[0.310]	[0.240]
	年龄	−0.134	−0.508**
		[0.220]	[0.196]
	log(收入)	−0.257	0.756**
		[0.257]	[0.250]
门函数-int	截距	6.762***	8.984***
		[1.672]	[1.930]
	产品熟悉度	−0.154	0.110
		[0.109]	[0.112]
	产品兴趣	−0.260*	0.014
		[0.107]	[0.115]
	产品对自身的重要程度	0.281**	−0.105
		[0.10]	[0.127]
	性别-男	0.381˙	−0.411
		[0.224]	[0.279]
	年龄	0.197	0.284
		[0.165]	[0.214]
	log(收入)	−0.649**	−1.249***
		[0.203]	[0.259]

注:方括号中的数值是标准差;*** $p<0.001$, ** $p<0.01$, * $p<0.05$, ˙ $p<0.1$。

在模型估计结果中(见表8-12),最偏好产品作为基准,因此,门函数中的截距项表示每个参照产品相对于最偏好产品的使用情况。正截距表示对应的参照产品比最偏好产品更有可能被使用,负截距则表示相反。总体而言,与最偏好产品相比,消费者更倾向于使用内部参照产品作为比较产品,而平均产品最少被使用。

从表8-12可以看出,消费者对不同参照产品的使用存在异质性。就最不偏好产品作为参照产品而言,对产品感兴趣的消费者使用最不偏好作为参照产品的概率更高(0.425,$p<0.01$)。同时,男性消费者使用最不偏好作为参照产品的概率更高(0.608,$p<0.1$)就以平均产品作为参照产品而言,对产品感兴趣的消费者和收入较高的消费者更倾向于使用平均产品作为参照产品。而认为产品对自身比较重要的消费者则不倾向使用平均产品作为参照产品。此外,男性消费者和年龄比较大的消费者使用平均产品作为参照产品的概率更低(系数分别为—0.414和—0.508,$p<0.1$和$p<0.01$)。就以过去购买或正在使用的产品作为参照产品而言,收入较低的消费者更倾向于使用这类参照产品。

以上关于消费者使用参照产品的研究结论,对于企业决策者制定市场定位策略和传播策略具有参考价值。

第五节 小 结

本章以笔记本电脑为实验产品,验证了所提出的ME模型可以同时对消费者使用具有多属性的多参照产品的行为进行估计。该模型还同时能检验消费者在使用不同参照产品时的异质性。研究结果表明:本章提出的ME模型在样本内拟合和样本外预测方面均优于竞争模型;消费者在做选择时可能会对不同的参照产品进行详细的比较;将多个参照产品与多个属性结合的模型可以更好地解释消费者的选择;消费者在比较笔记本电脑等耐用品的过程中使用了四种参照产品或者是这四种参照产品的概率组合,并且消费者使用何种参照产品进行比较受消费者异质性（如性别、年龄、收入、产品兴趣、产品对自身的重要程度、产品熟悉度等）的影响。

　　同时，本章在选择集里增加了"不选择"选项，并对"不选择"选项的总体效用进行了估计。基于随机效用最大化理论的选择模型假设消费者的选择是理性的，他们会选择效用最高的备择项。研究表明，当消费者发现当前的选项里没有一个选择项有吸引力，或者当消费者期望有更好的选择时（Dhar，1997），他们选择"不选择"。这时，如果强迫受访者做出选择，他们可能会随机做出选择或挑选一个最安全的选项，从而导致数据偏差。因此，为了与消费者日常选择情境一致，基于随机效用最大化理论的选择模型通常包含"不选择"选项（Veldwijk 等，2014）。当然，包含"不选择"选项可能会带来新的问题，如可能会鼓励受访者做出轻松的选择，从而降低了使用"不选择"概率来估计市场份额的有效性（Johnson 和 Orme，1996：1-23）。

　　本章的研究尚有局限性，这为未来的研究提供了方向。首先，虽然本章在选择集中增加了"不选择"选项，但并未对"不选择"选项对模型估计和预测造成的影响进行评估。其原因在于，本章把重点放在考察不同的参照产品对消费者选择的影响以及消费者异质性如何影响参照产品的使用。多数研究认为，包含"不选择"选项能提高模型的拟合度，增强估计值的准确性（Brazell 等，2006；Krosnick，1991；Krosnick 等，2002；Veldwijk 等，2014）；但也有研究认为，包含"不选择"选项的问卷并不必然会提高数据的质量，因为受访者在能力不足、动机不强或选项问题过难时会选择"不选择"来逃避对这些问题的回答。因此，如果问卷中不含"不选择"选项，受访者将努力作答，从而能提供更有用的信息（Krosnick，1991；Krosnick 等，2002）。同时，也有研究者认为，是否包含"不选择"选项取决于研究目的。如果研究目的是对新产品进行预测，那么最好能包含"不选择"选项（Campbell 和 Erdem，2019）。因此，未来的研究可以进一步探索"不选择"选项的情境适用性及其在 ME 模型下对模型估计和预测造成的影响。其次，本章采用有限混合模型来拟合消费者选择中存在的异质性，这种方式是异质性的离散表示，即将消费者分成若干类，同类的消费者同质，不同类的消费者异质。本章采用有限混合法将消费者分为四类，每类消费者按一定的概率使用不同的参照产品。但如果消费者的差异较大,有限混合法就不能很好地估计出来。这时,可以采用分层贝叶斯方法进行估计,即门函数决定了消费者如何使用不同的参照点,而门函数的系数由消费者特征变量决定,这种异质性的连续表示法就能将不同消费者在使用不同参照点时有何不同估计出来。此方法会极大增加模型的复杂程度和需要估计的参数的个数。

本章与第六章的不同之处在于:第一,实验产品不同。本章使用笔记本电脑作为实验产品,虽然笔记本电脑与智能手机同样为耐用品,但笔记本电脑的均价更高,涉及的属性及属性水平也更多。第二,在数据收集方面,在选择集里增加了"不选择"选项。第三,由于实验产品不同,模型的结论也不同。主要体现在:(1)产品属性对选择决策的影响。与价格对智能手机的选择有负向影响不同,价格对笔记本电脑选择的影响总的来说是正向的,即消费者倾向于选择价格更高的笔记本电脑。(2)受访者使用参照产品的概率不同。在选择智能手机和笔记本电脑时,受访者使用最偏好产品的概率最高,平均分别为 51.8% 和 59.2%,使用最不偏好产品的概率最低,平均分别为 4.0% 和 6.4%。第四,不同特征的受访者使用的参照产品也不同。在有关智能手机的实验数据中,熟悉智能手机的受访者不太喜欢使用平均产品作为参照产品。而有关笔记本电脑的实验数据中,对产品感兴趣的受访者更倾向于使用最不偏好产品和平均产品作为参照产品。参照产品的使用差异也体现在性别上,男性受访者使用最不偏好产品作为参照产品的概率更高,使用平均产品作为参照产品的概率更低;而有关智能手机的实验数据中,女性受访者更倾向于使用内部参照产品作为比较产品。

第三篇

总结和展望

第九章　研究结论与展望

第一节　研究结论和研究贡献

消费者的决策过程本质上是比较过程,作为比较对象的参照产品通常是潜在的、不可观测的,现有文献对参照产品的选定通常是固定的、外生的,具有很大的主观性。虽然参照点的选取通常是不可观测的,但现有多数研究使用的参照点仍然是直接从消费者提取或根据某个预先给定的函数预测而得到的(Foutz,2004)。由于参照点选择的不可观察性,任何显性的指定参照点的方法都可能造成模型估计的偏误。一般来说,既可以通过模型法,也可以通过实验法,或者采用先进的数据收集方法,如神经营销工具(如 Lim,2018),来揭示消费者对不同参照点的采用。本书通过实验法获取消费者可能的参照产品。

有关外部参照点和内部参照点的研究大多将参照点设定在价格这个单一属性上或包括价格在内的两个属性上(文献综述见 Kalyanaram 和 Winer,1994),而且研究中使用的产品多为价格较低的快消品。消费者在进行产品比较和选择时,尤其是在选择耐用品时,考虑的不仅是价格,还有其他产品属性(Baucells 等,2011)。因此,在选择参照属性的数量和类型上,现有的研究并不能完全真实地反映消费者的决策过程。

消费者对参照点的选取通常是依赖于情境的,在不同情境下他们可能采用不同的参照点。甚至在同样的情境下,消费者也可能会同时使用不同的参照点(Mayhew 和 Winer,1992)。而大多数现有文献并没有充分考虑不同的参照点,以及如何选取不同的参照点。仅有少量文献对不同参照点的问题作了论述,但也仅限于 1～2 个属性(主要是价格属性)。现有的研究参照效应的模型不能很好地解决这一问题。

同时,早期的参照依赖模型按照聚合方式考虑参照点对消费者决策的影响,模型中的参照点是固定的、外生的,不考虑消费者之间的差异,即所有消费者都使用相同的参照点,对参照效应有相同的敏感度。而实际上,消费者选择参照产品时往往受情境、情绪、产品类型和消费者个性特征等异质性因素的影响。现有研究主要通过两种方式处理两种异质性,即偏好异质性和结构异质性。前者是指消费者偏好和对营销变量反应的个体差异,后者是指消费者在选择过程的结构上的差异,或在决策中使用不同的选择规则(Yang 和 Allenby,2000)。现有研究主要通过两种方式处理消费者异质性对参照点选择的影响:一种是使用潜类别或有限混合模型,将不同消费者分成若干类,假定消费者对模型中的变量的反应可以分成相应的几类,以此将不同消费者分成若干类,即异质性的离散表示(Wang 等,2019;Bell 和 Lattin,2000);另一种是使用随机系数模型或分层贝叶斯模型,假定消费者对模型中的变量的反应服从一定的连续分布,这种方法可以对个体消费者选择参照点的影响因素进行估计,即异质性的连续表示(孙鲁平和陈宇新,2015;Wedel 等,1999)。本书提出的混合专家(ME)模型将使用有限混合模型处理偏好异质性和结构异质性。

本书提出的 ME 模型可以同时对不同来源的参照产品在多属性上的比较效应进行估计,并考虑了性别、收入、产品熟悉度和产品兴趣等消费者特征变量对参照产品选择的影响。本书首先用模拟数据对模型进行了检验,结果显示,本书提出的 ME 模型能较好地拟合模拟数据,并能比较准确地估计参数。同时,本书用分别用基于智能手机和笔记本电脑的两组实证数据对模型进行了检验。本书采用基于选择的联合分析法收集的数据对 ME 模型进行了检验,结果显示,与其他竞争模型相比,本书提出的 ME 模型能较好地拟合数据,并有较好的样本外预测精度。

本书以智能手机和笔记本电脑为实验产品收集数据,两组数据都显示消费者在做出购买决定时可能会使用多个参照点。同时,消费者使用不同参照点的概率受性别、收入、产品熟悉度和产品兴趣等的影响。而且,与考虑了参照点影响的模型相比,传统的未考虑参照点影响的离散选择模型低估了产品属性对消费者选择的影响。因此,在离散选择模型中引入参照点对于充分理解不同属性的部分值效用具有重要意义。

使用智能手机为实验产品的数据发现,消费者做出决策时采用的参照产品既可能是最偏好产品,也可能是最不偏好产品,还可能是平均产品以及存储在记忆中的内部产品,或是这些产品的组合。在这四种参照产品的选择上,消费者使用最偏好产品作为比较产品的概率最高(约 50%),其次是内部参照产品(约 30%),再次是平均产品(约 9%),使用概率最低的是最不偏好产品(约 4%)。而消费者选择何种参照产品受性别、收入、产品熟悉度和产品兴趣等的影响。总的来说,消费者不倾向于使用最不偏好产品和平均产品作为比较产品。就使用平均产品作为比较产品而言,随着消费者对产品的熟悉程度的增加,消费者使用平均产品作为比较产品的概率会降低;随着消费者对产品兴趣的增加,消费者使用平均产品作为比较产品的概率会增加。就使用内部产品作为比较产品而言,女性更倾向于使用内部参照产品作为比较产品。

使用笔记本电脑为实验产品的数据发现,消费者使用最偏好产品作为比较产品的概率最高(59.2%),其次是内部参照产品(19.3%),再次是平均产品(15.1%),使用概率最低的是最不偏好产品(6.4%)。由于实验产品不同,消费者使用参照产品的概率有所不同,但消费者最多使用的参照产品为最偏好产品,最少使用的参照产品是最不偏好产品。消费者选择何种参照产品受性别、收入、年龄、产品对自身的重要程度、产品熟悉度和产品兴趣等的影响。总的来说,消费者不倾向于使用最不偏好产品和平均产品作为参照产品。对产品感兴趣的消费者更倾向于使用最不偏好产品和平均产品作为参照产品;男性消费者使用最不偏好产品作为参照产品的概率更高,使用平均产品作为参照产品的概率更低；收入较高的消费者更倾向于使用平均产品作为参照产品，而收入较低的消费者更倾向于使用以前购买或正在使用的产品作为参照产品（内部参照产品）；年龄比较大的消费者使用平均产品作为参照产品的概率更低；认为产品对自身比较重要的消费者则不倾向于使用平均产品为参照产品。

在向量模型（属性偏好满足"线性性"假设）、理想点模型和部分值模型的选择使用上，可先运行只包含产品属性的部分值模型，再根据各属性水平的部分值关系确定选择使用何种模型（Green 和 Srinivasan，1978）。本书分别考察了向量模型和混合模型（部分属性使用模型，部分属性使用部分值模型）的数据拟合程度和样本外预测精度。由于屏幕尺寸各水平的部分值存在理想点，不满足属性偏好的"线性性"假设，而相机像素、CPU 速度和价格基本满足"线性性"假设，这种情况下使用混合模型较之各属性水平满足"线性性"假设的向量模型有更好的数据拟合度和预测精度。

如果产品属性偏好不满足"线性性"假设，可采用部分值模型。部分值模型主要有两种编码方式：效应编码和虚拟变量编码。这两种编码所需估计的参数个数相同，但在采用虚拟变量编码的情况下，系数与截距项相关，每个属性水平的效用不能估计出来。而采用效应编码可以解决这个问题。第八章使用笔记本电脑为实验产品收集的数据在参数估计上采用效应编码，并引入了"不选择"选项，使得问卷更能反映消费者的决策情境。虽然本书并未对引入"不选择"选项和不引入"不选择"选项进行比较，但从样本外拟合效果来看（见表 6-7 和表 8-10），采用效应编码和引入"不选择"选项的模型拟合效果更好。

本书在外部参照产品的构造上采用的是选择集中除焦点产品之外的备择产品，外部参照产品类型的确定没有考虑价格，而且参照产品是消费者对当前选择集中产品的总体印象，而非属性层面的排序。在产品选择比较过程中，将价格考虑在内，因此焦点产品的属性水平既可能高于作为参照产品的其他备择产品的属性水平，也可能低于其他备择产品的属性水平，这样会使与参照产品有关的构造变量既可能是正的也可能是负的，从而在模型参数的解释上造成一定的麻烦。为进一步明确比较效应对选择的影响，本书将有关参照产品的构造变量分解为正部和负部，并分别对这两个部分进行参数估计，使用自助法计算标准差。结果发现,人们在使用选择集中除焦点产品之外的最偏好产品作为比较产品时,焦点产品距离最偏好产品越远越不可能被选择,越近越可能被选择。人们使用选择集中除焦点产品之外的最不偏好产品作为比较产品时,选择焦点产品的可能性会降低。人们在使用选择集中除焦点产品之外的平均产品作为比较产品时,除价格外,其他属性越接近于平均产品的属性,焦点产品越有可能被选择。而人们在使用内部参照产品作为比较产品时,焦点产品越接近内部参照产品越有可能被选择,越远越不可能被选择。上述结论描述的是参照效应对产品效用和选择的影响,是追加性的,就产品属性偏好而言,人们还是喜欢属性值大而价格低的产品。

有关参照依赖的文献大多根据展望理论将比较结果相对于某个参照点分为收益和损失两个部分,从而可以研究消费者在决策时表现的得失不对称性,但在参照点的选取上,不同文献做法各异。本书比较了在选用不同参照点的情况下,不同属性的损失规避系数是否会发生变化。研究发现,选用不同的参照点对结果有很大的影响,多数属性在使用不同参照产品时存在损失规避,如屏幕尺寸、CPU速度和相机像素的属性损失规避系数在使用不同参照产品时均大于1。但价格损失规避系数在参照产品为最偏好产品和平均产品时发生逆转(<1)。相机像素的损失规避系数在参照产品为内部参照产品时非常大(231.332)。这些异常现象需要在未来研究中进一步考察。

本书的研究贡献主要在于:首先,验证了在多属性上参照效应的存在。多数关于参照效应的研究关注的是包含价格的一个或两个属性,并且很少同时对不同来源的参照产品进行检验。但只有把不同来源的参照产品放在同一模型中估计才能检验不同参照产品是如何影响消费者决策的,也只有这样才能考察多属性的参照效应是如何影响消费者决策的。本书讨论了不同来源的参照产品在多属性上的比较过程,为以后的研究提供了改进的基础和途径。其次,改进了ME模型,拓宽了混合模型的应用范围。Jacobs等(1991)提出的ME模型不足以解决本书所涉及的问题,本书对这一模型进行了改进,使得专家网络和门网络可以由不同组的变量决定,而且允许不同的专家网络的决定不变量存在不同(见图6-1)。最后,考察了消费者特征变量对参照产品选择的影响,基本揭示了消费者特征变量如何影响参照产品的选择。

第二节　实践启示

本书的结论能够为企业的新产品上市和产品定位等提供理论指导。在新产品上市方面，以智能手机为例，为了提高新产品上市的成功概率，可使新产品的 CPU 速度、屏幕尺寸、相机像素以及价格略低于当前市场上的最偏好产品，这样新产品上市后被选中的概率更高。而如果要提高现有产品的市场份额，可使新产品的 CPU 速度、屏幕尺寸、相机像素以及价格高于市场上的现有产品。以笔记本电脑为例，在新产品上市时，应当考虑消费者对不同属性水平的反应，可使新产品的屏幕尺寸、价格和内存略低于或略小于当前正在使用的产品（内部参照产品），同时，新产品的硬盘、CPU 速度和续航时间优于当前正在使用的产品，这样就可以提高新产品成功的概率。

消费者在选择过程中会按一定的概率使用不同的参照产品，同时，他们对不同参照产品不同属性的选择也会有所区别。本书提出的 ME 模型也能用于对同一个参照产品不同属性的使用进行估计。如果将每个参照产品的不同属性也看成一个专家，以智能手机为例，使用本书的 ME 模型及数据可得出如下结果（见表 9-1）。

表 9-1　不同参照产品属性的使用权重（智能手机）

参照产品	屏幕尺寸	CPU 速度	相机像素	价格
最偏好产品（max）	0.213	0.226	0.342	0.219
最不偏好产品（min）	0.442	0.040	0.067	0.451
平均产品（ave）	0.569	0.207	0.114	0.110
内部参照产品（int）	0.196	0.147	0.364	0.292

由表 9-1 可知，对同一个参照产品，消费者在不同属性的比较上也有所不同。在使用最偏好产品作为参照产品时，参照产品的价格并不作为最重要的考虑因素；而在使用最不偏好产品作为参照产品时，参照产品的价格是最重要的

考虑因素。

以笔记本电脑为例(见表9-2),在使用最偏好产品作为参照产品时,参照产品的价格和续航时间是最重要的考虑因素,这方面与内部参照产品类似;而在使用最不偏好产品作为参照产品时,屏幕尺寸和内存是最重要的考虑因素。据此,企业可以根据产品定位对不同的产品属性进行有针对性的宣传。

表9-2　不同参照产品属性的使用权重(笔记本电脑)

参照产品	内存	硬盘	CPU 速度	屏幕尺寸	续航时间	价格
最偏好产品(max)	0.03640	0.02865	0.15113	0.00876	0.36126	0.41380
最不偏好产品(min)	0.29998	0.00845	0.09619	0.38412	0.14337	0.06789
平均产品(ave)	0.00021	0.00217	0.32969	0.36385	0.07456	0.22953
内部参照产品(int)	0.00206	0.00007	0.12967	0.00415	0.19323	0.67082

当然,参照产品的选择还受消费者性别、收入、产品熟悉度和产品兴趣等的影响,企业在制定新产品上市策略、产品定位策略时,需要综合考虑这些因素。

第三节　研究局限及未来研究方向

现有文献中,研究多属性比较效应的并不是很多,本书在这方面只是一个探索,在很多地方尚有不足之处,有待于在将来的研究中改进。

(1)本书考虑了消费者属性偏好在满足"线性性"假设和部分属性偏好不满足"线性性"假设两种情况下,不同来源的参照产品在多属性上的参照效应对消费者决策的影响,前一种情况通过向量模型可以解决,后一种情况通过混合模型可以解决。但如果多数属性不满足"线性性"假设且属性水平较多,则部分值模型或混合模型并不是一个很好的解决办法,这时可以考虑使用理想点模型。如何将理想点模型和参照效应结合,是未来研究可以考虑的一个方向。

(2)本书没有对消费者属性偏好满足"线性性"假设的边界条件进行讨论,即在多大范围内消费者属性偏好满足"线性性"假设;而且部分属性还可能是截断的,如价格属性,低于某个价位或高于某个价位的智能手机可能均不被消费者接受。

(3)本书并未对消费者个体在参照产品选择上的差异进行估计。本书只考虑了消费者特征变量对参照产品选择的影响,而对消费者个体在参照产品选择上有何不同并未估计,在未来的研究中可以考虑使用分层贝叶斯方法对消费者的个体差异进行估计。

(4)如果部分产品属性存在理想点,可以通过混合模型解决,本书第七章第二节已有论述,但本书并未讨论专家层面理想点的存在与否,在以后的研究中需进一步探讨。

(5)本书使用智能手机和笔记本电脑作为测试物,研究结论能否推广到其他产品需要进一步的验证。本书讨论的模型涉及产品属性的比较和权衡以及不同产品之间的对比,需要消费者有较高的动机和能力做这样的比较。例如,对有些产品如智能手机、笔记本电脑,消费者会有较强的动机去做这样的比较;但对有些产品如快消品、经常购买的商品或与消费者自身利益无关的商品,消费者可能只依据环境因素或与产品属性无关的线索就做出购买决策(Bitner 和 Obermiller,1985)。

(6)本书采用的是实验数据,而在实际的数据中,最偏好产品和最不偏好产品均很难观测到,结论是否一致尚待检验。根据本书的结论,在实际的数据中,最偏好产品、最不偏好产品和平均产品可分别根据购买产品的频率来确定。

参考文献

一、外文文献

[1] Allen, Eric J., Dechow, Patricia M., Pope, Devin G., et al. Reference-dependent preferences: Evidence from marathon runners[J]. Management Science, 2017, 63(6): 1657-1672.

[2] Álvarez, Begoña, Casielles, Rodolfo Vázquez. Effects of price decisions on product categories and brands[J]. Asia Pacific Journal of Marketing and Logistics, 2008, 20(1): 23-43.

[3] Amir, On, Levav, Jonathan. Choice construction versus preference construction: The instability of preferences learned in context[J]. Journal of Marketing Research, 2008, 45(2): 145-158.

[4] Anderson, Rolph E. Consumer dissatisfaction: The effect of disconfirmed expectancy on perceived product performance[J]. Journal of Marketing Research, 1973, 10(1): 38-44.

[5] Andrews, Rick L., Ainslie, Andrew, Currim, Imran S. An empirical comparison of logit choice models with discrete versus continuous representations of heterogeneity[J]. Journal of Marketing Research, 2002, 39(4): 479-487.

[6] Arkes, Hal R., Hirshleifer, David, Jiang, Danling, et al. Reference point adaptation: Tests in the domain of security trading[J]. Organizational Behavior and Human Decision Processes, 2008, 105(1): 67-81.

[7] Arkes, Hal R., Hirshleifer, David, Jiang, Danling, et al. A cross-cultural

study of reference point adaptation: Evidence from China, Korea, and the US[J]. Organizational Behavior and Human Decision Processes, 2010, 112 (2):99-111.

[8] Baillon, Aurélien, Bleichrodt, Han, Spinu, Vitalie. Searching for the reference point[J]. Management Science, 2019, 66(1):93-112.

[9] Barberis, Nicholas C. Thirty years of prospect theory in economics: A review and assessment[J]. The Journal of Economic Perspectives, 2013, 27(1):173-195.

[10] Bartling, Bjoern, Brandes, Leif, Schunk, Daniel. Expectations as reference points: Field evidence from professional soccer[J]. Management Science, 2015, 61(11):2646-2661.

[11] Bateson, Melissa, Healy, Susan D. Comparative evaluation and its implications for mate choice[J]. Trends in Ecology and Evolution, 2005, 20(12):659-664.

[12] Baucells, Manel, Weber, Martin, Welfens, Frank. Reference-point formation and updating[J]. Management Science, 2011, 57(3):506-519.

[13] Bell, David R., Bucklin, Randolph E. The role of internal reference points in the category purchase decision[J]. Journal of Consumer Research, 1999, 26(2):128-143.

[14] Bell, David R., Lattin, James M. Looking for loss aversion in scanner panel data: The confounding effect of price response heterogeneity[J]. Marketing Science, 2000, 19(2):185-200.

[15] Ben-Akiva, Moshe E., Lerman, Steven R. Discrete Choice Analysis: Theory and Application to Travel Demand [M]. Cambridge: MIT Press, 1985.

[16] Bettman, James R., Luce, Mary Frances, Payne, John W. Constructive consumer choice processes[J]. Journal of Consumer Research, 1998, 25 (3):187-217.

[17] Bevan, William, Pritchard, Joan F. , Reed, Walter G. Single-stimulus judgments of loudness as a function of presentation-interval [J]. The American Journal of Psychology,1962,75(4):612-618.

[18] Bhargava, Mukesh, Kim, John, Srivastava, Rajendra K. Explaining context effects on choice using a model of comparative judgment [J]. Journal of Consumer Psychology,2000,9(3):167-177.

[19] Bhatia, Sudeep. Comparing theories of reference-dependent choice [J]. Journal of Experimental Psychology: Learning, Memory, and Cognition, 2017,43(9):1490-1507.

[20] Birnbaum, Michael H. Using contextual effects to derive psychophysical scales [J]. Attention, Perception, & Psychophysics,1974 (1):89-96.

[21] Bitner, Mary J. , Obermiller, Carl. The elaboration likelihood model: Limitations and extensions in marketing [J]. Advances in Consumer Research,1985,12(1):420-425.

[22] Bowling, Nathan A. , Beehr, Terry A. , Wagner, Stephen H. , et al. Adaptation-level theory, opponent process theory, and dispositions: An integrated approach to the stability of job satisfaction [J]. Journal of Applied Psychology,2005,90(6):1044-1053.

[23] Brazell, Jeff D. , Diener, Christopher G. , Karniouchina, Ekaterina, et al. The no-choice option and dual response choice designs [J]. Marketing Letters,2006,17(4):255-268.

[24] Brickman, Philip, Coates, Dan, Janoff-Bulman, Ronnie. Lottery winners and accident victims: Is happy relative [J]. Journal of Personality and Social Psychology,1978,36(8):917-927.

[25] Brickman, Philip. Adaptation level determinants of satisfaction with equal and unequal outcome distributions in skill and chance situations [J]. Journal of Personality and Social Psychology,1975,32(2):191-198.

[26] Briesch, Richard A. , Krishnamurthi, Lakshman, Mazumdar, Tridib, et al.

A comparative analysis of reference price models[J]. Journal of Consumer Research,1997,24(2):202-214.

[27] Capehart,Jack,Tempone,Vincent J.,Herbert,John. A theory of stimulus equivalence [J]. Psychological Review,1969,76(4):405-418.

[28] Campbell, Danny, Erdem, Seda. Including opt-out options in discrete choice experiments:issues to consider[J]. The Patient:Patient-Centered Outcomes Research,2019(1):1-14.

[29] Caputo,Vincenzina,Lusk,Jayson L. ,Nayga,Rodolfo M. Am I getting a good deal? Reference-dependent decision making when the reference price is uncertain[J]. American Journal of Agricultural Economics,2020, 102(1):132-153.

[30] Caputo, Vincenzina, Lusk, Jayson L. , Nayga Jr, Rodolfo M. Choice experiments are not conducted in a vacuum:The effects of external price information on choice behavior [J]. Journal of Economic Behavior & Organization,2018,145:335-351.

[31] Cardozo, Richard N. An experimental study of customer effort, expectation,and satisfaction[J]. Journal of Marketing Research,1965,2 (3):244-249.

[32] Chandrashekaran,Rajesh,Grewal,Dhruv. Assimilation of advertised reference prices:The moderating role of involvement[J]. Journal of Retailing,2003,79 (1):53-62.

[33] Chang,Kwangpil,Siddarth,Sivaramakrishnan,Weinberg,Charles B. The impact of heterogeneity in purchase timing and price responsiveness on estimates of sticker shock effects[J]. Marketing Science,1999,18(2): 178-192.

[34] Chapman,Gretchen B. Expectations and preferences for sequences of health and money[J]. Organizational Behavior and Human Decision Processes,1996, 67(1):59-75.

[35] Chernev, Alexander. When more is less and less is more: The role of ideal point availability and assortment in consumer choice [J]. Journal of Consumer Research, 2003, 30(2): 170-183.

[36] Childers, Terry L., Rao, Akshay R. The influence of familial and peer-based reference groups on consumer decisions[J]. Journal of Consumer research, 1992, 19(2): 198-211.

[37] Choi, Choongbeom, Mattila, Anna S. The effects of internal and external reference prices on travelers' price evaluations [J]. Journal of Travel Research, 2018, 57(8): 1068-1077.

[38] Chorus, Caspar, van Cranenburgh, Sander, Dekker, Thijs. Random regret minimization for consumer choice modeling: Assessment of empirical evidence[J]. Journal of Business Research, 2014, 67(11): 2428-2436.

[39] Chorus, Caspar G., Arentze, Theo A., Timmermans, Harry Jp. A random regret-minimization model of travel choice[J]. Transportation Research Part B: Methodological, 2008, 42(1): 1-18.

[40] Chorus, Caspar G. A new model of random regret minimization[J]. European Journal of Transport and Infrastructure Research, 2010, 2(10): 181-196.

[41] Chorus, Caspar G. Random Regret-based discrete choice modeling: A tutorial[M]. London: Springer Science & Business Media, 2012.

[42] Chipman, John S. The foundations of utility[J]. Econometrica, 1960, 28(2): 193-224.

[43] Coombs, Clyde H., Avrunin, George S. Single-peaked preference functions and the theory of preference[J]. Psychological Review, 1977, 84(2): 216-230.

[44] Corcoran, Katja, Crusius, Jan, Mussweiler, Thomas. Social comparison: Motives, standards, and mechanisms [M]//Chadee, Derek. Theories in Social Psychology. Oxford: Wiley-Blackwell, 2011.

[45] Daly, Andrew, Dekker, Thijs, Hess, Stephane. Dummy coding vs. effects

coding for categorical variables：Clarifications and extensions[J]．Journal of choice modelling，2016，21：36-41.

[46] Davis，Harry L. Dimensions of marital roles in consumer decision making [J]．Journal of Marketing Research，1970，7(2)：168-177.

[47] Davison，A. C. ，Hinkley，D. V. Bootstrap Methods and Their Application [M]．Cambridge：Cambridge University Press，1997.

[48] De Bruyn，Arnaud，Prokopec，Sonja. Assimilation-contrast theory in action：Operationalization and managerial impact in a fundraising context [J]．International Journal of Research in Marketing，2017，34 (2)：367-381.

[49] Dhar，Ravi，Nowlis，Stephen M. ，Sherman，Steven J. Comparison effects on preference construction[J]．Journal of Consumer Research，1999，26 (3)：293-306.

[50] Dhar，Ravi，Simonson，Itamar. The effect of the focus of comparison on consumer preferences[J]．Journal of Marketing Research，1992，29(4)：430-440.

[51] Dhar，Ravi，Simonson，Itamar. The effect of forced choice on choice[J]．Journal of marketing research，2003，40(2)：146-160.

[52] Dhar，Ravi. Consumer preference for a no-choice option[J]．Journal of Consumer Research，1997，24(2)：215-231.

[53] Dholakia，Utpal M. ，Simonson，Itamar. The effect of explicit reference points on consumer choice and online bidding behavior[J]．Marketing Science，2005，24(2)：206-217.

[54] Druckman，James N. The implications of framing effects for citizen competence[J]．Political Behavior，2001，23(3)：225-256.

[55] Edwards，José. Harry Helson's adaptation-level theory，happiness treadmills，and behavioral economics [J]．Journal of the History of Economic Thought，2018，40(1)：1-22.

[56] Erdem, Tülin, Mayhew, Glenn, Sun, Baohong. Understanding reference-price shoppers: A within-and cross-category analysis [J]. Journal of Marketing Research, 2001, 38(4): 445-457.

[57] Erickson, Gary M., Johansson, Johny K. The role of price in multi-attribute product evaluations [J]. Journal of consumer research, 1985, 12 (2): 195-199.

[58] Fan, Weiguo, Gordon, Michael, Pathak, Praveen. On linear mixture of expert approaches to information retrieval [J]. Decision Support Systems, 2006, 42(2): 975-987.

[59] Fasold, Frowin, Memmert, Daniel, Unkelbach, Christian. Extreme judgments depend on the expectation of following judgments: A calibration analysis [J]. Psychology of Sport and Exercise, 2012 (2): 197-200.

[60] Festinger, Leon. A Theory of Cognitive Dissonance [M]. Stanford: Stanford University Press, 1957.

[61] Fischer, Eileen, Arnold, Stephen J. Sex, gender identity, gender role attitudes, and consumer behavior [J]. Psychology & Marketing, 1994, 11 (2): 163-182.

[62] Fogel, Suzanne, Lovallo, Dan, Caringal, Carmina. Loss aversion for quality in consumer choice [J]. Australian Journal of Management, 2004, 29(1): 45-63.

[63] Foutz, Ying Natasha Zhang. Role of reference points in consumer choice and product design: Bayesian methods and empirical tests [D]. New York: Cornell University, 2004.

[64] Frank, J. D. Recent studies of the level of aspiration [J]. Psychological Bulletin, 1941, 38(4): 218-226.

[65] Frederick, Shane, Loewenstein, George. Hedonic adaptation [M]// Kahneman, Daniel, Diener, Ed, Schwarz, Norbert, eds. Well-being: The

Foundations of Hedonic Psychology. New York: Russell Sage Foundation, 1999.

[66] Frischknecht, Bart D. , Eckert, Christine, Geweke, John, et al. A simple method for estimating preference parameters for individuals [J]. International Journal of Research in Marketing, 2014, 31(1): 35-48.

[67] Geistfeld, Loren V. , Sproles, George B. , Badenhop, Suzanne B. The concept and measurement of a hierarchy of product characteristics[J]. Advances in Consumer Research, 1977, 4(1): 302-307.

[68] Genz, Alan, Bretz, Frank, Miwa, Tetsuhisa, et al. Mvtnorm: Multivariate normal and t distributions[CP]. 2019.

[69] Ghoshal, Tanuka, Yorkston, Eric, Nunes, Joseph C. , et al. Multiple reference points in sequential hedonic evaluation: An empirical analysis [J]. Journal of Marketing Research, 2014, 51(5): 563-577.

[70] Gilbert, Daniel T. , Morewedge, Carey K. , Risen, Jane L. , et al. Looking forward to looking backward: The misprediction of regret [J]. Psychological Science, 2004, 15(5): 346-350.

[71] Gormley, Isobel Claire, Murphy, Thomas Brendan. A mixture of experts model for rank data with applications in election studies[J]. The Annals of Applied Statistics, 2008, 2(4): 1452-1477.

[72] Green, Paul E. , Srinivasan, V. Conjoint analysis in consumer research: Issues and outlook [J]. Journal of Consumer Research, 1978, 5 (2): 103-123.

[73] Greenleaf, Eric A. , Lehmann, Donald R. Reasons for substantial delay in consumer decision making[J]. Journal of Consumer Research, 1995, 22(2): 186-199.

[74] Greve, Henrich R. Sticky aspirations: Organizational time perspective and competitiveness[J]. Organization Science, 2002, 13(1): 1-17.

[75] Gruen, Bettina, Leisch, Friedrich. Flexmix: Flexible mixture modeling

［CP］. 2019.

［76］ Grün, Bettina, Leisch, Friedrich. Identifiability of finite mixtures of multinomial logit models with varying and fixed effects［J］. Journal of Classification,2008a,25(2):225-247.

［77］ Grün,Bettina,Leisch,Friedrich. FlexMix version 2:Finite mixtures with concomitant variables and varying and constant parameters［J］. Journal of Statistical Software,2008b,28(4):1-35.

［78］ Grün, Bettina, Leisch, Friedrich. Bootstrapping finite mixture models ［C］//Antoch, Jaromir. Compstat 2004: Proceedings in Computational Statistics. Springer Link,2004.

［79］ Grün,Bettina,Leisch,Friedrich. Finite mixture model diagnostics using resampling methods. Unpublished manuscript,2010.

［80］ Haaijer,Rinus,Kamakura,Wagner A. ,Wedel,Michel. The 'no-choice' alternative in conjoint choice experiments［J］. International Journal of Market Research,2001,43(1):1-12.

［81］ Hack, Andreas, Lammers, Frauke. The role of expectations in the formation of reference points［J］. Unpublished article,2009.

［82］ Hack, Andreas, von Bieberstein, Frauke. How expectations affect reference point formation:An experimental investigation［J］. Review of Managerial Science,2015,9(1):33-59.

［83］ Han, Sangman, Gupta, Sunil, Lehmann, Donald R. Consumer price sensitivity and price thresholds［J］. Journal of Retailing,2001,77(4):435-456.

［84］ Hao, Andy W. , Paul, Justin, Trott, Sangeeta, et al. Two decades of research on nation branding:A review and future research agenda［J］. International Marketing Review,2019,38(1):46-69.

［85］ Hardie, Bruce G. S. ,Johnson, Eric J. , Fader, Peter S. Modeling loss aversion and reference dependence effects on brand choice［J］. Marketing

Science,1993,12(4):378-394.

[86] Harinck, Fieke, Dijk, Eric van, Beest, Ilja van, et al. When gains loom larger than losses: Reversed loss aversion for small amounts of money [J]. Psychological Science,2007,18(12):1099-1105.

[87] Helson, Harry. Adaptation Level Theory: An Experimental and Systematic Approach to Behavior [M]. New York: Harper and Row,1964a.

[88] Helson, Harry. Current trends and issues in adaptation-level theory[J]. American Psychologist,1964b,19(1):26-38.

[89] Helson, Harry. Adaptation-level as frame of reference for prediction of psychophysical data[J]. The American Journal of Psychology,1947,60 (1):1-29.

[90] Helson, Harry. Adaptation-level as a basis for a quantitative theory of frames of reference[J]. Psychological Review,1948,55(6):297-313.

[91] Hess, Stephane, Rose, John M., Bain, Stuart. Random scale heterogeneity in discrete choice models [C]. Noordwijkerhout: European Transport Conference,2009.

[92] Hesterberg, Tim, Moore, David S., Monaghan, Shaun, et al. Bootstrap methods and permutation tests [J]. Introduction to the Practice of Statistics,2005,5:1-70.

[93] Highhouse, Scott, Johnson, Michael A. Gain/loss asymmetry and riskless choice: Loss aversion in choices among job finalists[J]. Organizational Behavior and Human Decision Processes,1996,68(3):225-233.

[94] Houston, David A., Sherman, Steven J., Baker, Sara M. The influence of unique features and direction of comparison of preferences[J]. Journal of Experimental Social Psychology,1989,25(2):121-141.

[95] Hovland, Carl I., Harvey, O. J., Sherif, Muzafer. Assimilation and contrast effects in reactions to communication and attitude change[J].

The Journal of Abnormal and Social Psychology,1957,55(2):244-252.

[96] Hsee, Chrisopher K. , Loewenstein, George F. , Blount, Sally, et al. Preference reversals between joint and separate evaluations of options: A review and theoretical analysis[J]. Psychological Bulletin,1999,125(5): 576-590.

[97] Hu, Wuyang, Adamowicz, Wiktor L. , Veeman, Michele M. Labeling context and reference point effects in models of food attribute demand [J]. American Journal of Agricultural Economics, 2006, 88 (4): 1034-1049.

[98] Huang,Jih-Jeng. Further explanations for context effects: A perspective of ideal and reference points [J]. Quality & Quantity, 2012, 46 (1): 281-290.

[99] Huang, Wen-Hsien, Tseng, Li-Jung. How multiple reference points influence managers' post-decisional regret [J]. Social Behavior & Personality:An International Journal,2007,35(4):487-497.

[100] Huber,Joel,Payne,John W. ,Puto,Christopher. Adding asymmetrically dominated alternatives: Violations of regularity and the similarity hypothesis[J]. Journal of Consumer Research,1982,9(1):90-98.

[101] Hulshoff Pol,Hilleke E. ,Hijman,Ron,Baaré,Wim F. C. ,et al. Effects of context on judgements of odor intensities in humans [J]. Chemical Senses,1998,23(2):131-135.

[102] Hutchinson,J. Wesley. On the locus of range effects in judgment and choice[J]. Advances in Consumer Research,1983,10(1):305-308.

[103] Jacobs, Robert A. , Jordan, Michael I. , Nowlan, Steven J. , et al. Adaptive mixtures of local experts[J]. Neural Computation,1991,3(1): 79-87.

[104] Janiszewski,Chris Chrisj Dale. Cba. ,Lichtenstein,Donald R. Donald. Lichtenstiein. A range theory account of price perception[J]. Journal of

Consumer Research,1999(4):353-368.

[105] Johnson, Donald M. , Mullally, Carolyn R. Correlation-and-regression model for category judgments[J]. Psychological Review, 1969, 76(2): 205-215.

[106] Johnson, Eric J. , Hershey, John, Meszaros, Jacqueline, et al. Framing, probability distortions, and insurance decisions[J]. Journal of Risk and Uncertainty, 1993, 7(1): 35-51.

[107] Johnson, Michael D. On the nature of product attributes and attribute relationships[J]. Advances in Consumer Research, 1989, 16(1): 598-604.

[108] Johnson, Michael D. , Ilies, Remus, Boles, Terry L. Alternative reference points and outcome evaluation: The influence of affect[J]. Journal of Applied Psychology, 2012, 97(1): 33-45.

[109] Johnson, Richard M. , Orme, Bryan K. How many questions should you ask in choice-based conjoint studies[C]. Beaver Creek: Art Forum. 1996.

[110] Jordan, Michael I. , Jacobs, Robert A. Hierarchical mixtures of experts and the EM algorithm[J]. Neural Computation, 1994, 6(2): 181-214.

[111] Joseph Sirgy, M. , Tyagi, Pradeep K. An attempt toward an integrated theory of consumer psychology and decision-making [J]. Systems Research, 1986, 3(3): 161-175.

[112] Kahiya, Eldrede T. Five decades of research on export barriers: Review and future directions[J]. International Business Review, 2018, 27(6): 1172-1188.

[113] Kahneman, Daniel. Reference points, anchors, norms, and mixed feelings [J]. Organizational Behavior and Human Decision Processes, 1992, 51 (2): 296-312.

[114] Kahneman, Daniel, Tversky, Amos. Prospect Theory: An analysis of decision under risk[J]. Econometrica, 1979, 47(2): 263-291.

[115] Kahneman, Daniel, Knetsch, Jack L. , Thaler, Richard H. Experimental

tests of the endowment effect and the coase theorem[J]. Journal of Political Economy,1990,98(6):1325-1348.

[116] Kahneman, Daniel. Maps of bounded rationality: Psychology for behavioral economics[J]. The American Economic Review,2003,93(5): 1449-1475.

[117] Kalwani, Manohar U., Yim, Chi Kin, Rinne, Heikki J., et al. A price expectations model of customer brand choice[J]. Journal of Marketing Research,1990,27(3):251-262.

[118] Kalyanaram, Gurumurthy, Winer, Russell S. Empirical generalizations from reference price research[J]. Marketing Science, 1995, 14(3): 161-169.

[119] Kalyanaram, Gurumurthy, Little, John D. C. An empirical analysis of latitude of price acceptance in consumer package goods[J]. Journal of Consumer Research,1994,21(3):408-418.

[120] Kamakura, Wagner A., Kim, Byung-Do, Lee, Jonathan. Modeling preference and structural heterogeneity in consumer choice[J]. Marketing Science,1996,15(2):152.

[121] Kamakura,Wagner A.,Srivastava,Rajendra K. Predicting choice shares under conditions of brand interdependence [J]. Journal of Marketing Research,1984,21(4):420-434.

[122] Kenney, Kevin L. Risky choice decisions from a tri-reference point perspective[J]. Academic Leadership Journal in Student Research,2016,4 (1):4.

[123] Kermer,Deborah A.,Driver-Linn,Erin,Wilson,Timothy D.,et al. Loss aversion is an affective forecasting error[J]. Psychological Science,2006, 17(8):649-653.

[124] Kim,Junghun,Lee,Hyunjoo,Lee,Jongsu. Smartphone preferences and brand loyalty:A discrete choice model reflecting the reference point and

peer effect[J]. Journal of Retailing and Consumer Services, 2020a, 52:101907.

[125] Kim, Junghun, Seung, Hyunchan, Lee, Jongsu, et al. Asymmetric preference and loss aversion for electric vehicles: The reference-dependent choice model capturing different preference directions [J]. Energy Economics, 2020b, 86:1-8.

[126] Kim, Junghun, Lee, Jongsu, Ahn, Joongha. Reference-dependent preferences on smart phones in South Korea: Focusing on attributes with heterogeneous preference direction[J]. Computers in Human Behavior, 2016, 64:393-400.

[127] Kim, Junghun, Park, Stephen Youngjun, Lee, Jongsu. Do people really want renewable energy? Who wants renewable energy? Discrete choice model of reference-dependent preference in South Korea[J]. Energy Policy, 2018, 120:761-770.

[128] Kinley, Tammy L., Conrad, Raig A., Brown, Gene. Personal vs. non-personal sources of information used in the purchase of men's apparel[J]. International Journal of Consumer Studies, 2000, 24(1):67-73.

[129] Kirmani, Amna, Baumgartner, Hans. Reference points used in quality and value judgements[J]. Marketing Letters, 2000, 11(4):299-310.

[130] Kivetz, Ran, Netzer, Oded, Srinivasan, V. Alternative models for capturing the compromise effect[J]. Journal of Marketing Research, 2004, 41(3):237-257.

[131] Kivetz, Ran, Simonson, Itamar. Earning the right to indulge: Effort as a determinant of customer preferences toward frequency program rewards [J]. Journal of Marketing Research, 2002, 39(2):155-170.

[132] Kivetz, Ran. The effects of effort and intrinsic motivation on risky choice[J]. Marketing Science, 2003, 22(4):477-502.

[133] Klapper, Daniel, Ebling, Christine, Temme, Jarg. Another look at loss

aversion in brand choice data: Can we characterize the loss averse consumer[J]. International Journal of Research in Marketing, 2005, 22 (3):239-254.

[134] Klein, Noreen M. , Oglethorpe, Janet E. Cognitive reference points in consumer decision making[J]. Advances in Consumer Research, 1987, 14 (1):183-187.

[135] Koop, Gregory J. , Johnson, Joseph G. The use of multiple reference points in risky decision making [J]. Journal of Behavioral Decision Making, 2012, 25(1):49-62.

[136] Kopalle, Praveen K. , Lindsey-Mullikin, Joan. The impact of external reference price on consumer price expectations[J]. Journal of Retailing, 2003, 79(4):225-236.

[137] Krishnamurthi, Lakshman, Mazumdar, Tridib, Raj, S. P. Asymmetric response to price in consumer brand choice and purchase quantity decisions[J]. Journal of Consumer Research, 1992, 19(3):387-400.

[138] Kroeze, Jan H. A. The influence of relative frequencies of pure and mixed stimuli on mixture suppression in taste [J]. Perception & Psychophysics, 1982, 31(3):276-278.

[139] Krosnick, Jon A. Response strategies for coping with the cognitive demands of attitude measures in surveys [J]. Applied Cognitive Psychology, 1991, 5(3):213-236.

[140] Krosnick, Jon A. , Holbrook, Allyson L. , Berent, Matthew K. , et al. The impact of "no opinion" response options on data quality: Non-attitude reduction or an invitation to satisfice [J]. Public Opinion Quarterly, 2002, 66(3):371-403.

[141] Kuhfeld, Warren F. , Tobias, Randall D. , Garratt, Mark. Efficient experimental design with marketing research applications[J]. Journal of Marketing Research, 1994, 31(4):545-557.

[142] Kumar, Ajay, Paul, Justin, Unnithan, Anandakuttan B. 'Masstige' marketing: A review, synthesis and research agenda [J]. Journal of Business Research, 2020, 113: 384-398.

[143] Kumar, V., Hurley, Marvin, Karande, Kiran, et al. The impact of internal and external reference prices on brand choice: The moderating role of contextual variables [J]. Journal of Retailing, 1998, 74 (3): 401-426.

[144] Lagerkvist, Carl Johan, Normann, Anne, Áström, Annika. A theoretical description and experimental exploration of tri-reference point theory with respect to food choice[J]. Food Quality and Preference, 2015, 41: 60-74.

[145] Lagerkvist, Carl Johan, Normann, Anne, Áström, Annika. Product satisfaction in food choice is multiple-reference dependent: Evidence from an in-store non-hypothetical consumer experiment on bread[J]. Food Quality and Preference, 2017, 56: 8-17.

[146] Lancaster, Kelvin. Consumer Demand: A New Approach [M]. New York: Columbia University Press, 1971.

[147] Lant, Theresa K. Aspiration level adaptation: An empirical exploration [J]. Management Science, 1992, 38(5): 623-644.

[148] Lattin, James M., Bucklin, Randolph E. Reference effects of price and promotion on brand choice behavior[J]. Journal of Marketing Research, 1989, 26(3): 299-310.

[149] Leisch, Friedrich. Visualizing cluster analysis and finite mixture models [M]//Chen, Chun-houh, Härdle Wolfgang, Unwin, Antony. Handbook of Data Visualization. Berlin: Springer Berlin Heidelberg, 2008.

[150] Levin, Irwin P., Schneider, Sandra L., Gaeth, Gary J. All frames are not created equal: A typology and critical analysis of framing effects [J]. Organizational Behavior and Human Decision Processes, 1998, 76(2): 149-188.

[151] Lewin, K., Dembo, T., Festinger, L., et al. Level of aspiration[M]// Hunt J. Mcv. Personality and the Behavior Disorders. Oxford: Ronald Press, 1944.

[152] Lichtenstein, Donald R., Burton, Scot, Karson, Eric J. The effect of semantic cues on consumer perceptions of reference price ads[J]. Journal of Consumer Research, 1991, 18(3): 380-391.

[153] Lichtenstein, Donald R., Bloch, Peter H., Black, William C. Correlates of price acceptability[J]. Journal of Consumer Research, 1988, 15(2): 243-252.

[154] Lim, Weng Marc. Enriching information science research through chronic disposition and situational priming: A short note for future research[J]. Journal of Information Science, 2015, 41(3): 399-402.

[155] Lim, Weng Marc. Demystifying neuromarketing[J]. Journal of Business Research, 2018, 91: 205-220.

[156] Lim, Weng Marc, Ahmed, Pervaiz K., Ali, M. Yunus. Data and resource maximization in business-to-business marketing experiments: Methodological insights from data partitioning[J]. Industrial Marketing Management, 2019, 76: 136-143.

[157] Lin, Haiyan. Network consumers' reference price formation analysis [J]. Open Journal of Business and Management, 2018, 6(3): 696-706.

[158] Locke, Edwin A., Shaw, Karyll N., Saari, Lise M., et al. Goal setting and task performance: 1969-1980[J]. Psychological Bulletin, 1981, 90(1): 125-152.

[159] Loewenstein, George F. Frames of mind in intertemporal choice[J]. Management Science, 1988, 34(2): 200-214.

[160] Lowengart, Oded. Reference price conceptualizations: An integrative framework of analysis[J]. Journal of Marketing Management, 2002, 18(1-2): 145-171.

[161] Lu,Jingyi,Xie,Xiaofei,Wang,Mei,et al. Double reference points:The effects of social and financial reference points on decisions under risk[J]. Journal of Behavioral Decision Making,2015,28(5):451-463.

[162] Luce,Mary Frances,Payne,John W. ,Bettman,James R. Emotional trade-off difficulty and choice[J]. Journal of marketing research,1999,36 (2):143-159.

[163] Luce,R. Duncan. Individual Choice Behavior[M]. New York:John Wiley and Sons,1959.

[164] Luce, R. Duncan, Suppes, Patrick. Preference, utility, and subjective probability[M]//Luce,R. Duncan,Bush,Robert R. ,Galanter,Eugene,et al. Handbook of Mathematical Psychology Vol Ⅲ. New York:Wiley,1965.

[165] Luo, X. G. , Kwong, Chun, Kit, Tang, J. F. , et al. Optimal product positioning with consideration of negative utility effect on consumer choice rule[J]. Decision Support Systems,2012,54(1):402-413.

[166] Lynch, John G. , Chakravarti, Dipankar, Mitra, Anusree. Contrast effects in consumer judgments:Changes in mental representations or in the anchoring of rating scales[J]. Journal of Consumer Research,1991,18 (3):284-297.

[167] Manski,Charles F. Maximum score estimation of the stochastic utility model of choice[J]. Journal of Econometrics,1975,3(3):205-228.

[168] Markle, Alex, Wu, George, White, Rebecca, et al. Goals as reference points in marathon running:A novel test of reference dependence[J]. Journal of Risk and Uncertainty,2018,56(1):19-50.

[169] Marschak, Jacob. Binary Choice Constraints on Random Utility Indicators[M]//Arrow K J,Karlin S,Patrick. Mathematical Methods in the Social Sciences,1959. Stanford:Stanford University Press,1960.

[170] Masiero,Lorenzo,Qiu,Richard Tr. Modeling reference experience in destination choice[J]. Annals of Tourism Research,2018,72:58-74.

[171] Mayhew,Glenn E. ,Winer,Russell S. An empirical analysis of internal and external reference prices using scanner data[J]. Journal of Consumer Research,1992,19(1):62-70.

[172] Mazumdar,Tridib,Raj,S. P. ,Sinha,Indrajit. Reference price research: Review and propositions[J]. Journal of Marketing,2005,69(4):84-102.

[173] Mazumdar, Tridib, Jun, Sung Youl. Effects of price uncertainty on consumer purchase budget and price thresholds[J]. Marketing Letters, 1992(4):323-329.

[174] Mazumdar,Tridib,Papatla,Purushottam. An investigation of reference price segments[J]. Journal of Marketing Research,2000,37(2):246-258.

[175] Mazumdar,Tridib,Papatla,Purushottam. Loyalty differences in the use of internal and external reference prices[J]. Marketing Letters,1995,6 (2):111-122.

[176] Mcfadden, Daniel. Economic choices [J]. The American Economic Review,2001,91(3):351-378.

[177] Mcfadden, Daniel. Conditional logit analysis of qualitative choice behavior[M]//Zarembka,Paul ed. Frontiers in Econometrics. New York: Academic Press,1974.

[178] Mclachlan,Geoffrey J. ,Peel,David. Finite Mixture Models[M]. New York:John Wiley & Sons,2000.

[179] Mellers,Barbara. "fair" allocations of salaries and taxes[J]. Journal of Experimental Psychology:Human Perception and Performance,1986(1): 80-91.

[180] Mellers,Barbara A. Reply to Zwislocki's views on "absolute" scaling [J]. Perception & Psychophysics,1983,34(4):405-408.

[181] Mellers,Barbara A. ,Cooke,Alan D. J. Trade-offs depend on attribute range [J]. Journal of Experimental Psychology:Human Perception and Performance,1994,20(5):1055-1067.

[182] Meyers-Levy, Joan, Maheswaran, Durairaj. Exploring differences in males' and females' processing strategies [J]. Journal of Consumer Research,1991,18(1):63-70.

[183] Mishra, Ruchi, Singh, Rajesh Kumar, Koles, Bernadett. Consumer decision-making in omnichannel retailing: Literature review and future research agenda[J]. International Journal of Consumer Studies,2020.

[184] Monroe,Kent B. ,Della Bitta,Albert J. ,Downey,Susan L. Contextual influences on subjective price perceptions [J]. Journal of Business Research,1977,5(4):277-291.

[185] Monroe,Kent B. Buyers' subjective perceptions of price[J]. Journal of Marketing Research,1973,10(1):70-80.

[186] Monroe,Kent B. ,Rikala,Veli-Matti,Somervuori,Outi. Examining the application of behavioral price research in business-to-business markets [J]. Industrial Marketing Management,2015,47:17-25.

[187] Monroe, Kent B. Measuring price thresholds by psychophysics and latitudes of acceptance[J]. Journal of Marketing Research,1971,(4):460-464.

[188] Monroe, Kent B. Theoretical and methodological developments in pricing[J]. Advances in Consumer Research,1984,11(1):636-637.

[189] Moon,Sangkil,Voss,Glenn. How do price range shoppers differ from reference price point shoppers[J]. Journal of Business Research,2009,62 (1):31-38.

[190] Moon, Sangkil, Russell, Gary J. , Duvvuri, Sri Devi. Profiling the reference price consumer[J]. Journal of Retailing,2006,82(1):1-11.

[191] Moran, Simone, Meyer, Joachim. Using context effects to increase a leader's advantage: What set of alternatives should be included in the comparison set[J]. International Journal of Research in Marketing,2006, 23(2):141-154.

［192］ Mussweiler, Thomas. Comparison processes in social judgment: Mechanisms and consequences[J]. Psychological Review, 2003, 110(3): 472-489.

［193］ Mussweiler, Thomas, Strack, Fritz. Numeric judgments under uncertainty: The role of knowledge in anchoring[J]. Journal of Experimental Social Psychology, 2000, 36(5): 495-518.

［194］ Narwal, Preeti, Nayak, J. K. Investigating relative impact of reference prices on customers' price evaluation in absence of posted prices: A case of Pay-What-You-Want (PWYW) pricing[J]. Journal of Revenue and Pricing Management, 2019, 19: 234-247.

［195］ Neumann, Nico, Böckenholt, Ulf. A Meta-analysis of loss aversion in product choice[J]. Journal of Retailing, 2014, 90(2): 182-197.

［196］ Nicolau, Juan L. Direct versus indirect channels: Differentiated loss aversion in a high-involvement, non-frequently purchased hedonic product [J]. European Journal of Marketing, 2013, 47(1/2): 260-278.

［197］ Niedrich, Ronald W., Weathers, Danny, Hill, R. Carter, et al. Specifying price judgments with range-frequency theory in models of brand choice [J]. Journal of Marketing Research, 2009(5): 693-702.

［198］ Niedrich, Ronald W., Sharma, Subhash, Wedell, Douglas H. Reference price and price perceptions: A comparison of alternative models[J]. Journal of Consumer Research, 2001, 28(3): 339-354.

［199］ Ockenfels, Axel, Sliwka, Dirk, Werner, Peter. Bonus payments and reference point violations [J]. Management Science, 2015, 61(7): 1496-1513.

［200］ Ohler, Tobias, Le, Aihong, Louviere, Jordan, et al. Attribute range effects in binary response tasks[J]. Marketing Letters, 2000, 11(3): 249-260.

［201］ Oliver, Richard L. A cognitive model of the antecedents and consequences of satisfaction decisions[J]. Journal of Marketing Research,1980,17(4):460-469.

[202] Olson,Jerry C. ,Dover,Philip A. Disconfirmation of consumer expectations through product trial[J]. Journal of Applied Psychology,1979,64(2):179-189.

[203] Ordó Ez,Lisa D. ,Connolly, Terry , Coughlan, Richard. Multiple reference points in satisfaction and fairness assessment[J]. Journal of Behavioral Decision Making,2000,13(3):329-344.

[204] Orhun,A. Ye Scedilla Im. Optimal product line design when consumers exhibit choice set-dependent preferences[J]. Marketing Science,2009,28 (5):868-886.

[205] Panzone,Luca A. Why are discounted prices presented with full prices? The role of external price information on consumers' likelihood to purchase[J]. Food Quality and Preference,2014,31:69-80.

[206] Paraschiv,Corina,L'Haridon,Olivier. Loss aversion:Origin,components and marketing implications[J]. Recherche et Applications en Marketing (English Edition),2008,23(2):67-82.

[207] Parducci, Allen. An adaptation-level analysis of ordinal effects in judgments[J]. Journal of Experimental Psychology, 1959, 58 (3): 239-246.

[208] Parducci, Allen. Category judgment:A range-frequency model[J]. Psychological Review,1965,72(6):407-418.

[209] Parducci, Allen. Happiness, Pleasure, and Judgment:The Contextual Theory and Its Applications [M]. Hillsdale: Lawrence Erlbaum Associates,Inc. ,1995.

[210] Parducci, Allen, Perrett, Linda, F. Category rating scales:Effects of relative spacing and frequency of stimulus values [J]. Journal of Experimental Psychology,1971(2):427-452.

[211] Park,C. Whan,Jun,Sung Youl,Macinnis,Deborah J. Choosing what I want versus rejecting what I do not want:An application of decision

framing to product option choice decisions[J]. Journal of Marketing Research,2000,37(2):187-202.

[212] Paul,Justin,Parthasarathy,Sundar,Gupta,Parul. Exporting challenges of SMEs: A review and future research agenda[J]. Journal of World Business,2017,52(3):327-342.

[213] Peng, Fengchun, Jacobs, Robert A. , Tanner, Martin A. Bayesian inference in Mixtures-of-Experts and hierarchical Mixtures-of-Experts models with an application to speech recognition[J]. Journal of the American Statistical Association,1996,91(435):953-960.

[214] Prelec, Drazen, Wernerfelt, Birger, Florian, Zettelmeyer. The role of inference in context effects: Inferring what you want from what is available[J]. Journal of Consumer Research,1997,24(1):118-126.

[215] Quinsey, Vernon L. Some applications of adaptation-level theory to aversive behavior[J]. Psychological Bulletin,1970,73(6):441-450.

[216] R Core Team. R: A Language and Environment for Statistical Computing [CP]. 2020.

[217] Rajendran,K. N. ,Tellis,Gerard J. Contextual and temporal components of reference price[J]. Journal of Marketing,1994,58(1):22-34.

[218] Ripley, Brian, Venables, William. Nnet: Feed-forward neural networks and multinomial log-linear models[CP]. 2019.

[219] Rooderkerk,Robert P. ,van Heerde,Harald J. ,Bijmolt,Tammo H. A. Incorporating context effects into a choice model [J]. Journal of Marketing Research,2011,48(4):767-780.

[220] Rosado-Serrano, Alexander, Paul, Justin, Dikova, Desislava. International franchising: A literature review and research agenda[J]. Journal of Business Research,2018,85:238-257.

[221] Rosch,Eleanor. Cognitive reference points[J]. Cognitive Psychology, 1975,7(4):532-547.

[222] Rossi, Peter. Bayesm: Bayesian inference for marketing/micro-econometrics [CP]. 2019.

[223] Russell, James A., Lanius, Ulrich F. Adaptation level and the affective appraisal of environments [J]. Journal of Environmental Psychology, 1984,4(2):119-135.

[224] Sarkar, Deepayan. Lattice: Trellis graphics for R[CP]. 2019.

[225] Sarris, Viktor. Adaptation-level theory: Two critical experiments on Helson's weighted-average model [J]. The American Journal of Psychology, 1967,80(3):331-344.

[226] Schaeffer, Noel Edward. Models of risk perception and risky choice: Theoretical modeling and empirical testing in hypothetical and real-life situations[D]. Vermillion: University of South Dakota, 2008.

[227] Schaupp, L. Christian, Bélanger, France. A conjoint analysis of online consumer satisfaction [J]. Journal of Electronic Commerce Research, 2005,6(2):95-111.

[228] Scheibehenne, Benjamin, von Helversen, Bettina, Rieskamp, Jörg. Different strategies for evaluating consumer products: Attribute-and exemplar-based approaches compared [J]. Journal of Economic Psychology, 2015,46:39-50.

[229] Scholz, Michael, Dorner, Verena, Franz, Markus, et al. Measuring consumers' willingness to pay with utility-based recommendation systems [J]. Decision Support Systems, 2015,72:60-71.

[230] Schwartz, Alan, Goldberg, Julie, Hazen, Gordon. Prospect theory, reference points, and health decisions[J]. Judgment and Decision Making, 2008,3(2):174-180.

[231] Schweitzer, Maurice. Multiple reference points, framing, and the status quo bias in health care financing decisions[J]. Organizational Behavior & Human Decision Processes, 1995,63(1):69-72.

[232] Sherif, Muzafer, Hovland, Carl I. Social Judgment: Assimilation and Contrast Effects in Communication and Attitude Change[M]. Oxford: Yale University Press,1961.

[233] Shiv, Baba, Huber, Joel. The impact of anticipating satisfaction on consumer choice [J]. Journal of Consumer Research, 2000, 27 (2): 202-216.

[234] Shugan, Steven M. The cost of thinking[J]. Journal of consumer Research,1980,7(2):99-111.

[235] Simonson,Itamar. Choice based on reasons: The case of attraction and compromise effects[J]. Journal of Consumer Research, 1989, 16 (2): 158-174.

[236] Simonson,Itamar,Tversky,Amos. Choice in context: Tradeoff contrast and extremeness aversion[J]. Journal of Marketing Research, 1992, 29 (3):281-295.

[237] Song, Jaeki, Jones, Donald, Gudigantala, Naveen. The effects of incorporating compensatory choice strategies in Web-based consumer decision support systems[J]. Decision Support Systems,2007,43(2):359-374.

[238] Stathopoulos, Amanda, Hess, Stephane. Revisiting reference point formation, gains-losses asymmetry and non-linear sensitivities with an emphasis on attribute specific treatment [J]. Transportation Research Part A:Policy & Practice,2012,46(10):1673-1689.

[239] Stommel,Evelyn. Reference-Dependent Preferences: A Theoretical and Experimental Investigation of Individual Reference-point Formation[M]. Germany:Springer Gabler,2013.

[240] Su, Yuyu, Xiong, Liyang. A review of researches on the influence of reference points on newsvendor behavior decision[J]. American Journal of Industrial and Business Management,2020,10(3):689-697.

[241] Sugden, Robert. Reference-dependent subjective expected utility[J]. Journal of Economic Theory,2003,111(2):172-191.

[242] Tan, Wee-Kek, Tan, Chuan-Hoo, Teo, Hock-Hai. Consumer-based decision aid that explains which to buy: Decision confirmation or overconfidence bias[J]. Decision Support Systems,2012,53(1):127-141.

[243] Tarnanidis,Theodore,Owusu-Frimpong,Nana,Nwankwo,Sonny,et al. Why we buy? Modeling consumer selection of referents[J]. Journal of Retailing and Consumer Services,2015,22:24-36.

[244] Tarnanidis, Theodoros K. , Owusu-Frimpong, Nana, Marciniak, Ruth. Consumer choice:Between explicit and implicit reference points[J]. The Marketing Review,2010,3(10):269-286.

[245] Tereyaĝoĝlu ,Necati,Fader,Peter S. ,Veeraraghavan,Senthil. Multiattribute loss aversion and reference dependence: Evidence from the performing arts industry[J]. Management Science,2017,64(1):421-436.

[246] Terui, Nobuhiko, Dahana, Wirawan Dony. Estimating heterogeneous price thresholds[J]. Marketing Science,2006,25(4):384-391.

[247] Terzi,Ayse,Koedijk,Kees,Noussair,Charles N. ,et al. Reference point heterogeneity[J]. Frontiers in Psychology,2016,7:1-10.

[248] Thaler, Richard. Toward a positive theory of consumer choice[J]. Journal of Economic Behavior & Organization,1980,1(1):39-60.

[249] Thaler,Richard. Mental accounting and consumer choice[J]. Marketing Science,1985,4(3):199-214.

[250] Therneau,Terry M. Survival:Survival analysis[CP]. 2019.

[251] Thomas, David R. The role of Adaptation-level in stimulus generalization[M]//Bower, Gordon, H. Psychology of Learning and Motivation. San Diego:Academic Press,1974.

[252] Thurstone, L. L. A law of comparative judgment[J]. Psychological Review,1927,34(4):273-286.

[253] Train,Kenneth. Qualitative Choice Analysis:Theory,Econometrics,and an Application to Automobile Demand[M]. Cambridge:MIT Press,1986.

[254] Tsung,Wen Wu,Day,Ralph L. ,Mackay,David B. Consumer benefits versus product attributes:An experimental test[J]. Quarterly Journal of Business & Economics,1988,27(3):88-113.

[255] Tversky,Amos,Kahneman,Daniel. Loss aversion in riskless choice:A reference-dependent model [J]. The Quarterly Journal of Economics, 1991,106(4):1039-1061.

[256] Tversky,Amos,Kahneman,Daniel. The framing of decisions and the psychology of choice[J]. Science,1981,211(4481):453-458.

[257] Tversky, Amos. Elimination by aspects: A theory of choice [J]. Psychological Review,1972,79(4):281-299.

[258] Tversky,Amos,Simonson,Itamar. Context-dependent preferences[J]. Management Science,1993,39(10):1179-1189.

[259] Unkelbach,Christian, Ostheimer,Vanessa, Fasold,Frowin, et al. A calibration explanation of serial position effects in evaluative judgments [J]. Organizational Behavior and Human Decision Processes,2012,119 (1):103-113.

[260] Vaidyanathan,Rajiv. The role of brand familiarity in internal reference price formation:An accessibility-diagnosticity perspective[J]. Journal of Business and Psychology,2000,14(4):605-624.

[261] van Oest,Rutger. Why are consumers less loss averse in internal than external reference prices[J]. Journal of Retailing,2013,89(1):62-71.

[262] Veldwijk,Jorien,Lambooij,Mattijs S. ,de Bekker-Grob,Esther W. ,et al. The effect of including an opt-out option in discrete choice experiments[J]. PloS One,2014,9(11):e111805.

[263] Volkmann,John. Scales of judgment and their implications for social psychology[M]//Rohrer,John,H. ,Sherif,Muzafer. Social Psychology at

the Crossroads. New York: Harper & Row, 1951.

[264] Vroom, Victor Harold. Work and Motivation [M]. New York: John Wiley and Sons, 1964.

[265] Wakker, Peter P. Prospect Theory: For Risk and Ambiguity [M]. Cambridge: Cambridge University Press, 2010.

[266] Wang, Ping, Sun, Luping, Niraj, Rakesh, et al. Incorporating reference products into modeling consumer choice decision: A mixtures-of-experts model[J]. Decision Support Systems, 2019, 119: 85-95.

[267] Wang, Ping, Sun, Luping, Zhang, Lijun, et al. Reference points in consumer choice models: A review and future research agenda [J]. International Journal of Consumer Studies, 2021, 45(5): 985-1006.

[268] Wang, X. T., Johnson, Joseph G. A tri-reference point theory of decision making under risk [J]. Journal of Experimental Psychology General, 2012, 141(4): 743-756.

[269] Wedel, Michel, Kamakura, Wagner, Arora, Neeraj, et al. Discrete and continuous representations of unobserved heterogeneity in choice modeling[J]. Marketing Letters, 1999, 10(3): 219-232.

[270] Wedell, Douglas H. U. Illinois, Parducci, Allen. The category effect in social judgment: Experimental ratings of happiness [J]. Journal of Personality and Social Psychology, 1988 (3): 341-356.

[271] Wedell, Douglas H. U. South. Contrast effects in paired comparisons: Evidence for both stimulus-based and response-based processes[J]. Journal of Experimental Psychology: Human Perception and Performance, 1995 (5): 1158-1173.

[272] Wicker, Frank W., Hamman, Douglas, Hagen, Anastasia S., et al. Studies of loss aversion and perceived necessity [J]. The Journal of Psychology, 1995, 129(1): 75-89.

[273] Wilkie, William L., Pessemier, Edgar A. Issues in marketing's use of

multi-attribute attitude models[J]. Journal of Marketing Research,1973,
10(4):428-441.

[274] Winer,Russell S. A reference price model of brand choice for frequently
purchased products[J]. Journal of Consumer Research, 1986, 13 (2):
250-256.

[275] Woodside, Arch G. , Parrish, Jack. Positive disconfirmation of
expectation and the effect of effort on evaluation[J]. Proceedings of the
Annual Convention of the American Psychological Association,1972,7
(2):743-744.

[276] Xiao,Bo,Benbasat,Izak. An empirical examination of the influence of
biased personalized product recommendations on consumers' decision-
making outcomes[J]. Decision Support Systems,2018,110:46-57.

[277] Xiong,Guanxing,Wang,X. T. ,Li,Aimei. Leave or stay as a risky
choice: Effects of salary reference points and anchors on turnover
intention[J]. Frontiers in Psychology,2018,9(1):686-696.

[278] Yang,Dong-Jenn, Huang, Kai-Li. A dynamic model of assimilation-
contrast theory:An experimental study on recycling rate[J]. International
Journal of Organizational Innovation,2012,4(3):197-215.

[279] Yang,Sha,Allenby,Greg M. A model for observation, structural, and
household heterogeneity in panel data[J]. Marketing Letters, 2000, 11
(2):137-149.

[280] Yasuda, Naoki, Kotabe, Masaaki. Political risks and foreign direct
investments by multinational corporations: A reference point approach
[J]. Global Strategy Journal,2021,11(2):156-184.

[281] Yates,J. Frank,Stone,Eric R. The risk construct[M]//Yates,J. Frank.
Risk-taking Behavior. Oxford:John Wiley & Sons,1992.

[282] Yoon, Yeujun, Polpanumas, Charin, Park, Young Joon. The impact of
word of mouth via twitter on moviegoers' decisions and film revenues:

Revisiting prospect theory—How WOM about movies drives loss-aversion and reference-dependence behaviors[J]. Journal of Advertising Research,2017,57(2):144-158.

[283] Zhou,Ming. Reference price effect and its implications for decision making in online auctions:An empirical study[J]. Decision Support Systems,2012,54(1):381-389.

二、中文文献

[1] 戴建华,马海云,吴滢滢.网店信息呈现的框架效应对消费者购买决策的影响研究[J].中国管理科学,2020(3):152-161.

[2] 何贵兵,于永菊.决策过程中参照点效应研究述评[J].心理科学进展,2006(3):408-412.

[3] 李海军,徐富明,相鹏,等.基于预期理论的参照依赖[J].心理科学进展,2013(2):317—325.

[4] 李荣喜.基于参考点的消费者选择行为及应用研究[D].成都:西南交通大学,2007.

[5] 李晓明,谭谱.框架效应的应用研究及其应用技巧[J].心理科学进展,2018(12):2230-2237.

[6] 梁承磊,李秀荣.框架效应对冲动性购买行为的影响研究[J].山东财政学院学报,2012(1):72-81.

[7] 刘蕾,郑毓煌,陈瑞.选择多多益善?——选择集大小对消费者多样化需求的影响[J].心理学报,2015(1):66-78.

[8] 栾琨,隽志才,倪安宁.出行路径选择的随机后悔最小化模型[J].交通信息与安全,2012(6):77-80.

[9] 苏淞,黄劲松.参照价格理论研究新进展[J].经济学动态,2013(3):148-157.

[10] 孙鲁平,陈宇新.定量营销研究中的离散选择模型及其研究进展[J].营销科学学报,2015(4):1-13.

[11] 王光荣,李建标,李政.垂直和现状参照点如何影响雇员的努力水平?
[J].经济与管理研究,2015(3):97-104.

[12] 王晓田,王鹏.决策的三参照点理论:从原理到应用[J].心理科学进展,
2013(8):1331-1346.

[13] 谢晓非,陆静怡.风险决策中的双参照点效应[J].心理科学进展,2014
(4):571-579.

[14] 杨德锋,江霞,赵平.奖励能改变分享者原有的品牌至爱吗——奖励在体
验分享中的影响研究[J].南开管理评论,2014(3):4-18.

附录 1　参照依赖有关文献

模型	文献	模型和估计方法	模型描述	参照点分类	参照点异质性
RUM/促销冲击	Chang 等(1999)	分层贝叶斯逻辑(hierarchical logit)模型	当价格响应性异质性包括在内时,不支持潜销冲击效应	内部	单参照点/基于属性
RUM/促销冲击	Kumar 等(1998)	多元逻辑(multinomial logit)模型	内部和外部参照价格对品牌选择的影响分别在两种情况下测试:(1)缺货条件与消费者无交易倾向;(2)消费者有交易倾向与消费者无交易倾向	内部/外部	多参照点/基于属性
RUM/促销冲击	Lattin 和 Bucklin(1989)	多元逻辑模型	研究了多属性参照点对品牌选择的影响	内部	单参照点/基于备择项
RUM/促销冲击	Rajendran 和 Tellis(1994)	多元逻辑模型	两种时间参照点和三种情境参照点结合产生六对参照点。将每对参照点和时间参照点分别纳入模型,研究六种情境性参照点和时间性参照点对品牌选择的影响。研究发现,消费者会根据情境使用不同的参照价格	内部/外部	多参照点/基于属性
RUM/促销冲击	Winer(1986)	逻辑(logit)模型	两阶段建模:(1)采用回归分析得参照价格参数;(2)将预估的参照价格插入逻辑模型,评估参照点对品牌选择的影响	内部	单参照点/基于属性

续　表

模型	文献	模型和估计方法	模型描述	参照点分类	参照点异质性
RUM/参照效应	Álvarez 和 Casielles（2008）	多元逻辑模型	两阶段建模:(1)比较五种不同参照点(解释变量为价格和参照价格)对品牌选择的影响,找出最合适的参照点;(2)将第一步中找到的最合适的参照点应用于参照效应模型	内部/外部	单参照点/基于属性
RUM/参照效应	Baillon 等（2019）	分层贝叶斯逻辑模型	通过分层贝叶斯逻辑模型比较六种参照点使用的个体差异	内部/外部	多参照点/基于属性
RUM/参照效应	Bell 和 Lattin（2000）；Klapper 等（2005）	有限混合（finite mixture）模型	考虑了消费者价格反应异质性的损失规避	内部/外部	多参照点/基于属性
RUM/参照效应	Briesch 等（1997）	潜变量（latent class）模型	比较了两种基于刺激的参照价格和三种基于记忆的参照价格对品牌选择决策的影响	内部/外部	单参照点/基于属性
RUM/参照效应	Caputo 等（2020）	混合逻辑（mixed logit）模型	将参照价格的不确定性纳入消费者选择过程	内部	单参照点/基于属性
RUM/参照效应	Hardie 等（1993）	多元逻辑模型	检验多属性参照点对品牌选择的影响	内部	单参照点/基于备择项

续表

模型	文献	模型和估计方法	模型描述	参照点分类	参照点异质性
RUM/参照效应	Kalwani 等 (1990)	多元逻辑模型	两阶段建模：(1) 用多元回归分析确定参照点的形成；(2) 评估参照点对品牌选择的影响	内部	单参照点/基于属性
RUM/参照效应	Kim 等 (2016)；Kim 等 (2018)；Kim 等 (2020ᵃ)	分层贝叶斯逻辑模型	两阶段建模：(1) 利用贝叶斯混合逻辑模型识别每个属性的部分值；(2) 基于参照依赖框架，采用混合逻辑模型或分层贝叶斯逻辑模型	内部	单参照点/基于备择项
RUM/参照效应/潜销冲击	Kivetz 等 (2004)	多元逻辑模型	使用三种实验产品（两种具有两种属性，另一种具有四种属性）比较了不同模型（参照效应和潜销冲击模型）	外部	单参照点/基于属性
RUM/参照效应	Mayhew 和 Winer (1992)	条件多元逻辑 (conditional multinomial logit) 模型	模型中同时包含多个参照点，研究其对购买决策的参照效应	内部/外部	多参照点/基于属性
RUM/参照效应	Mazumdar 和 Papatla (1995)	有限混合模型	在有限混合模型中同时引入两个参照点，在价格判断时，按品牌忠诚度将消费者分为使用内部参照价格的群体和使用外部参照价格的群体	内部/外部	多参照点/基于属性
RUM/参照效应	Moon 和 Voss(2009)	有限混合模型	整合了内部参照价格、外部参照价格和价格区间三种价格响应类型	内部/外部	多参照点/基于属性

续　表

模型	文献	模型和估计方法	模型描述	参照点分类	参照点异质性
RUM/参照效应	Nicolau (2013)	多元逻辑模型	使用同一模型对三种参照点分别进行了比较，发现内部参照价格的拟合和参照点效应最好	内部/外部	单参照点/基于备择项
RUM/参照效应	Tereyağoğlu 等(2017)	多元逻辑模型	研究了多属性损失规避和参照效应	内部	单参照点/基于属性
RUM/参照效应	van Oest (2013)	潜变量模型	研究了内部参照价格和外部参照价格之间的损失规避不对称性	内部/外部	多参照点/基于属性
RUM/参照效应	Wang 等(2019)	混合专家(mixtures-of-experts)模型	考患了消费者异质性，研究了在选择决策中消费者如何使用具有四个属性的不同参照产品(基于备择项的参照点)	内部/外部	多参照点/基于备择项
RUM/情境 RUM	Rooderkerk 等(2011)	多元逻辑模型	用数码相机作为实验产品，采用基于选择的联合分析法收集数据，通过多元逻辑模型解释了三种情境效应	外部	多参照点/基于备择项
RRM	Chorus 等(2008)；Chorus(2010)；Chorus 等(2014)	混合逻辑模型	提出随机遗憾最小化(RRM)模型解释旅行选择；该模型是随机效用最大化(RUM)模型的替代模型	外部	多参照点/基于备择项

附录2　消费者智能手机购买行为调查问卷

亲爱的朋友：

　　我们是×××智能手机购买行为研究课题组，欢迎参加本次关于智能手机的调查，您所提供的信息将只被用于学术研究，请您按顺序认真阅读并回答每一题，谢谢！

　　为感谢您的支持与参与，此次问卷调查为有奖调查。我们将在符合要求的答卷中抽取一等奖1名，奖金1000元；二等奖5名，奖金200元/人；三等奖10名，奖金100元/人。本次调查人数共为300人。按要求认真完成问卷中题目的朋友，即可参与抽奖。抽奖时间初定在×××。届时我们将以邮件或电话的形式通知获奖的朋友。

　　为方便通知您获奖信息，请留下您的联系方式：

　　姓名：

　　手机：

　　邮箱：

第一部分

1. 请根据您对智能手机的了解和使用情况回答以下问题。

①您对智能手机的熟悉程度是：

1	2	3	4	5	6	7

非常不熟悉　　　　　　　　　　　　　　　　　　　非常熟悉

②您曾经买过几部智能手机？＿＿＿＿＿＿＿＿

③您目前使用的手机是：

A. 智能手机

B. 非智能手机

④您现在使用的手机品牌是？_____

⑤您现在使用的手机型号是？_____（如果您不清楚具体的型号，您可以取下手机电池，在电池后的标签上找到该手机的型号）

⑥您正在使用的手机是何时购买的？_____年_____月

⑦当时的购买价格是多少？_____

2. 如果不清楚手机的型号，您能否提供有关该手机特征的信息？（建议此题填写完备，但若您目前使用的手机不是智能手机，则 CPU 项可跳过不填）

相机像素：_____百万像素

屏幕尺寸：_____英寸

CPU：_____MHz

第二部分

设想近期您将购买一部智能手机，下面您将有 10 次选择机会。在每次选择中，您将面对三到四部手机，每部手机在屏幕尺寸、CPU 速度、相机像素和价格等三到四个特征上有所不同。在每次选择中，请仔细比较每个手机的特征，并选出您最想要的那部手机。

注：对于 CPU 来说，其主频值（MHz）越高，智能手机的速度越快。

选择 1a

类别	屏幕尺寸	CPU 速度	相机像素	价格
手机 A	4.0 英寸	400MHz	500 万	2500 元
手机 B	3.5 英寸	600MHz	200 万	2500 元
手机 C	3.0 英寸	400MHz	300 万	2000 元

在这三部手机中，您会选择哪部？_____

选择 1b

类别	屏幕尺寸	CPU 速度	相机像素	价格
手机 A	4.0 英寸	400MHz	500 万	2500 元
手机 B	3.5 英寸	600MHz	200 万	2500 元
手机 C	3.0 英寸	400MHz	300 万	2000 元
手机 D	3.5 英寸	800MHz	300 万	3000 元

在这四部手机中,您会选择哪部? _____

选择 2a

类别	屏幕尺寸	CPU 速度	相机像素	价格
手机 A	3.5 英寸	800MHz	500 万	3500 元
手机 B	3.0 英寸	1000MHz	500 万	4000 元
手机 C	3.0 英寸	400MHz	800 万	3000 元

在这三部手机中,您会选择哪部? _____

选择 2b

类别	屏幕尺寸	CPU 速度	相机像素	价格
手机 A	3.5 英寸	800MHz	500 万	3500 元
手机 B	2.4 英寸	600MHz	200 万	2000 元
手机 C	3.0 英寸	1000MHz	500 万	4000 元
手机 D	3.0 英寸	400MHz	800 万	3000 元

在这四部手机中,您会选择哪部? _____

选择 3a

类别	屏幕尺寸	CPU 速度	相机像素	价格
手机 A	3.0 英寸	400MHz	300 万	2500 元
手机 B	2.4 英寸	1000 GHz	800 万	3500 元
手机 C	3.0 英寸	800MHz	500 万	4000 元

在这三部手机中,您会选择哪部? _____

选择 3b

类别	屏幕尺寸	CPU 速度	相机像素	价格
手机 A	3.0 英寸	400MHz	300 万	2500 元
手机 B	2.4 英寸	600MHz	500 万	3000 元
手机 C	2.4 英寸	1000MHz	800 万	3500 元
手机 D	3.0 英寸	800MHz	500 万	4000 元

在这四部手机中,您会选择哪部? _____

选择 4

类别	屏幕尺寸	CPU 速度	相机像素	价格
手机 A	3.0 英寸	400MHz	500 万	2500 元
手机 B	4.0 英寸	800MHz	500 万	3500 元
手机 C	4.0 英寸	600MHz	800 万	3000 元
手机 D	3.0 英寸	600MHz	300 万	2000 元

在这四部手机中,您会选择哪部? _____

选择 5

类别	屏幕尺寸	CPU 速度	相机像素	价格
手机 A	3.0 英寸	400MHz	300 万	2000 元
手机 B	4.0 英寸	800MHz	800 万	4000 元
手机 C	3.5 英寸	800MHz	200 万	3000 元
手机 D	2.4 英寸	400MHz	800 万	3500 元

在这四部手机中,您会选择哪部? _____

选择 6

类别	屏幕尺寸	CPU 速度	相机像素	价格
手机 A	3.5 英寸	1000MHz	800 万	4000 元
手机 B	4.0 英寸	1000MHz	500 万	3500 元
手机 C	3.0 英寸	400MHz	200 万	2000 元
手机 D	3.0 英寸	800MHz	300 万	3000 元

在这四部手机中,您会选择哪部? _____

选择 7

类别	屏幕尺寸	CPU 速度	相机像素	价格
手机 A	3.5 英寸	800MHz	500 万	3500 元
手机 B	2.4 英寸	400MHz	500 万	2000 元
手机 C	3.0 英寸	800MHz	300 万	3000 元
手机 D	3.0 英寸	400MHz	800 万	2500 元

在这四部手机中,您会选择哪部? _____

选择 8

类别	屏幕尺寸	CPU 速度	相机像素	价格
手机 A	3.5 英寸	600MHz	300 万	2500 元
手机 B	4.0 英寸	400MHz	200 万	2000 元
手机 C	3.5 英寸	800MHz	500 万	3500 元
手机 D	2.4 英寸	1000MHz	500 万	4000 元

在这四部手机中,您会选择哪部? _____

选择 9

类别	屏幕尺寸	CPU 速度	相机像素	价格
手机 A	2.4 英寸	800MHz	300 万	3000 元
手机 B	3.5 英寸	1000MHz	200 万	3500 元
手机 C	3.0 英寸	600MHz	500 万	2000 元
手机 D	3.0 英寸	1000MHz	300 万	4000 元

在这四部手机中,您会选择哪部?　_____

选择 10

类别	屏幕尺寸	CPU 速度	相机像素	价格
手机 A	3.0 英寸	600MHz	300 万	2500 元
手机 B	3.0 英寸	800MHz	800 万	4000 元
手机 C	3.5 英寸	400MHz	300 万	2000 元
手机 D	4.0 英寸	800MHz	200 万	3000 元

在这四部手机中,您会选择哪部?　_____

第三部分

在该部分,您将依次看到智能手机的十个选择集合,每个选择集中都有四部性能不同的智能手机。在价格相同的情况下,请根据您的偏好对每个选择集中的四部手机进行排序。

选择集 1

类别	屏幕尺寸	CPU 速度	相机像素
手机 A	4.0 英寸	400MHz	500 万
手机 B	3.5 英寸	600MHz	200 万
手机 C	3.0 英寸	400MHz	300 万
手机 D	3.5 英寸	800MHz	300 万

请对这四部手机排序(按从最喜欢的手机到最不喜欢的手机排列,只需标明 A、B、C、D)：＿＿＿ ＞ ＿＿＿ ＞ ＿＿＿ ＞ ＿＿＿

选择集 2

类别	屏幕尺寸	CPU 速度	相机像素
手机 A	3.5 英寸	800MHz	500 万
手机 B	2.4 英寸	600MHz	200 万
手机 C	3.0 英寸	1000MHz	500 万
手机 D	3.0 英寸	400MHz	800 万

请对这四部手机排序(按从最喜欢的手机到最不喜欢的手机排列,只需标明 A、B、C、D)：＿＿＿ ＞ ＿＿＿ ＞ ＿＿＿ ＞ ＿＿＿

选择集 3

类别	屏幕尺寸	CPU 速度	相机像素
手机 A	3.0 英寸	400MHz	300 万
手机 B	2.4 英寸	600MHz	500 万
手机 C	2.4 英寸	1000MHz	800 万
手机 D	3.0 英寸	800MHz	500 万

请对这四部手机排序(按从最喜欢的手机到最不喜欢的手机排列,只需标明 A、B、C、D)：＿＿＿ ＞ ＿＿＿ ＞ ＿＿＿ ＞ ＿＿＿

选择集 4

类别	屏幕尺寸	CPU 速度	相机像素
手机 A	3.0 英寸	400MHz	500 万
手机 B	4.0 英寸	800MHz	500 万
手机 C	4.0 英寸	600MHz	800 万
手机 D	3.0 英寸	600MHz	300 万

请对这四部手机排序(按从最喜欢的手机到最不喜欢的手机排列,只需标明 A、B、C、D)：＿＿＿ ＞ ＿＿＿ ＞ ＿＿＿ ＞ ＿＿＿

选择集 5

类别	屏幕尺寸	CPU 速度	相机像素
手机 A	3.0 英寸	400MHz	300 万
手机 B	4.0 英寸	800MHz	800 万
手机 C	3.5 英寸	800MHz	200 万
手机 D	2.4 英寸	400MHz	800 万

请对这四部手机排序(按从最喜欢的手机到最不喜欢的手机排列,只需标明 A、B、C、D)：＿＿＿＞＿＿＿＞＿＿＿＞＿＿＿

选择集 6

类别	屏幕尺寸	CPU 速度	相机像素
手机 A	3.5 英寸	1000MHz	800 万
手机 B	4.0 英寸	1000MHz	500 万
手机 C	3.0 英寸	400MHz	200 万
手机 D	3.0 英寸	800MHz	300 万

请对这四部手机排序(按从最喜欢的手机到最不喜欢的手机排列,只需标明 A、B、C、D)：＿＿＿＞＿＿＿＞＿＿＿＞＿＿＿

选择集 7

类别	屏幕尺寸	CPU 速度	相机像素
手机 A	3.5 英寸	800MHz	500 万
手机 B	2.4 英寸	400MHz	500 万
手机 C	3.0 英寸	800MHz	300 万
手机 D	3.0 英寸	400MHz	800 万

请对这四部手机排序(按从最喜欢的手机到最不喜欢的手机排列,只需标明 A、B、C、D)：＿＿＿＞＿＿＿＞＿＿＿＞＿＿＿

选择集 8

类别	屏幕尺寸	CPU 速度	相机像素
手机 A	3.5 英寸	600MHz	300 万
手机 B	4.0 英寸	400MHz	200 万
手机 C	3.5 英寸	800MHz	500 万
手机 D	2.4 英寸	1000MHz	500 万

请对这四部手机排序(按从最喜欢的手机到最不喜欢的手机排列,只需标明 A、B、C、D): _____ > _____ > _____ > _____

选择集 9

类别	屏幕尺寸	CPU 速度	相机像素
手机 A	2.4 英寸	800MHz	300 万
手机 B	3.5 英寸	1000MHz	200 万
手机 C	3.0 英寸	600MHz	500 万
手机 D	3.0 英寸	1000MHz	300 万

请对这四部手机排序(按从最喜欢的手机到最不喜欢的手机排列,只需标明 A、B、C、D): _____ > _____ > _____ > _____

选择集 10

类别	屏幕尺寸	CPU 速度	相机像素
手机 A	3.0 英寸	600MHz	300 万
手机 B	3.0 英寸	800MHz	800 万
手机 C	3.5 英寸	400MHz	300 万
手机 D	4.0 英寸	800MHz	200 万

请对这四部手机排序(按从最喜欢的手机到最不喜欢的手机排列,只需标明 A、B、C、D): _____ > _____ > _____ > _____

第四部分

1.请说明您对下列说法的认可程度（1 表示"完全不同意"，7 表示"完全同意"）。

①我完全能够理解智能手机的以下特征及各个特征可能的取值表示的意思（例如，对于屏幕尺寸，我完全可以理解 2.4 英寸、3.0 英寸、3.5 英寸、4.0 英寸的屏幕之间的差别）。

屏幕尺寸（英寸）

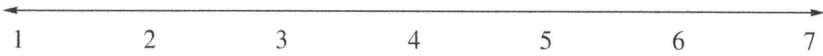

| 1 | 2 | 3 | 4 | 5 | 6 | 7 |

CPU 速度（MHZ）

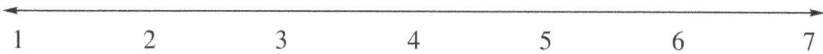

| 1 | 2 | 3 | 4 | 5 | 6 | 7 |

相机像素

| 1 | 2 | 3 | 4 | 5 | 6 | 7 |

②购买或拥有一部智能手机对我来说很重要。

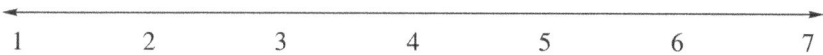

| 1 | 2 | 3 | 4 | 5 | 6 | 7 |

③对我来说，做出智能手机的购买决策很容易。

| 1 | 2 | 3 | 4 | 5 | 6 | 7 |

④我对智能手机很感兴趣。

| 1 | 2 | 3 | 4 | 5 | 6 | 7 |

2.请回答以下有关手机特征的问题。

①价格

a.问卷中涉及的智能手机有五个价格水平，分别是 2000 元、2500 元、3000

元、3500 元、4000 元。请对这五个价格水平按从最偏好的价格水平到最不偏好的价格水平排序：_____ > _____ > _____ > _____

b.有没有您不能接受的价格水平,有的话请在下表中标出。

价格	不能接受
2000 元	
2500 元	
3000 元	
3500 元	
4000 元	

②屏幕尺寸

a.问卷中涉及的智能手机有四种屏幕尺寸,分别是 2.4 英寸、3.0 英寸、3.5 英寸、4.0 英寸。请根据您的偏好对这四种屏幕尺寸按从最喜欢到最不喜欢的顺序进行排列：_____ > _____ > _____

b.有没有您不能接受的屏幕尺寸,有的话请在下表中标出。

屏幕尺寸	不能接受
2.4 英寸	
3.0 英寸	
3.5 英寸	
4.0 英寸	

③CPU 速度

a.问卷中涉及的智能手机有四种 CPU 速度,分别是 400MHz、600MHz、800MHz、1000MHz。请根据您的偏好对这四种 CPU 速度按从最喜欢到最不喜欢的顺序进行排列：_____ > _____ > _____

b.有没有您不能接受的 CPU 速度,有的话请在下表中标出。

CPU 速度	不能接受
400MHz	
600MHz	
800MHz	
1000MHz	

④相机像素

a. 问卷中涉及的智能手机有五种相机像素水平,分别是 200 万、300 万、500 万、800 万、1000 万像素。请根据您的偏好对这五种相机像素水平按从最喜欢到最不喜欢的顺序进行排序：＿＿＞＿＿＞＿＿＞＿＿＞＿＿

b. 有没有您不能接受的相机像素水平,有的话请在下表中标出。

相机像素	不能接受
200 万	
300 万	
500 万	
800 万	

3. 最后,请留下您的基本资料:

①性别：　A. 男　　B. 女

②月收入：　A. 1500 元及以下　　　　B. 1500～2999 元

　　　　　C. 3000～4499 元　　　　 D. 4500～5999 元

　　　　　E. 6000～7499 元　　　　 F. 7500～8999 元

　　　　　G. 9000～14999 元　　　　H. 15000 元及以上

③年龄：　　A. 不到 18 岁　　　　　 B. 18～24 岁

　　　　　C. 25～34 岁　　　　　　 D. 35～44 岁

　　　　　E. 45～54 岁　　　　　　 F. 55 岁以上

④受教育程度：　　A. 高中及以下　　　　B. 大专

　　　　　　　　　C. 本科　　　　　　　D. 硕士及以上

　　　　　　　　　E. 其他

再次感谢您的支持与帮助！

附录3 消费者笔记本电脑购买行为调查问卷

亲爱的朋友：

我们是×××笔记本电脑购买行为研究课题组，欢迎参加本次关于笔记本电脑的调查，您所提供的信息将只被用于学术研究，请您按顺序认真阅读并回答每一题。谢谢！

第一部分

1.请根据您对笔记本电脑的了解和使用情况回答以下问题。

①您对笔记本电脑的熟悉程度是：

```
     1     2     3     4     5     6     7
  非常不熟悉                          非常熟悉
```

②您曾经买过几台笔记本电脑？

    A.1 台

    B.2 台

    C.3 台

    D.4 台及以上

③您目前使用的笔记本电脑是：

    A. 联想

    B. 华硕

    C. 三星

    D. 索尼

    E. 东芝

    F. 宏碁

G. 神舟

H. 苹果

I. 惠普

J. 戴尔

K. 微星

L. 微软

M. 其他 _____

④请提供您的笔记本电脑的配置信息：[填空题][必答题]

笔记本型号：_____

购买时间：_____

价格：_____

第二部分

设想近期您将购买一台笔记本电脑，下面您将有 12 次选择机会。在每次选择中，您将面对四台笔记本电脑，每台笔记本电脑在内存大小、硬盘大小、CPU 型号、屏幕尺寸、续航时间和价格等六个特征上有所不同。在每次选择中，请仔细比较每台笔记本电脑的特征，并选出您最想要的那台笔记本电脑。当然，如果您对某个选择集中的四台笔记本电脑的喜爱程度相同，您也可以不选择，即选择选项 E。

注：1. 笔记本电脑内存与运行速度相关，一般内存越大，运行速度越快。

2. CPU 型号 i3、i5 和 i7 分别表示英特尔内核 i3、英特尔内核 i5 和英特尔内核 i7 的 CPU。

3. 笔记本电脑硬盘选项中，不标注硬盘类型一般默认为机械硬盘。SSD 表示固态硬盘。固态硬盘相比于机械硬盘，速度更快。

4. MB、GB 和 TB 为内存或硬盘存储单位，它们之间的关系为：1GB＝1024MB（兆），1TB＝1024GB。

选择 1

	内存	硬盘	CPU 型号	屏幕尺寸	续航时间	价格
电脑 A	16 GB	1 TB	i7	13 英寸	9 小时	8000 元及以上
电脑 B	8 GB	500 GB	i3	17 英寸	3 小时	6500 元
电脑 C	16 GB	128 GB SSD ＋ 1TB	i5	17 英寸	6 小时	4000 元
电脑 D	4 GB	256 GB SSD	i5	15 英寸	9 小时	3000 元
E	不选择					

在这四台笔记本电脑中,您会选择哪台?　＿＿＿＿＿＿＿＿

选择 2

	内存	硬盘	CPU 型号	屏幕尺寸	续航时间	价格
电脑 A	4 GB	500 GB	i7	15 英寸	9 小时	5000 元
电脑 B	4 GB	256 GB SSD	i3	13 英寸	3 小时	4000 元
电脑 C	8 GB	1TB	i5	17 英寸	3 小时	8000 元及以上
电脑 D	16 GB	128 GB SSD ＋ 1TB	i3	15 英寸	6 小时	3000 元
E	不选择					

在这四台笔记本电脑中,您会选择哪台?　＿＿＿＿＿＿＿＿

选择 3

	内存	硬盘	CPU 型号	屏幕尺寸	续航时间	价格
电脑 A	4 GB	500 GB	i5	13 英寸	3 小时	6500 元
电脑 B	8 GB	256 GB SSD	i7	17 英寸	9 小时	4000 元
电脑 C	16 GB	1 TB	i3	15 英寸	3 小时	5000 元
电脑 D	8 GB	128 GB SSD ＋ 1TB	i7	13 英寸	6 小时	3000 元
E	不选择					

在这四台笔记本电脑中,您会选择哪台?　＿＿＿＿＿＿＿＿

选择 4

	内存	硬盘	CPU 型号	屏幕尺寸	续航时间	价格
电脑 A	8 GB	128 GB SSD + 1TB	i7	15 英寸	9 小时	8000 元及以上
电脑 B	4 GB	256 GB SSD	i3	17 英寸	6 小时	6500 元
电脑 C	8 GB	1 TB	i3	15 英寸	3 小时	3000 元
电脑 D	16 GB	500 GB	i5	13 英寸	6 小时	5000 元
E	不选择					

在这四台笔记本电脑中,您会选择哪台? _____

选择 5

	内存	硬盘	CPU 型号	屏幕尺寸	续航时间	价格
电脑 A	16 GB	128 GB SSD + 1TB	i5	17 英寸	9 小时	5000 元
电脑 B	8 GB	500 GB	i7	15 英寸	9 小时	4000 元
电脑 C	16 GB	256 GB SSD	i7	13 英寸	3 小时	3000 元
电脑 D	4 GB	1 TB	i3	15 英寸	6 小时	8000 元及以上
E	不选择					

在这四台笔记本电脑中,您会选择哪台? _____

选择 6

	内存	硬盘	CPU 型号	屏幕尺寸	续航时间	价格
电脑 A	8 GB	1 TB	i5	13 英寸	9 小时	6500 元
电脑 B	16 GB	256 GB SSD	i7	15 英寸	6 小时	8000 元及以上
电脑 C	4 GB	500 GB	i7	17 英寸	3 小时	4000 元
电脑 D	4 GB	128 GB SSD + 1TB	i3	13 英寸	9 小时	5000 元
E	不选择					

在这四台笔记本电脑中,您会选择哪台? _____

选择 7

	内存	硬盘	CPU 型号	屏幕尺寸	续航时间	价格
电脑 A	16 GB	500 GB	i3	13 英寸	9 小时	3000 元
电脑 B	8 GB	256 GB SSD	i5	15 英寸	9 小时	6500 元
电脑 C	4 GB	1 TB	i7	15 英寸	6 小时	5000 元
电脑 D	4 GB	128 GB SSD + 1TB	i5	17 英寸	3 小时	8000 元及以上
E	不选择					

在这四台笔记本电脑中,您会选择哪台?　_____

选择 8

	内存	硬盘	CPU 型号	屏幕尺寸	续航时间	价格
电脑 A	4 GB	128 GB SSD + 1TB	i5	13 英寸	6 小时	4000 元
电脑 B	16 GB	1 TB	i7	17 英寸	3 小时	6500 元
电脑 C	4 GB	256 GB SSD	i3	17 英寸	9 小时	8000 元及以上
电脑 D	8 GB	500 GB	i5	15 英寸	3 小时	3000 元
E	不选择					

在这四台笔记本电脑中,您会选择哪台?　_____

选择 9

	内存	硬盘	CPU 型号	屏幕尺寸	续航时间	价格
电脑 A	4 GB	128 GB SSD + 1TB	i3	15 英寸	9 小时	6500 元
电脑 B	8 GB	1 TB	i3	17 英寸	6 小时	4000 元
电脑 C	16 GB	500 GB	i5	15 英寸	3 小时	8000 元及以上
电脑 D	8 GB	256 GB SSD	i7	13 英寸	3 小时	5000 元
E	不选择					

在这四台笔记本电脑中,您会选择哪台?　_____

选择 10

	内存	硬盘	CPU 型号	屏幕尺寸	续航时间	价格
电脑 A	16 GB	256 GB SSD	i5	15 英寸	6 小时	6500 元
电脑 B	8 GB	128 GB SSD + 1TB	i3	13 英寸	3 小时	5000 元
电脑 C	4 GB	500 GB	i7	17 英寸	6 小时	3000 元
电脑 D	16 GB	1 TB	i5	13 英寸	9 小时	4000 元
E	不选择					

在这四台笔记本电脑中,您会选择哪台? _____

选择 11

	内存	硬盘	CPU 型号	屏幕尺寸	续航时间	价格
电脑 A	4 GB	1 TB	i5	17 英寸	9 小时	3000 元
电脑 B	8 GB	500 GB	i3	13 英寸	6 小时	8000 元及以上
电脑 C	16 GB	128 GB SSD + 1TB	i7	17 英寸	3 小时	6500 元
电脑 D	16 GB	256 GB SSD	i3	15 英寸	3 小时	4000 元
E	不选择					

在这四台笔记本电脑中,您会选择哪台? _____

选择 12

	内存	硬盘	CPU 型号	屏幕尺寸	续航时间	价格
电脑 A	16 GB	500 GB	i3	17 英寸	9 小时	8000 元及以上
电脑 B	4 GB	1 TB	i7	13 英寸	6 小时	6500 元
电脑 C	4 GB	128 GB SSD + 1TB	i5	15 英寸	3 小时	4000 元
电脑 D	8 GB	256 SSD	i5	17 英寸	6 小时	5000 元
E	不选择					

在这四台笔记本电脑中,您会选择哪台? _____

第三部分

在该部分,您将依次看到笔记本电脑的十二个选择集合,每个选择集合中都有四台性能不同的笔记本电脑。在价格相同的情况下,请根据您的偏好对每个选择集中的四台笔记本电脑进行排序。

选择集 1

类别	内存	硬盘	CPU 型号	屏幕尺寸	续航时间
电脑 A	16 GB	1 TB	i7	13 英寸	9 小时
电脑 B	8 GB	500 GB	i3	17 英寸	3 小时
电脑 C	16 GB	128 GB SSD + 1TB	i5	17 英寸	6 小时
电脑 D	4 GB	256 GB SSD	i5	15 英寸	9 小时

请对这四台笔记本电脑排序(按从最喜欢的笔记本电脑到最不喜欢的笔记本电脑排列,只需标明 A、B、C、D):＿＿＿＞＿＿＞＿＿＞＿＿

选择集 2

类别	内存	硬盘	CPU 型号	屏幕尺寸	续航时间
电脑 A	4 GB	500 GB	i7	15 英寸	9 小时
电脑 B	4 GB	256 GB SSD	i3	13 英寸	3 小时
电脑 C	8 GB	1TB	i5	17 英寸	3 小时
电脑 D	16 GB	128 GB SSD + 1TB	i3	15 英寸	6 小时

请对这四台笔记本电脑排序(按从最喜欢的笔记本电脑到最不喜欢的笔记本电脑排列,只需标明 A、B、C、D):＿＿＿＞＿＿＞＿＿＞＿＿

选择集 3

类别	内存	硬盘	CPU 型号	屏幕尺寸	续航时间
电脑 A	4 GB	500 GB	i5	13 英寸	3 小时
电脑 B	8 GB	256 GB SSD	i7	17 英寸	9 小时
电脑 C	16 GB	1 TB	i3	15 英寸	3 小时
电脑 D	8 GB	128 GB SSD ＋ 1TB	i7	13 英寸	6 小时

请对这四台笔记本电脑排序(按从最喜欢的笔记本电脑到最不喜欢的笔记本电脑排列,只需标明 A、B、C、D): ＿＿＿ ＞ ＿＿＿ ＞ ＿＿＿ ＞ ＿＿＿

选择集 4

类别	内存	硬盘	CPU 型号	屏幕尺寸	续航时间
电脑 A	8 GB	128 GB SSD ＋ 1TB	i7	15 英寸	9 小时
电脑 B	4 GB	256 GB SSD	i3	17 英寸	6 小时
电脑 C	8 GB	1 TB	i3	15 英寸	3 小时
电脑 D	16 GB	500 GB	i5	13 英寸	6 小时

请对这四台笔记本电脑排序(按从最喜欢的笔记本电脑到最不喜欢的笔记本电脑排列,只需标明 A、B、C、D): ＿＿＿ ＞ ＿＿＿ ＞ ＿＿＿ ＞ ＿＿＿

选择集 5

类别	内存	硬盘	CPU 型号	屏幕尺寸	续航时间
电脑 A	16 GB	128 GB SSD ＋ 1TB	i5	17 英寸	9 小时
电脑 B	8 GB	500 GB	i7	15 英寸	9 小时
电脑 C	16 GB	256 GB SSD	i7	13 英寸	3 小时
电脑 D	4 GB	1 TB	i3	15 英寸	6 小时

请对这四台笔记本电脑排序(按从最喜欢的笔记本电脑到最不喜欢的笔记本电脑排列,只需标明 A、B、C、D): ＿＿＿ ＞ ＿＿＿ ＞ ＿＿＿ ＞ ＿＿＿

选择集 6

类别	内存	硬盘	CPU 型号	屏幕尺寸	续航时间
电脑 A	8 GB	1 TB	i5	13 英寸	9 小时
电脑 B	16 GB	256 GB SSD	i7	15 英寸	6 小时
电脑 C	4 GB	500 GB	i7	17 英寸	3 小时
电脑 D	4 GB	128 GB SSD ＋ 1TB	i3	13 英寸	9 小时

请对这四台笔记本电脑排序(按从最喜欢的笔记本电脑到最不喜欢的笔记本电脑排列,只需标明 A、B、C、D)：＿＿＿＿＞＿＿＞＿＿＞＿＿＿＿

选择集 7

类别	内存	硬盘	CPU 型号	屏幕尺寸	续航时间
电脑 A	16 GB	500 GB	i3	13 英寸	9 小时
电脑 B	8 GB	256 GB SSD	i5	15 英寸	9 小时
电脑 C	4 GB	1 TB	i7	15 英寸	6 小时
电脑 D	4 GB	128 GB SSD ＋ 1TB	i5	17 英寸	3 小时

请对这四台笔记本电脑排序(按从最喜欢的笔记本电脑到最不喜欢的笔记本电脑排列,只需标明 A、B、C、D)：＿＿＿＿＞＿＿＞＿＿＞＿＿＿＿

选择集 8

类别	内存	硬盘	CPU 型号	屏幕尺寸	续航时间
电脑 A	4 GB	128 GB SSD ＋ 1TB	i5	13 英寸	6 小时
电脑 B	16 GB	1 TB	i7	17 英寸	3 小时
电脑 C	4 GB	256 GB SSD	i3	17 英寸	9 小时
电脑 D	8 GB	500 GB	i5	15 英寸	3 小时

请对这四台笔记本电脑排序(按从最喜欢的笔记本电脑到最不喜欢的笔记本电脑排列,只需标明 A、B、C、D)：＿＿＿＿＞＿＿＞＿＿＞＿＿＿＿

选择集 9

类别	内存	硬盘	CPU 型号	屏幕尺寸	续航时间
电脑 A	4 GB	128 GB SSD ＋ 1TB	i3	15 英寸	9 小时
电脑 B	8 GB	1 TB	i3	17 英寸	6 小时
电脑 C	16 GB	500 GB	i5	15 英寸	3 小时
电脑 D	8 GB	256 GB SSD	i7	13 英寸	3 小时

请对这四台笔记本电脑排序(按从最喜欢的笔记本电脑到最不喜欢的笔记本电脑排列,只需标明 A、B、C、D): _____ ＞ _____ ＞ _____ ＞ _____

选择集 10

类别	内存	硬盘	CPU 型号	屏幕尺寸	续航时间
电脑 A	16 GB	256 GB SSD	i5	15 英寸	6 小时
电脑 B	8 GB	128 GB SSD ＋ 1TB	i3	13 英寸	3 小时
电脑 C	4 GB	500 GB	i7	17 英寸	6 小时
电脑 D	16 GB	1 TB	i5	13 英寸	9 小时

请对这四台笔记本电脑排序(按从最喜欢的笔记本电脑到最不喜欢的笔记本电脑排列,只需标明 A、B、C、D): _____ ＞ _____ ＞ _____ ＞ _____

选择集 11

类别	内存	硬盘	CPU 型号	屏幕尺寸	续航时间
电脑 A	4 GB	1 TB	i5	17 英寸	9 小时
电脑 B	8 GB	500 GB	i3	13 英寸	6 小时
电脑 C	16 GB	128 GB SSD ＋ 1TB	i7	17 英寸	3 小时
电脑 D	16 GB	256 GB SSD	i3	15 英寸	3 小时

请对这四台笔记本电脑排序(按从最喜欢的笔记本电脑到最不喜欢的笔记本电脑排列,只需标明 A、B、C、D): _____ ＞ _____ ＞ _____ ＞ _____

选择集 12

类别	内存	硬盘	CPU 型号	屏幕尺寸	续航时间
电脑 A	16 GB	500 GB	i3	17 英寸	9 小时
电脑 B	4 GB	1 TB	i7	13 英寸	6 小时
电脑 C	4 GB	128 GB SSD ＋ 1TB	i5	15 英寸	3 小时
电脑 D	8 GB	256 GB SSD	i5	17 英寸	6 小时

请对这四台笔记本电脑排序(按从最喜欢的笔记本电脑到最不喜欢的笔记本电脑排列,只需标明 A、B、C、D)：_____＞_____＞_____＞_____

第四部分

1. 我们想了解您在购买笔记本电脑时是如何决策的。请从以下两个策略中选择一个与您决策过程最相符的策略：_____

策略 A：首先,综合考虑**每台笔记本电脑**的特征和功能,并据此形成对每台笔记本电脑的总体评价,最后选择总体评价最好的那台笔记本电脑。

策略 B：首先,考虑**最重要**的特征或功能(如 CPU 型号),依据每台笔记本电脑在这个特征上的性能来决定哪些笔记本电脑是自己喜欢的或者至少是可接受的。然后,考虑**第二重要**的特征,并依据每台笔记本电脑在该特征上的性能继续挑选可接受的笔记本电脑。这个过程持续到选中最合适的笔记本电脑为止。

2. 请说明您对下列说法的认可程度（1 表示"完全不同意",7 表示"完全同意"）。

①我完全能够理解笔记本电脑的以下特征及各个特征可能的取值表示的意思(例如,对于屏幕尺寸,我完全可以理解 13 英寸、15 英寸和 17 英寸的屏幕之间的差别;对于 CPU 型号,我完全可以理解英特尔内核 i3、英特尔内核 i5 和英特尔内核 i7 之间的差别）。

内存

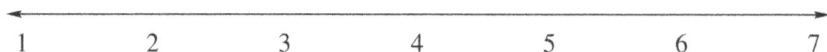

硬盘

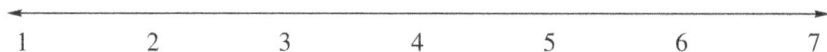

CPU 型号

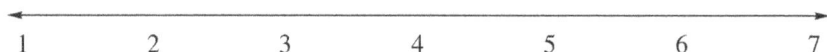

屏幕尺寸

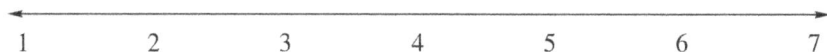

续航时间

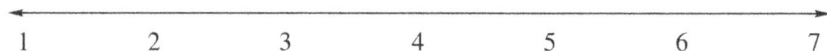

②购买或拥有一台笔记本电脑对我来说很重要。

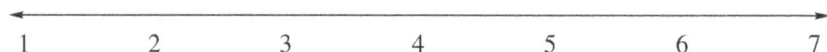

③对我来说，做出笔记本电脑的购买决策很容易。

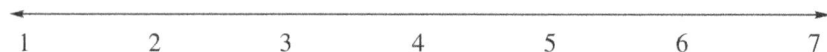

④我对笔记本电脑很感兴趣。

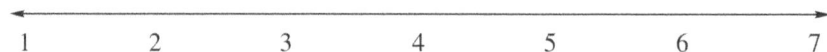

3.请回答以下有关笔记本电脑特征的问题。

①价格

a.问卷中涉及的笔记本电脑有五个价格水平，分别是 3000 元、4000 元、5000 元、6500 元、8000 元及以上。请对这五个价格水平按从最偏好的价格水平到最不偏好的价格水平排序：_____ ＞ _____ ＞ _____ ＞ _____ ＞ _____

b.有没有您不能接受的价格水平，有的话请在下表中标出。

价格	不能接受
3000 元	
4000 元	
5000 元	
6500 元	
8000 元及以上	

②屏幕尺寸

a.问卷中涉及的笔记本电脑有三种屏幕尺寸,分别是 13 英寸、15 英寸、17 英寸。请根据您的偏好对这四种屏幕尺寸按从最喜欢到最不喜欢的顺序进行排列:_____＞_____＞_____

b.有没有您不能接受的屏幕尺寸,有的话请在下表中标出。

屏幕尺寸	不能接受
13 英寸	
15 英寸	
17 英寸	

③CPU 型号

a.问卷中涉及的笔记本电脑有三种 CPU 型号,分别是 i3、i5、i7。请根据您的偏好对这三种 CPU 型号按从最喜欢到最不喜欢的顺序进行排列:_____＞_____＞_____

b.有没有您不能接受的 CPU 型号,有的话请在下表中标出。

CPU 型号	不能接受
i3	
i5	
i7	

④内存

a.问卷中涉及的笔记本电脑有三种内存规格,分别是 4GB、8GB、16GB。请根据您的偏好对这三种内存按从最喜欢到最不喜欢的顺序进行排序:_____＞_____＞_____

b.有没有您不能接受的内存大小,有的话请在下表中标出。

内存	不能接受
4GB	
8GB	
16GB	

⑤硬盘

a.问卷中涉及的笔记本电脑有四种规格的硬盘,分别是 500GB、1TB、1TB＋128GB 固态硬盘、256GB 固态硬盘。请根据您的偏好对这四种硬盘按从最喜欢到最不喜欢的顺序进行排序:_____＞_____＞_____＞_____

b.有没有您不能接受的硬盘,有的话请在下表中标出。

硬盘	不能接受
500GB	
1TB	
1TB＋128GB 固态硬盘	
256GB 固态硬盘	

⑥续航时间

a.问卷中涉及的笔记本电脑有三种续航时间,分别是 3 小时、6 小时、9 小时。请根据您的偏好对这三种续航时间按从最喜欢到最不喜欢的顺序进行排序:_____＞_____＞_____

b.有没有您不能接受的续航时间,有的话请在下表中标出。

续航时间	不能接受
3 小时	
6 小时	
9 小时	

4.最后,请留下您的基本资料:

①性别:　A.男　　B.女

②月收入:　　A.1500 元及以下　　　　B.1500～2999 元

　　　　　　C.3000～4499 元　　　　D.4500～5999 元

　　　　　　E.6000～7499 元　　　　F.7500～8999 元

　　　　　　G.9000～14999 元　　　　H.15000 元及以上

③年龄:　　A.不到 18 岁　　　　B.18～24 岁

　　　　　C.25～34 岁　　　　D.35～44 岁

　　　　　E.45～54 岁　　　　F.55 岁以上

④受教育程度:　A.高中及以下　　　　B.大专

　　　　　　　C.本科　　　　　　　D.硕士及以上

　　　　　　　E.其他

再次感谢您的支持与帮助!